**权威·前沿·原创**

皮书系列为
"十二五""十三五""十四五"时期国家重点出版物出版专项规划项目

BLUE BOOK

**智库成果出版与传播平台**

服务业蓝皮书

**BLUE BOOK** OF SERVICE INDUSTRY

# 北京高端服务业发展报告（2022~2023）

ANNUAL REPORT ON THE DEVELOPMENT OF BEIJING'S
HIGH-END SERVICE INDUSTRY(2022-2023)

主　编／朱晓青
副主编／钟　勇

社会科学文献出版社
SOCIAL SCIENCES ACADEMIC PRESS (CHINA)

**图书在版编目（CIP）数据**

北京高端服务业发展报告 . 2022~2023 / 朱晓青主
编；钟勇副主编 . -- 北京：社会科学文献出版社，
2023.10
　（服务业蓝皮书）
　ISBN 978-7-5228-2489-5

Ⅰ . ①北…　Ⅱ . ①朱…　②钟…　Ⅲ . ①服务业-经济
发展-研究报告-北京-2022-2023　Ⅳ . ①F726.9

中国国家版本馆 CIP 数据核字（2023）第 172648 号

服务业蓝皮书

## 北京高端服务业发展报告（2022~2023）

主　　编／朱晓青
副 主 编／钟　勇

出 版 人／冀祥德
组稿编辑／恽　薇
责任编辑／颜林柯
责任印制／王京美

出　　版／社会科学文献出版社·经济与管理分社（010）59367226
　　　　　地址：北京市北三环中路甲 29 号院华龙大厦　邮编：100029
　　　　　网址：www.ssap.com.cn
发　　行／社会科学文献出版社（010）59367028
印　　装／天津千鹤文化传播有限公司

规　　格／开　本：787mm×1092mm　1/16
　　　　　印　张：19.25　字　数：285 千字
版　　次／2023 年 10 月第 1 版　2023 年 10 月第 1 次印刷
书　　号／ISBN 978-7-5228-2489-5
定　　价／158.00 元

读者服务电话：4008918866

本书为北京市社会科学基金研究基地重点项目"北京高端服务业发展研究报告(2020)"(项目编号:19JDYJA014)的研究成果。

# 编委会

# 主编简介

　　**朱晓青**　中共北京市委党校教授，曾任中共北京市委党校经济学教研部主任、北京市高端服务业发展研究基地首席专家，现任北京市高端服务业发展研究基地研究员。主要研究方向为服务经济理论与政策。完成以现代服务业和生产性服务业为主题的省部级重点课题 8 项，主编国内第一部关于北京市高端服务业的报告《北京市高端服务业发展研究报告（2017）》。出版专著 18 部，其中 5 部获省部级科研成果奖，在《光明日报》《经济日报》等报刊上发表论文 70 余篇。

# 摘　要

　　北京服务业增加值占 GDP 比例居我国省级区域首位，北京市是全国首个服务业扩大开放综合试点城市，也是唯一一个国家服务业扩大开放综合示范区。目前北京服务业正在向高端化发展，高端服务业已成为主导产业，并在全国服务业高质量发展中起到引领、示范作用。本书紧贴北京实际，立足现状、问题、比较、经验、案例和趋势分析，注重探讨新目标、新思路、新战略、新举措、新政策、新做法，通过总报告、分报告、专题篇、案例篇和借鉴篇五大部分，集中展示相关发展和研究成果。

　　总报告认为，北京发展高端服务业符合新时代国家科技自立自强、构建新发展格局、建设现代化产业体系的战略部署，适应首都发展新阶段及其政策规制的新要求，有利于处理好"都"与"城"的发展关系，充分发挥首都的资源和竞争力优势。研究重点是实证分析和比较分析，描述了增速快、效益高、融合力强、利用外资多、确立了主导产业地位等总体发展现状，揭示了文体娱乐业相对规模小、商务服务业增速放缓等方面的问题，指出北京与上海在金融业增加值、商务服务业增加值、高端服务业劳动生产率、高端服务业利用外资等指标上有差距，与深圳在研发人员数、企业研发经费投入、专利授权量、新产品销售收入、高端服务业劳动生产率等指标上有差距。在此基础上，研究推定了高增长、高效益两大发展趋势，综合论证了未来 5~10 年的发展目标，包括总体目标和创新发展目标，系统提出了创新、融合、集聚、协同、开放五大基本发展战略，以确保北京高端服务业优质高效发展。

分报告以"分析现状—揭示问题—提出解决办法"为基本范式，分析论证了北京高端服务业内部五大行业的发展情况，形成五个分报告。其中，信息服务业占据支柱地位并不断巩固，具有技术驱动、软件新领域取得突破性进展等新特点，需要针对不同问题，采取强化底层技术创新布局、壮大耐心资本和专业资本、提升应用场景供给能力等对策。金融业具有平稳快速发展、普惠金融持续发力等特点，针对金融科技冲击、金融安全脆弱性等问题，需要发挥首都资源优势，促进科技与金融深度融合，完善地方金融风险处置协调机制。科技服务业具有快速发展、科技产出成果丰硕等特点，需要紧扣国际科技创新中心建设主题，打造自主科技创新品牌，力促转型升级。商务服务业的发展受新冠疫情影响较大，2020 年增加值呈负增长，说明抵御风险能力亟待提高，需要加强政策扶持，优化行业内部结构，加快企业转型。文化创意业呈现结构持续优化、质量持续提升等特点，未来需要注重老城整体保护与复兴，强化现代公共文化服务体系建设，不断繁荣首都文艺舞台。

专题篇的研究视野更宽。北京高端服务业助力"一带一路"建设，扩大了服务贸易规模，针对参与度较低等问题，需要借鉴发达国家的经验，完善涉外法律服务和金融合作机制，加速服务业融入全球产业链、供应链。北京节能环保服务业注重综合服务功能提升，存在项目融资难、服务内容单一等问题，需要创新投融资方式、完善产业标准体系、打造公共服务平台。

案例篇阐述北京的成功做法。北京建设国家级知识产权保护中心，通过提供"一站式"综合服务等方式，切实解决了维权举证难、周期长、成本高等问题。设立北交所，弥补了首都金融要素市场的空白，未来需要深化新三板改革、加快北交所建设，提升北京金融的核心竞争力。今日头条挖掘数据有典型做法，优化路径是完善算法技术、强化用户思维和拓宽赢利渠道。

借鉴篇以"现状—经验启示"为基本范式，分析论证了上海、深圳延伸产业链、培育新优势、促进差异化融合化发展等方面的经验启示。

**关键词：** 高端服务业 创新驱动 政策引导 高效益

# 目 录 ➘

## Ⅰ 总报告

## Ⅱ 分报告

皮书数据库阅读**使用指南**

# 总 报 告

## General Report

**B.1**

# 北京高端服务业发展的总体情况、
# 趋势、目标和基本战略

朱晓青 *

**摘 要：** 高端服务业是北京具有资源和竞争力优势的主导产业，符合国家
和北京市发展的战略要求，是北京未来产业发展的主攻方向。本
报告通过对北京高端服务业总体发展现状的分析及其与上海、深
圳的比较分析，揭示了北京高端服务业发展速度快、效益高、占
GDP 比例高、基础研发支出多、技术交易规模大等优势，以及
劳动生产率相对较低、过度集中在中心城区等不足，论证了高增
长和高效益两大发展趋势，研究确立了未来 5~10 年的总体目标
和创新发展目标，提出了创新、融合、集聚、协同和开放五大基
本发展战略，以加快北京高端服务业高质量发展。

* 朱晓青，中共北京市委党校教授，北京市高端服务业发展研究基地研究员，研究方向为服务
经济理论与政策。

**关键词：** 高端服务业　主导产业　创新驱动　高增长　高效益

## 一　北京高端服务业发展面临的大格局和新要求

### （一）对高端服务业的认识

对高端服务业的认识，可以从对服务经济思想的基本认识谈起。1987年，法国学者德劳内和盖雷出版《服务经济思想史：三个世纪的争论》一书，对服务经济的主要学术观点进行了系统梳理和介绍。[①] 以此为基础，进一步归纳服务经济学的主要学术观点，可以按时间顺序聚焦在三个方面。其一，1850年前的古典服务经济思想从单纯的物质生产角度出发，普遍认为服务属于非生产性的剩余部门，只有"寄生性"，没有生产性，不创造价值，可有可无，经济发展只能靠工农业生产，服务作为非生产性的"第三部门"应大力压缩，以提高劳动生产率和国民经济发展水平。其二，1850~1930年的服务经济思想集中对服务非生产性的古典理论进行了修正，明确提出了服务具有生产性、能够成为主导产业的主张。相关理论强调物质生产是为了满足需求，服务也是为了满足需求，甚至是更高层次的精神需求，因而一切皆服务，甚至提出"第三产业"的范畴，把不能划入农业和工业的产业部门统统归入服务业。同时，有些学术观点认为，伴随物质生产方式的转变，生产要占领价值链的高端，必然要向"微笑曲线"的两端延伸，使研发和营销服务成为生产发展的关键和主攻方向，促进生产效率的提高和生产的服务化。因此，生产与服务具有不可分割性和融合性，服务既具有生产性，也会导致后工业社会的形成，服务业将替代工业成为国民经济的主导产业。其三，1930年以后的服务经济思想不再争论服务的生产性和价值性问

---

[①] 〔法〕让-克洛德·德劳内、让·盖雷：《服务经济思想史：三个世纪的争论》，江小涓译，格致出版社、上海人民出版社，2011。

题,而是聚焦于服务型社会中或服务经济占主导地位背景下的生产效率问题,即服务业的劳动生产率长期零增长、负增长或低于工业的劳动生产率,也就是所谓"成本病"(cost disease)的问题。究其原因,主要在于服务业内部存在停滞服务业(stagnant services)。该服务业的显著特征是,随着时间的推移,就业人数将大量增长,该服务业包括教育、医疗、文化、零售、餐饮、家政等消费型服务业,因而无法有效降低人工成本,只能靠高收费、高物价支撑,致使整体服务业的效率难以提高。要解决根本问题,治愈"成本病",必须推进新服务经济(new service economies)、进步服务业(progressive services)、先进服务业(advanced services)、生产者服务业(producer services)、知识密集型商务服务业(knowledge-intensive business services,KIBS)和自我服务(self-service)的发展,解决服务业就业人数增长和劳动生产率水平低的突出问题。

国外提升服务业效率的相关理论,对我国服务业的发展有重大影响。我国在计划经济时代不承认服务创造价值和服务业具有生产性,严格限制服务业发展。改革开放之后,我国不仅直接引入了生产性服务业、消费性服务业、公益性服务业、营利性服务业等新概念,而且提出了本土化的现代服务业和高端服务业的概念,着力解决服务业提质增效、转型升级的问题。1992年我国出台《关于加快发展第三产业的决定》,强调服务具有生产性,服务业发展水平是衡量现代社会发达程度的重要标志。1997年党的十五大报告首次出现现代服务业的提法,要求在发展现代服务业的同时,对传统服务业进行升级改造。2007年深圳市政府出台《关于加快我市高端服务业发展的若干意见》,首次提出高端服务业的概念,认定高端服务业是现代服务业的核心,具有高科技含量、高人力资本投入、高附加值、高产业带动力、高开放度、低资源消耗、低环境污染的特征,是高效发展服务业的主攻方向。2015年我国颁布《京津冀协同发展规划纲要》,明确要求北京加快科技服务业等高端服务业的发展,为北京服务业的提质增效指明了方向。

2018~2021年,北京服务业增加值占GDP的比例分别为81.3%、

83.7%、83.8%和81.7%①，居全国省级区域首位，北京是全国省级区域中服务业发展水平最高的。在我国已形成以服务业为主导的产业结构和京津冀、长三角、粤港澳、成渝等城市群高质量发展的大背景下，北京要进一步"疏解整治促提升"，实现服务业在扩大开放条件下的高质量发展，必须把主攻方向聚焦于高端服务业，这就需要进一步厘清高端服务业的内涵与外延，明晰高端服务业的准确定义。

在学术层面，揭示高端服务业的内涵，主要是界定基本特性。通过系统梳理国内外学者对高端服务业、先进服务业和KIBS基本特性的认识，笔者认为，可以从投入、产出的维度，对高端服务业的基本特性进行系统归纳。也就是说，高端服务业之所以高，从产出结果来看，必定具有高收益性、高产业带动力和绿色环保的突出特征，这是高端服务业最根本的特性；从投入要素和运作方式来看，必然具有高智力性、知识密集性、高技术导向和应用性、高诚信性、高集聚性、创新性和新兴性的突出特征，从而与低端服务业相区别。

对高端服务业外延的界定主要涉及部门行业分类，按照我国现行国民经济行业分类标准（GB/T 4754—2017），服务业有15个门类，即批发和零售业（代码为F），交通运输、仓储和邮政业（G，以下简称运输仓储业），住宿和餐饮业（H），信息传输、软件和信息技术服务业（I，以下简称信息服务业），金融业（J），房地产业（K），租赁和商务服务业（L，以下简称商务服务业），科学研究和技术服务业（M，以下简称科技服务业），水利、环境和公共设施管理业（N，以下简称环境管理业），居民服务、修理和其他服务业（O，以下简称居民服务业），教育（P，以下称教育培训业），卫生和社会工作（Q，以下简称医疗业），文化、体育和娱乐业（R，以下简称文体娱乐业），公共管理、社会保障和社会组织（S，以下简称公管社保业），国际组织（T）。② 面对如此众多的服务行业分类，究竟哪些服务行业或门类属于高端服务业？通过系统梳理国内外学者对高端服务业、先进服务业和KIBS外延

---

① 《北京统计年鉴（2022）》。
② 中华人民共和国国家质量监督检验检疫总局：《中华人民共和国国家标准：国民经济行业分类》，中国标准出版社，2017。

的认识可知，学者们普遍认同金融业、科技服务业、信息服务业、商务服务业和文体娱乐业属于高端服务业，有争议的在于运输仓储业、教育培训业和医疗业。从产出结果来看，我国现行医疗业以提供公共服务为主，具有公益性，只有少数如牙医行业具有营利性，总体行业收益性较差；教育培训业以基础教育为主，公益性明显，只有少数如职业培训行业具有营利性，高等院校的科研经费和校办企业收入不纳入本部门统计，总体收益性也较差；运输仓储业具有营利性，甚至衍生出航空物流、管道物流、快闪物流、多式联运物流、第三方物流等多种新业态和新产业，收益水平更高，但运输仓储业的绿色环保性较差，能源和土地等实物资源消耗很大，总体收益水平也不高。

综合来看，高端服务业实际上有产业高端和高端产业两个维度。产业高端维度，是说某一服务行业皆可分为高端与低端两部分，即单一产业内部有高端业态。这类产业的高端部分只具有高端服务业的部分特性，而不是全部基本特性。例如，高档餐饮业是相对于低档快餐业而言的，具有高诚信性和高收益性，但没有高智力性、知识密集性、高技术导向和应用性、高产业带动力等。高端产业维度，是说在服务业总体中可以分为高端与低端两部分，即众多产业门类中有高端产业，其中高端部分具有高端服务业的全部投入产出特性，其外延只包括金融业、科技服务业、信息服务业、商务服务业和文体娱乐业，排除其他服务行业门类。当然，从产业高端维度来看，金融业、科技服务业、信息服务业、商务服务业和文体娱乐业的内部构成必有低端部分。用收益性指标来衡量，金融业中的后台服务（包括数据中心服务、信息中心服务和服务外包等），信息服务业中的呼叫中心服务，科技服务业中的科技推广和应用服务，商务服务业中的文化及日用品出租服务、公共就业服务、安全保护服务等，文体娱乐业中的出版业、图书与档案馆业等，都属于高端服务业中的低端部分。但高端产业内部有低端的现实，并不否定产业总体的高端性，因为低端构成部分毕竟只是少数行业，不占主导地位，不影响产业总体高端化的发展格局。

因此，本书给高端服务业的定义是，从产业总体来看，具备高智力性、知识密集性、高技术导向和应用性、高诚信性、高集聚性、创新性和新兴性

的投入特性，同时具备高收益性、高产业带动力和绿色环保的产出特性，按照我国现行服务业标准行业分类，涵盖金融业、科技服务业、信息服务业、商务服务业和文体娱乐业五大门类，其内部行业构成也有少量低端部分。这个定义更具有科学合理性。在可预期的未来，即使受线上服务、无接触服务、智能机器人服务、自我服务和服务全球化的影响，这五大服务行业所具有的投入产出特性，也使之能够在总体上保持朝阳产业地位。

按照主导产业演进理论，在农业社会主导产业是农业，即农业占 GDP 的比例超过 50%，在工业社会主导产业是工业，在后工业或信息社会主导产业是服务业，在服务社会主导产业是高端服务业。高端服务业具有产业创新、产业引领、产业辐射、产业融合、产业匹配、产业集聚和降杠杆的基本功效，是推进工农业生产高端化、智能化、绿色化、服务化的引擎和主动力，是支撑现代产业体系的核心，是建设现代化经济体系的关键。因此，创新型国家建设、现代化强国建设和国际科创中心城市建设，都要以高端服务业发展为主攻方向，现代都市群中的首位城市也必然要确立高端服务业的主导产业地位，这是产业优化升级和主导产业演进的基本规律。

## （二）北京高端服务业发展的新形势和新要求

当前，我国正处于百年未有之大变局，国际经济大环境中的不稳定性因素增加，国际科技革命和产业变革加快，各种不利因素持续阻碍国际经济增长。国内经济虽然由高增长阶段迈入高质量发展的新阶段，但发展不平衡、国民经济循环不畅、"三期叠加"[①] 等突出问题，对我国实现稳中求进的高质量发展带来了较大阻力。北京经过首都建设、首都经济和首都发展三个阶段，在减量发展过程中，尽管确立了高端服务业的主导产业地位，但仍然面临"五子登科"[②]、率先建成现代化经济体系的艰巨任务。根据问题和目标

---

① "三期叠加"是指需求收缩、供给不足、预期减弱。
② "五子登科"是指首都发展的五大任务，即：国际科技创新中心建设；自贸区和服务业扩大开放示范区"两区"建设；全球数字经济标杆城市建设；以供给侧结构性改革创造新需求，建设国际消费中心城市；以疏解北京非首都功能为"牛鼻子"，推动京津冀协同发展。

导向的原则，统筹发展与安全，在宏观层面，我国提出以高质量发展为主题，以供给侧结构性改革为主线，立足新发展阶段、贯彻新发展理念、构建新发展格局，建设创新型国家和现代化经济体系。在首都发展层面，北京强调加强"四个中心"功能建设，进一步处理好"都"与"城"、"舍"与"得"、疏解与提升、"一核"与"两翼"的辩证关系，坚持首善标准，紧紧围绕实现"都"的功能来布局和推进"城"的发展，发挥北京的科技和人才优势，主动服务和融入新发展格局，提升高质量发展水平，更好地服务党和国家工作大局，更好地满足人民群众对美好生活的需要。因此，北京高端服务业发展面临新形势和新要求。其核心要义，就是北京必须依据战略功能定位，聚焦高端服务业发展的主攻方向，以创新驱动、数字赋能、绿色为先、开放协同、优质高效的方式，打造现代化产业体系，提升高端服务业的规模效益和主导产业地位，力争在2027年率先建成现代化经济体系。

### 1. 国际经济新形势和新要求

2018年美国以解决贸易逆差为由，不断挑起贸易摩擦。此后，美国强调所谓实力和新竞争关系，采取各种方式，在贸易、投资、金融、科技、教育、文化、外交和意识形态等各领域，掀起逆全球化思潮，单边主义、保护主义、霸权主义、强权政治对世界和平与发展的威胁上升。一些跨国公司也参与其中，试图改换国际产业链、供应链布局，减少对我国的贸易和投资，强化技术壁垒和关键设备封锁，企图切断国际产业链、供应链循环。

2020年以来新冠疫情持续肆虐，严重阻碍国际交往，对国际服务贸易产生巨大冲击，最终影响国际贸易与投资的高增长。

2021年以来的美国高通胀和2022年以来的俄乌战争，导致欧洲国家面临持续动荡和全球能源、粮食危机，而且美国不断加息、抬高利率，强化美元的国际霸权地位，引发国际货币市场、资本市场的剧烈震荡以及经济衰退，严重影响国际经济稳定。

在国际经济不稳定性、不确定性因素增加的背景下，国际科技革命和产业变革加快推进，新业态、新产业、新经济不断涌现，包括以量子计算、区块链、元宇宙、5G、6G、AI、VR、工业互联网等新一代信息技术为代表的

数字经济和数字产业，以基因生命科学、生物医药、人脑机互动技术和养老延寿医疗为代表的生物经济和生命健康产业，以新材料和增材料制造、芯片制造、精密机器人和传感器制造、精密化工为代表的新制造工艺和高端制造业，以新能源、节能环保、废污处理、生态治理为代表的绿色经济和绿色产业，以航空航天、外星探索为代表的航空航天经济及其产业，以远洋深海探索、极地探索为代表的海洋经济等。

在这样的国际经济大背景下，我国要高举和平、发展、合作、共赢的旗帜，坚持高水平对外开放，积极参与全球经济治理，促进全球经济合作。一方面，进一步优化营商环境和完善"放管服"规制，稳外资存量、扩外资增量、提外资质量，扩大进出口贸易规模，加快推进"一带一路"建设和自由贸易区网络体系建设；另一方面，稳中求进，创新驱动，围绕全产业链的循环畅通，促进生产与服务的深度融合，紧盯固链、补链、扩链、强链的关键环节和难点，招才引智、招商引资，培养和引进链主企业、头部企业、龙头骨干企业，着力提升产业链的创新水平，有效解决关键核心技术"卡脖子"的问题，增强产业链的韧性和安全性，形成功能配套、上下游紧密协作、高效运营的产业集群或产业集聚区。特别是要围绕智能制造、机器人、智能穿戴设备、生命健康、新能源、新材料、3D打印等战略性新兴产业的薄弱环节，制定强链、补链发展规划，集中力量解决研发设计、技术咨询、检验检测、现代物流、科技金融、工业互联网平台等高端服务业的问题，以尽快畅通安全可控的产业链、供应链、创新链、金融链和价值链，形成更多新的增长点、增长极。

这种内在逻辑关系实际上表明，在国际竞争中，我国的工农业生产和服务业发展要挣脱国际不确定性因素的束缚，转危为机，紧跟国际科技革命和产业变革的步伐，从根本上解决强链、固链、扩链、补短板的问题，全力提升高端服务业的发展水平，发挥高端服务业在现代化产业体系中的核心作用和引领、融合功效，促进产业动力变革、质量变革、效率变革，加速产业高端化、智能化、绿色化、协同化、现代化进程，有效打造自主可控的全产业链和现代化产业集群，切实巩固和拓展参与国际合作与竞争的长项和优势。

### 2. 国内宏观经济新形势和新要求

2020年我国全面建成小康社会，标志着我国进入全面建设现代化国家的新阶段。按照中央要求，我国现代化建设是全面的、中国式的，是新时代、新阶段的中心任务，分为两个阶段：第一阶段，到2035年基本建成中国式现代化强国；第二阶段，到2050年全面建成中国式现代化强国。我国新时代、新阶段现代化建设的首要任务和主题，就是高质量发展。习近平总书记提出，高质量发展是能够满足人民日益增长的美好生活需要的发展，是体现新发展理念的发展，是创新成为第一动力、协调成为内生特点、绿色成为普遍形态、开放成为必由之路、共享成为根本目的的发展。新时代、新阶段高质量发展的目标是，到2027年经济高质量发展取得新突破。围绕高质量发展这一主题和首要任务，我国以问题为导向，锚定资源约束力，强化质量、动力、效率变革，不再追求高速增长，明确三大战略部署：一是建设创新型国家，科技强国，显著提升科技自强自立能力；二是建设现代化经济体系和现代化产业体系，着力发展新兴产业、未来产业、高端服务业和实体经济，满足绿色发展的内在要求，提高全要素生产率，提升产业链、供应链的韧性和安全水平，推进产业数字化和数字产业化，推进新型工业化，推进城乡融合和区域协调发展；三是构建新发展格局，畅通国民经济循环，增强国内大循环的内生动力和可靠性，提升国际循环的质量和水平。依据三大战略部署，结合供求调节的现实要求，我国进一步明确政策导向的总基调是稳中求进，以供给侧结构性改革为主线，淘汰落后产能和僵尸企业，增加有效供给；同时，更加注重需求侧管理，扩大内需，提振消费，增加有效投资，切实把扩大内需同深化供给侧结构性改革有机结合起来，形成供给创造需求、需求拉动供给的有效机制，推动经济实现质的有效提升和量的合理增长。

就建设创新型国家而言，一般衡量创新型国家的主要指标有四项，即年研发投入强度超2%，年科技进步贡献率超70%，对外技术依存度在30%以下，创新产出高（专利密集型产业增加值占GDP的比例超30%）。以此对标，我国现在只有年研发投入强度指标达标。2021年我国研发支出为2.8

万亿元，位居世界第二，研发投入强度为 2.4%。①其他指标皆未达标。尽管改革开放以来，我国的科技创新能力获得长足进步，但总体科技创新实力、基础科研能力、科技成果产业化能力、新兴产业引领能力，与美国、日本、英国、德国、法国、瑞士、瑞典、荷兰、芬兰、丹麦、韩国、新加坡等发达国家还有明显差距。这就要求我国从产业供给主线出发，努力打造高端服务业中的科技服务业和信息服务业，增加基础研发投入和产业化研发投入，开展原始创新、集成创新和开放创新，统筹部署创新链、产业链和人才链，广泛采用适用的绿色技术和数字技术，在关键核心技术领域实现重大突破，从根本上解决"卡脖子"的难题，大幅提升科技自立自强实力、科技进步贡献率和产业创新率。

就建设现代化经济体系和现代化产业体系而言，现代化经济体系是由社会经济活动各个环节、各个层面、各个领域相互内在联系而形成的一个有机整体，主要涉及 8 个方面：以创新为引领的现代化产业体系；统一开放、竞争有序、各具特色的市场体系；效率优先、更加注重公平的收入分配体系；分工协作、相互促进的城乡区域发展体系；生态优先、资源集约节约的绿色发展体系；国际标准、高点定位的基础设施和服务设施体系；多元平衡、高效安全的全面开放体系；市场有效、政府有为的经济体制。其中，建设现代化产业体系是建设现代化经济体系的基础和关键，完善经济体制是建设现代化经济体系的根本保障，这两个方面尤为重要，是建设现代化经济体系的"两翼"和核心内容。现代化产业体系源于传统产业体系，是传统产业体系改造升级的结果，包括现代农业、现代工业、现代制造业、现代建筑业、现代服务业和高端服务业。在现代化产业体系构成中，现代服务业和高端服务业占据核心产业地位，发挥产业升级引擎和主动力的作用。因此，我国要完成建设现代化经济体系的目标，就必须聚焦建设现代化产业体系这一关键环节，突出高端服务业发展的核心地位和引擎作用，在巩固传统产业体系优势地位的基础上，抓住全球产业结构优化升级的新机遇，勇于创新，强化产业

---

① 《中国统计摘要（2022）》。

发展与信息化、数字化、智能化、国际化、融合化、高端化、绿色化和城镇化的有效衔接，完善体制机制、营商环境、创新创业生态等保障条件，加快推进产业数字化、数字产业化，支持产业平台建设，实施动力变革、质量变革、效率变革，占领产业价值链中高端，增强全产业链的自主可控性，依托科技服务的前沿应用成果，协同推进实体经济、科技创新、现代金融和人力资本的发展，促进制造业与高端服务业的深度融合，开辟新业态、新产业、新模式和新赛道，打造战略性新兴产业和未来产业，不断提升产业发展的智能化、高端化、绿色化水平，最终为建设现代化经济体系打下坚实基础。

就构建新发展格局而言，主要是着力扩大内需，畅通国内国际双循环，形成需求牵引供给、供给创造需求的更高水平的动态平衡，提升国民经济整体效能，这就要求我国加快高端服务业发展，充分发挥创新引领和高效融合的核心作用。在投资方面，要坚守市场竞争中性原则，公平对待各类市场投资主体，通过发展高端服务业，增强投资预期和创新驱动力，确保投资特别是产业投资的有效性和安全性，推进新基建、城市更新和新型城市化建设，加快传统产业升链、新兴产业建链、优势产业延链、短板产业补链，打造自主可控的、有韧性的完整产业链和高效安全运营的产业集群。在消费方面，要发挥高端服务业的创新性、智能性、专业性和融合性，稳市场、保就业、促增收，完善社会保障体系，创新消费方式，改善消费环境，扩大新型消费和消费规模，加快建设国内统一大市场和国际消费中心城市，打通生产与消费直接衔接、智能对接的堵点和痛点，强弱项、固底板、扬优势，畅通生产、分配、流通和消费的各环节。在进出口方面，要依托高端服务业发展的引领作用，做好利用外资扩增量、稳存量、提质量的各项工作，营造更加优化的政策环境，以国内大循环吸引全球资源要素，充分利用国内国际两个市场、两种资源，积极促进内需和外需、进口和出口、引进外资和对外投资的协调发展，促进国际收支基本平衡。

总之，按照国家三大战略部署和政策导向总基调的要求，从供求均衡发展维度分析，建设创新型国家、现代化经济体系和现代化产业体系，属于供给侧管理的要求，主要解决供给冲击和供给不足的问题；构建新发展格局，

属于需求侧管理的要求，主要解决需求减弱和如何应对国际不确定性因素的问题。这两个方面的综合发力和协同推进，都需要有高端服务业的强力支撑。因此，全面推进高端服务业发展及其与其他产业的深度融合，是我国经济高质量发展的必然要求和重要抓手。

**3. 首都发展的新形势和新要求**

我国近代挨打、挨饿、挨骂与工业发展严重滞后有关。新中国成立后，中央要求北京尽快建立现代化工业基地，并赋予北京全国经济中心的战略定位，使之进入首都建设阶段，着力发展工业特别是重化工业。1978年北京工业增加值占GDP的比例高达64.5%[1]，北京成为仅次于沈阳的全国第二大工业城市。

改革开放初期，1980年中央领导视察北京，提出四项指示，要求把北京建设成为全国最优美、最卫生、最安全的城市，北京不要再发展工业特别是重工业，要着力发展适合首都特点的经济，由此北京进入首都经济阶段。1983年北京出台城市总体规划，战略功能定位只有两个，即全国的政治和文化中心。在这一阶段，北京大力调整产业结构，主导产业转向服务业。1991年北京服务业增加值占GDP的比例超工业1.2个百分点，为43.9%；1995年服务业增加值占GDP的比例超50%，为53.1%，服务业成为主导产业；2014年服务业增加值占GDP的比例为80%，达到发达国家水平。1980~2014年，北京GDP由139亿元提升到22926亿元，增长163.9倍，年均增长率高达16.2%，实现高速增长。[2]

在首都经济阶段，北京强调集聚资源谋增长，战略功能定位逐渐增多，城市建设和产业准入的标准不高，名为优一产、强二产、大三产，实则什么产业都发展，并在中心城区集聚，"摊大饼、摊厚饼"，结果引发一系列突出问题，包括资源环境问题、大城市病问题、建设管理问题、民生问题、区域协调问题等，使首都经济的高增长难以持续。

---

① 《北京统计年鉴（2022）》。
② 根据《北京统计年鉴（2022）》中的数据计算。

2014 年北京要制定第 7 个城市总体规划（以下简称新总规），为城市建设与发展定方位，包括总体定位、战略功能定位、产业及其布局定位、建设项目定位等，意义重大。当年 2 月 26 日，习近平总书记第一次视察北京，提出首都建设与管理的五大问题，明确首都四大功能定位，要求疏解非首都功能。此后，习近平总书记又多次视察北京，对新总规的编制发表了数十次重要讲话。讲话的主旨，就是首都发展必须以 21 世纪的眼光，用国际高标准和系统观念，高点定位，切实解决"建设一个什么样的首都，怎样建设首都"的根本问题。习近平总书记不仅提出了问题，而且回答了问题，为首都建设与发展绘制了"设计图"。这个"设计图"的核心要义是：北京的总体定位是建立以首都为核心的世界级城市群；北京的战略功能定位是"四个中心"，战略目标定位是建设国际一流的和谐宜居之都；北京的发展模式是京津冀区域协同发展和环渤海合作发展、绿色发展，以城市副中心和雄安新区为新两翼；北京的管理或治理模式是现代化和精细化的；北京的产业定位是在减量发展、舍"白菜帮"的基础上，发挥科技和人才优势，只要"白菜心"，着力打造"三城一区"，发展高端服务业、智能制造业、环保产业和高新产业，形成新的增长极；北京的建设项目定位是符合 21 世纪眼光、体现中国文化气派的精品力作。依据习近平总书记的"设计图"，2015 年《京津冀协同发展规划纲要》和《环渤海地区合作发展纲要》出台，明确了北京建设世界级城市群的总体定位和北京在环渤海地区发展中的牵头地位。2017 年北京新总规正式颁布，实际上是细化习近平总书记"设计图"的"施工图"。由此，北京进入新时代的首都发展阶段。

在首都发展阶段，北京突出高质量发展主题和样板示范作用，强调疏解、整治、促提升。一方面，疏解区域批发市场等低端、低效服务业，治理"散乱污"企业；另一方面，在 2018 年出台十大高精尖产业目录，包括新一代信息技术、集成电路、医药健康、智能装备、节能环保、新能源汽车、新材料、人工智能、软件和信息服务、科技服务，目的是突出自立自强的科技创新，聚焦以研发设计、信息服务和科技服务为代表的高端服务业发展，

强力推动"三城一区"建设。同时，充分发挥北京金融服务、专业技术服务、商务服务和文化旅游服务的优势，把高端服务业发展作为产业结构优化升级的主攻方向，强化产业链、供应链的自主可控性和安全韧性。在此基础上，北京认真落实"五子登科"的战略部署和中央要求，突出高标准的重大工程项目建设，着力加快高端服务业发展，使之成为主导产业。2021年北京服务业增加值达3.3万亿元，比2014年增加1万亿元，占GDP的比例为81.7%，其中高端服务业增加值为2.1万亿元，比2014年增加1.1万元，占GDP的比例为50.9%。[1] 2014年以来，北京服务业的增量皆来自高端服务业，低端、传统、低效服务业占比大幅降低，北京服务业发展的质量和水平大大提升，北京率先在全国省级区域确立了高端服务业的主导产业地位，为全国高端服务业的大发展树立了标杆、发挥了示范作用。

## 二 北京高端服务业发展的总体情况

2017年以来，北京在首都发展新阶段，按照习近平总书记的系列讲话精神，严格落实战略功能定位和产业定位，明晰建设现代化经济体系和现代化产业体系的发展目标，遵循新总规的主旨及其有关高端服务业发展的新要求，舍掉"白菜帮"，只要"白菜心"，腾笼换鸟，着力创新发展、智能发展、协调发展、融合发展、开放发展、绿色发展和共享发展，着力推进无接触服务和智能平台建设，着力构建以高端服务业为主导的高精尖产业结构，高端服务业发展取得显著成效。下文着重从9个方面阐述2017~2021年北京高端服务业发展的总体情况。

### （一）快速发展

2017~2021年，北京高端服务业增加值年均增长速度为10.1%，超过全市GDP年均增长7.7%、服务业增加值年均增长7.4%和工业增加值年均

---

① 根据《北京统计年鉴（2022）》中的数据计算。

增长 10.0% 的水平。其中，信息服务业增加值年均增长 16.8%，金融业增加值年均增长 9.4%，科技服务业增加值年均增长 9.1%，这 3 个行业是北京高端服务业快速增长的"三驾马车"，也是北京高质量发展的"火车头"（见表 1 和表 2）。

表 1　2017~2021 年北京高端服务业增加值

单位：亿元

| 项目 | | 2017 年 | 2018 年 | 2019 年 | 2020 年 | 2021 年 |
|---|---|---|---|---|---|---|
| 高端服务业 | 金融业 | 5299.6 | 5951.3 | 6544.2 | 7057.1 | 7603.7 |
| | 信息服务业 | 3508.2 | 4290.1 | 4879.6 | 5601.5 | 6535.3 |
| | 科技服务业 | 2260.5 | 2578.3 | 2823.3 | 2973.9 | 3198.2 |
| | 商务服务业 | 2226.4 | 2421.0 | 2599.3 | 2286.2 | 2435.3 |
| | 文体娱乐业 | 657.4 | 728.1 | 749.7 | 651.7 | 736.8 |
| | 合计 | 13952.1 | 15968.8 | 17596.1 | 18570.4 | 20509.3 |
| 服务业 | | 24711.7 | 27508.1 | 29663.4 | 30095.9 | 32889.6 |
| 工业 | | 3885.9 | 4139.9 | 4243.3 | 4255.1 | 5692.5 |
| GDP | | 29883.0 | 33106.0 | 35445.1 | 35943.3 | 40269.6 |

资料来源：根据《北京统计年鉴（2022）》中的数据整理。

表 2　2017~2021 年北京高端服务业增加值增长情况

单位：%

| 项目 | | 2017 年增速 | 2018 年增速 | 2019 年增速 | 2020 年增速 | 2021 年增速 | 年均增速 |
|---|---|---|---|---|---|---|---|
| 高端服务业 | 金融业 | 10.8 | 12.3 | 10.0 | 7.8 | 7.7 | 9.4 |
| | 信息服务业 | 16.8 | 22.3 | 13.7 | 14.8 | 16.7 | 16.8 |
| | 科技服务业 | 14.2 | 14.1 | 9.5 | 5.3 | 7.5 | 9.1 |
| | 商务服务业 | 7.1 | 8.7 | 7.4 | -12.0 | 6.5 | 2.3 |
| | 文体娱乐业 | 7.3 | 10.8 | 3.0 | -13.1 | 13.1 | 2.9 |
| | 合计 | 12.0 | 14.5 | 10.2 | 5.5 | 10.4 | 10.1 |
| 服务业 | | 11.1 | 11.3 | 7.8 | 1.5 | 9.3 | 7.4 |
| 工业 | | 6.9 | 6.5 | 2.5 | 0.3 | 33.8 | 10.0 |
| GDP | | 10.5 | 10.8 | 7.1 | 1.4 | 12.0 | 7.7 |

资料来源：根据《北京统计年鉴（2022）》中的数据，按当年价计算。

2017~2021 年，北京高端服务业增加值的环比增速分别为 12.0%、14.5%、10.2%、5.5%和 10.4%，除 2020 年外，其他年份皆为两位数以上增长。之所以如此，主要原因是，受新冠疫情影响，2020 年北京商务服务业和文体娱乐业的增加值出现了负增长，增长率分别为-12.0%和-13.1%，结果导致高端服务业增加值的增长跌破两位数（见表 2）。但这种增速回落是短暂的，没有改变北京高端服务业快速发展的态势。

2017~2020 年，北京高端服务业增加值的环比增速皆超过同期 GDP、服务业增加值和工业增加值的同类指标。但 2021 年北京高端服务业增加值的环比增速为 10.4%，低于同期 GDP（12.0%）和工业增加值（33.8%）的增长水平。主要原因是，我国新冠疫苗绝大部分是在北京生产，受当年新冠疫苗市场需求超高增长的影响，2021 年北京规模以上医药制造业的生产总值比 2020 年猛增 2616.4 亿元，增速高达 99.1%①，致使同期工业增加值比 2020 年大幅增加 1437.4 亿元，增速也高达 30%以上，大大超过了同期高端服务业增加值的增长幅度，并拉动 GDP 的增速超过高端服务业增加值增速 1.6 个百分点。

### （二）确立主导产业地位

北京高端服务业高质量快速增长，增加值占 GDP 的比例和占服务业增加值的比例显著提升。2017~2021 年，北京高端服务业增加值占 GDP 的比例分别为 46.7%、48.2%、49.6%、51.7%和 50.9%，占服务业增加值的比例分别为 56.5%、58.1%、59.3%、61.7%和 62.4%。其中，2020~2021 年北京高端服务业增加值占 GDP 的比例超过 50%，占服务业增加值的比例超过 60%，说明北京已确立了以高端服务业为主导的产业结构，服务业结构显著优化。这种主导产业结构的形成，主要是靠金融业、信息服务业和科技服务业拉动的。2020~2021 年，北京金融业增加值占 GDP 的比例分别为 19.6%和 18.9%，分别比 2017 年提升 1.9 个和 1.2 个百分点；信息服务业

---

① 根据《北京统计年鉴（2022）》中的数据计算。

增加值占 GDP 的比例分别为 15.6% 和 16.2%，分别比 2017 年提升 3.9 个和 4.5 个百分点；科技服务业增加值占 GDP 的比例分别为 8.3% 和 7.9%，分别比 2017 年提升 0.7 个和 0.3 个百分点。这种上升幅度，抵消了新冠疫情对商务服务业和文体娱乐业的负面影响。

尤其值得一提的是，金融业现在是北京第一大支柱产业，增加值占 GDP 的比例显著超过工业；2018 年信息服务业增加值占 GDP 的比例为 12.9%，首次超过工业同类指标 0.4 个百分点，成为北京第二大支柱产业。2020~2021 年，北京工业增加值占 GDP 的比例仅分别为 11.8% 和 14.1%，明显低于金融业和信息服务业的同类指标（见表 3）。

表 3　2017~2021 年北京高端服务业、服务业和工业增加值占 GDP 的比例

单位：%

| 项目 | | 2017 年 | 2018 年 | 2019 年 | 2020 年 | 2021 年 |
|------|------|------|------|------|------|------|
| 高端服务业 | 金融业 | 17.7 | 18.0 | 18.5 | 19.6 | 18.9 |
| | 信息服务业 | 11.7 | 12.9 | 13.7 | 15.6 | 16.2 |
| | 科技服务业 | 7.6 | 7.8 | 8.0 | 8.3 | 7.9 |
| | 商务服务业 | 7.5 | 7.3 | 7.3 | 6.4 | 6.0 |
| | 文体娱乐业 | 2.2 | 2.2 | 2.1 | 1.8 | 1.8 |
| | 合计 | 46.7 | 48.2 | 49.6 | 51.7 | 50.9 |
| 服务业 | | 82.7 | 83.1 | 83.7 | 83.7 | 81.7 |
| 工业 | | 13.0 | 12.5 | 12.0 | 11.8 | 14.1 |

资料来源：根据《北京统计年鉴（2022）》中的数据计算。

### （三）集聚发展

北京高端服务业以多种产业园的形式集聚发展，在首都经济阶段，北京就建立了众多有特色、效益水平较高的高端服务业集聚区，包括金融街、中央商务区（简称 CBD）、奥林匹克中心区等，这符合高端服务业发展的内在规律。但北京过去在高端服务业集聚发展过程中也存在过度集中于中心城区、地均效益不高等突出问题。进入首都发展阶段，为优化高端服务业集聚

发展的布局和提质增效，北京一方面对原有的高端服务业集聚区进行升级改造，让核心区静下来，严控中心城区"摊大饼"和城北建设用地增量扩张，力推"腾笼换鸟"和招才引智，强化创新驱动和数字赋能，走内涵式高质量集聚发展之路。中关村科学城的升级改造尤其成效显著，传统商业街、大卖场有效转变为创新创业（简称"双创"）的集聚地，形成了了新的高科技产业集群。另一方面，让城市副中心热起来、新城兴起来，规划建设高标准的、有特色的、新的高端服务业集聚区，包括怀柔科学城、城市副中心运河商务区和文化旅游区、大兴国际机场临空经济区、丽泽金融商务区、北京世界园艺博览会中心区、延庆冬奥会中心区、新首钢高端产业综合服务区等，形成了北京高端服务业集聚发展的新增长极。

从高端服务业在北京各功能区的集聚情况来看，按照核心区、四城区、城市副中心、平原新城和生态涵养区的分类①，2021年北京核心区高端服务业占全市高端服务业的比例为28.7%，四城区占60.3%，两者合计，即中心城区占89.0%，说明北京高端服务业主要集中在中心城区。其中，核心区金融业集中度高，占全市金融业的50.7%；四城区的信息服务业、科技服务业、商务服务业和文体娱乐业集中度高，分别占全市的83.4%、67.0%、63.2%和57.2%。城市副中心高端服务业占全市高端服务业的比例仅为1.2%，但环球影城的开业，使城市副中心的文体娱乐业快速增长。2021年城市副中心文体娱乐业增加值达35.3亿元，是2020年的4.6倍，使城市副中心文体娱乐业占全市文体娱乐业的比例达到4.8%，显示出一定的集聚发展优势。2021年平原新城和生态涵养区高端服务业占全市高端服务业的比例分别为8.0%和1.8%，集中度较低（见表4）。

---

① 按照2017年的北京城市总体规划，各区功能区的布局是"一核一主一副，两轴多点一区"。一核，即核心区，指东城和西城；一主，即中心城区，指东城、西城、朝阳、海淀、丰台和石景山；一副，即城市副中心，指通州；两轴，即长安街及其延长线、中轴线及其延长线；多点，即平原新城，指顺义、昌平、大兴、房山和北京经济技术开发区；一区，即生态涵养区，指门头沟、平谷、怀柔、密云、延庆以及昌平和房山的山区。为避免重复计算，本报告以四城区替代中心城区，剔除东城、西城，生态涵养区也不包括昌平和房山的山区部分。

表4　2021年北京高端服务业在各功能区的集聚情况

单位：亿元，%

| 项目 | | 核心区 | 四城区 | 城市副中心 | 平原新城 | 生态涵养区 | 区合计① |
|---|---|---|---|---|---|---|---|
| 高端服务业 | 金融业 | 3819.4 | 2859.7 | 117.9 | 644.2 | 99.4 | 7540.6 |
| | 信息服务业 | 581.7 | 5174.8 | 10.9 | 332.2 | 108.5 | 6208.1 |
| | 科技服务业 | 628.5 | 2136.0 | 32.1 | 328.1 | 64.7 | 3189.4 |
| | 商务服务业 | 519.7 | 1542.0 | 40.0 | 273.9 | 62.5 | 2438.1 |
| | 文体娱乐业 | 231.5 | 422.0 | 35.3 | 25.1 | 24.0 | 737.9 |
| | 合计 | 5780.8 | 12134.5 | 236.2 | 1603.5 | 359.1 | 20114.1 |
| 各区高端服务业占区合计比例 | | 28.7 | 60.3 | 1.2 | 8.0 | 1.8 | 100 |

注：①据《北京区域统计年鉴（2022）》提供的全市数据，金融业增加值为7603.7亿元，信息服务业增加值为6535.3亿元，科技服务业增加值为3198.2亿元，商务服务业增加值为2435.3亿元，文体娱乐业增加值为736.8亿元，这些数据与各区汇总数据有一定差距，尤其是金融业和信息服务业差距较大，为保证比例数据的科学性，故采用各区汇总数据替代全市数据。

资料来源：根据《北京区域统计年鉴（2022）》提供的数据整理和计算。

　　从大规模高端服务业集聚园区的情况来看，现在北京规模最大的高端服务业聚集区，就是中关村国家自主创新示范区。它是我国同类示范中规模最大、效益最好的示范区。在北京市域内，中关村国家自主创新示范区现已建成17园，并向外埠不断拓展。2021年中关村国家自主创新示范区规划总面积为4.6万公顷，累计已开发面积为4.2万公顷；累计招商引资6.6万家，累计外商实际投资额为819.7亿美元；当年总收入为8.4万亿元，比上年增长16.8%；工业总产值为1.5万亿元，比上年增长23.3%；技术收入为20419.4亿元，比上年增长27.4%；实缴税费总额为3169.8亿元，比上年增长21.82%；利润总额为7725.3亿元，比上年增长21.8%，占营业收入的比例为9.2%。①

　　除中关村国家自主创新示范区外，金融街、中央商务区、首都机场临空经济示范区和奥林匹克中心区也是北京有特色、规模大、收益好的高端服务

① 根据《北京统计年鉴（2022）》提供的数据整理和计算。

业集聚区。2021年金融街的营业收入和利润总额分别为13464.4亿元和7186.7亿元，比上年分别增长4.4%和7.9%，利润总额占营业收入的比例高达53.4%，是北京收益水平最高的高端服务业集聚区，集中体现了金融类企业的总部集聚效益。2021年中央商务区的营业收入和利润总额分别为9469.2亿元和2156.1亿元，比上年分别增长19.0%和20.1%，利润总额占营业收入的比例高达22.8%，收益水平仅次于金融街，集中反映了商务类企业的总部集聚效益。2021年首都机场临空经济示范区的营业收入为4583.8亿元，比上年增长17.7%，但受新冠疫情影响，利润总额仅为28.9亿元，呈负增长。2021年奥林匹克中心区的营业收入为5136.7亿元，比上年增长25.2%，利润总额为634.0亿元，占营业收入的比例为12.3%，收益水平也较高（见表5）。

表5 2020~2021年北京四大高端服务业集聚区的营业收入和利润总额

单位：亿元，%

| 高端服务业集聚区 | 2020年 | | 2021年 | | 营收增长 | 利润增长 |
|---|---|---|---|---|---|---|
| | 营收 | 利润 | 营收 | 利润 | | |
| 金融街 | 12901.7 | 6662.2 | 13464.4 | 7186.7 | 4.4 | 7.9 |
| 中央商务区 | 7955.5 | 1795.1 | 9469.2 | 2156.1 | 19.0 | 20.1 |
| 首都机场临空经济示范区 | 3893.7 | 127.1 | 4583.8 | 28.9 | 17.7 | -77.2 |
| 奥林匹克中心区 | 4101.8 | 306.7 | 5136.7 | 634.0 | 25.2 | 106.7 |

资料来源：根据《北京区域统计年鉴（2022）》提供的数据整理和计算。

从高端服务业的机构和人员集聚情况来看，北京高端服务业集聚了大量规模以上的法人单位和从业人员。2021年北京高端服务业规模以上法人单位为17927家，占规模以上法人单位总数的38.7%，与2018年同类指标相比，绝对数增加了2538家，但相对数下降了1.6个百分点，说明高端服务业法人单位虽然增加了，但法人单位的集中度更高了。2021年北京高端服务业规模以上法人单位年末从业人员为466.1万人，占法人单位从业人员总数的43.3%，与2018年同类指标相比，绝对数增加了10.1万人，相对数也提升了 2.6 个百分点，进一步印证了高端服务业集聚发展具有吸纳就业的实效，发展的吸引力和辐射力增强（见表 6）。

表 6　2018 年和 2021 年北京高端服务业规模以上法人单位和从业人员情况

| 行业 | | 规模以上单位法人 | | | | 法人单位年末从业人员 | | | |
| --- | --- | --- | --- | --- | --- | --- | --- | --- | --- |
| | | 2018 年 | | 2021 年 | | 2018 年 | | 2021 年 | |
| | | 数量（家） | 占比（%） | 数量（家） | 占比（%） | 数量（万人） | 占比（%） | 数量（万人） | 占比（%） |
| 高端服务业 | 金融业 | 2262 | 5.9 | 2389 | 5.2 | 58.2 | 5.2 | 64.2 | 6.0 |
| | 信息服务业 | 3583 | 9.4 | 4219 | 9.1 | 111.5 | 9.9 | 138.9 | 12.9 |
| | 科技服务业 | 3546 | 9.3 | 3910 | 8.4 | 104.3 | 9.3 | 100.6 | 9.3 |
| | 商务服务业 | 4560 | 11.9 | 5405 | 11.7 | 157.1 | 14.0 | 135.4 | 12.6 |
| | 文体娱乐业 | 1438 | 3.8 | 2004 | 4.3 | 24.9 | 2.2 | 27.0 | 2.5 |
| | 合计 | 15389 | 40.3 | 17927 | 38.7 | 456.0 | 40.7 | 466.1 | 43.3 |

资料来源：根据《北京统计年鉴（2019）》和《北京统计年鉴（2022）》提供的数据整理和计算。

北京高端服务业的集聚发展，以高标准、差异化为特色，不仅全力扶持总部云集、规模大、集中度高、辐射力强的集聚区发展，而且按照鼓励创新的差异化、多样化标准，积极支持有特色的、规模较小的集聚区发展，包括创业公社、孵化加速器、智造大街、798 艺术区、国家广告产业园、怀柔影视基地、密云古北水镇、长阳基金小镇、石景山银河商务区和门头沟京西商务区等。这说明北京高端服务业多点布局、特色化集聚发展，有规划、有空间、有项目、有队伍、有政策，能够确保优质项目落地，取得高收益，北京高端服务业的集聚发展具有吸引力、辐射力、带动力、融合力和国际竞争力。

（四）高收益发展

2017~2021 年，北京服务业增加值占 GDP 的比例分别为 82.7%、83.1%、

83.7%、83.7%和81.7%①，居全国省级区域首位。这种以服务业为主的产业结构，总体收益水平很高。2021年，北京服务业的利润总额和应缴税金分别高达30015.1亿元和6499.7亿元。之所以如此，关键是北京高端服务业具有高收益的产出特性，是服务业总体高收益的主要来源。2021年北京规模以上高端服务业的营业收入为7.6万亿元，仅占服务业营业收入总额的44.2%，但规模以上高端服务业的资产、利润和应缴税金分别为182.2万亿元、2.7万亿元和0.4万亿元，占服务业同类指标的比例分别高达91.1%、89.4%和66.1%，与2017年的对应指标相比，利润和应缴税金比例指标也分别提高了0.8个和1.5个百分点（见表7和表8）。这进一步印证了北京高端服务业的发展具有高收益，且呈增长态势。特别是北京金融业、信息服务业和商务服务业的赢利水平更高。2021年北京金融业、信息服务业和商务服务业的利润分别为18506.2亿元、3135.1亿元和4285.4亿元，占服务业利润总额的比例分别为61.7%、10.4%和14.3%，占高端服务业利润总额的比例分别为69.0%、11.7%和16.0%。这说明金融业、信息服务业和商务服务业是北京高端服务业的主要收益来源，相比较而言，科技服务业和文体娱乐业的赢利能力较弱。

表7　2017年北京规模以上高端服务业的资产和收益情况

单位：亿元，%

| 行业 | | 资产 | | 营业收入 | | 利润 | | 应缴税金 | |
|---|---|---|---|---|---|---|---|---|---|
| | | 金额 | 占比 | 金额 | 占比 | 金额 | 占比 | 金额 | 占比 |
| 高端服务业 | 金融业 | 1375776.7 | 80.1 | 25457.0 | 19.3 | 15842.3 | 59.2 | 2803.7 | 44.9 |
| | 信息服务业 | 41828.3 | 2.4 | 9849.8 | 7.5 | 3119.0 | 11.7 | 479.9 | 7.7 |
| | 科技服务业 | 22732.2 | 1.3 | 8512.7 | 6.5 | 515.0 | 1.9 | 255.1 | 4.1 |
| | 商务服务业 | 120051.1 | 7.0 | 10064.1 | 7.6 | 4044.9 | 15.1 | 422.0 | 6.8 |
| | 文体娱乐业 | 5312.9 | 0.3 | 1782.4 | 1.4 | 159.8 | 0.6 | 69.8 | 1.1 |
| | 合计 | 1565701.2 | 91.2 | 55666.0 | 42.2 | 23681.0 | 88.6 | 4030.5 | 64.6 |
| 服务业 | | 1716653.2 | 100 | 131866.5 | 100 | 26742.6 | 100 | 6239.9 | 100 |

资料来源：根据《北京统计年鉴（2018）》提供的数据整理和计算。

---

① 《北京统计年鉴（2022）》。

表8　2021年北京规模以上高端服务业的资产和收益情况

单位：亿元，%

| 行业 | | 资产 | | 营业收入 | | 利润 | | 应缴税金 | |
|---|---|---|---|---|---|---|---|---|---|
| | | 金额 | 占比 | 金额 | 占比 | 金额 | 占比 | 金额 | 占比 |
| 高端服务业 | 金融业 | 1588534.6 | 79.5 | 33228.8 | 19.3 | 18506.2 | 61.7 | 2710.1 | 41.7 |
| | 信息服务业 | 68333.3 | 3.4 | 23372.4 | 13.6 | 3135.1 | 10.4 | 753.9 | 11.6 |
| | 科技服务业 | 22261.3 | 1.1 | 7379.2 | 4.3 | 732.4 | 2.4 | 285.7 | 4.4 |
| | 商务服务业 | 136569.6 | 6.8 | 10039.1 | 5.8 | 4285.4 | 14.3 | 462.9 | 7.1 |
| | 文体娱乐业 | 6618.5 | 0.3 | 1905.6 | 1.1 | 173.6 | 0.6 | 82.6 | 1.3 |
| | 合计 | 1822317.3 | 91.1 | 75925.1 | 44.2 | 26832.7 | 89.4 | 4295.2 | 66.1 |
| 服务业 | | 1999303.3 | 100 | 171812.5 | 100 | 30015.1 | 100 | 6499.7 | 100 |

资料来源：根据《北京统计年鉴（2022）》提供的数据整理和计算。

## （五）劳动生产率显著提升

2017年，北京高端服务业的劳动生产率（以下简称劳产率）为30.2万元/人，计算方法采用北京市法人单位从业人员年末人数与产业增加值之比。同期，服务业劳产率为26.8万元/人，比高端服务业低11.3%，但工业劳产率为32.9万元/人，比高端服务业高8.9%（见表9）。在高端服务业内部，金融业劳产率最高，为93.5万元/人，远超工业劳产率水平；信息服务业劳产率为34.5万元/人，也超过工业劳产率水平；科技服务业和商务服务业的劳产率水平不高，分别为21.2万元/人和12.8万元/人，低于服务业劳产率。这说明北京金融业具有高效性，信息服务业效率也较高，两者可以拉动高端服务业总体效能的提升，使其劳产率超过服务业。

2021年，北京高端服务业劳产率为44.0万元/人，比2017年增长45.7%，年均增长率高达9.9%，说明高端服务业的效率显著提升。其中，金融业劳产率突破100万元/人，达118.4万元/人，年均增长率为6.1%；信息服务业劳产率为47.1万元/人，年均增长率为8.1%；科技服务业劳产率为31.8万元/人，年均增长10.7%；商务服务业劳产率为18.0万元/人，年均增长8.9%；文体娱乐业劳产率为27.3万元/人，比2017年下降0.6万元/人，呈小幅负增长。这说明高端服务业内部除文体娱乐业外，其他行业的效率都实现了较大提升。

2021 年，北京人均 GDP 为 18.4 万元，全员劳产率为 34.7 万元/人，低于高端服务业劳产率。具体分析，2021 年北京服务业劳产率为 36.2 万元/人，比高端服务业低 17.7%；2017~2021 年年均增速为 7.8%，比高端服务业同类指标低 2.1 个百分点。这说明高端服务业效率提升速度比服务业快，内在动力是信息服务业、科技服务业和商务服务业的高增长，以及金融业的高效支撑。2021 年北京工业劳产率为 62.7 万元/人，比高端服务业高 42.5%，2017~2021 年年均增速高达 17.5%，说明工业效率提升速度比高端服务业快（见表 9）。

表 9　2017 年和 2021 年北京高端服务业劳产率情况

| 行业 | | 2017 年 | | | 2021 年 | | | 劳产率增长（%） |
|---|---|---|---|---|---|---|---|---|
| | | 增加值（亿元） | 年末人数（万人） | 劳产率（万元/人） | 增加值（亿元） | 年末人数（万人） | 劳产率（万元/人） | |
| 高端服务业 | 金融业 | 5299.6 | 56.7 | 93.5 | 7603.7 | 64.2 | 118.4 | 26.6 |
| | 信息服务业 | 3508.2 | 101.6 | 34.5 | 6535.3 | 138.9 | 47.1 | 36.5 |
| | 科技服务业 | 2260.5 | 106.8 | 21.2 | 3198.2 | 100.6 | 31.8 | 50.0 |
| | 商务服务业 | 2226.4 | 173.5 | 12.8 | 2435.3 | 135.4 | 18.0 | 40.6 |
| | 文体娱乐业 | 657.4 | 23.6 | 27.9 | 736.8 | 27.0 | 27.3 | -2.2 |
| | 合计 | 13952.1 | 462.2 | 30.2 | 20509.3 | 466.1 | 44.0 | 45.7 |
| 工业 | | 3885.9 | 118.1 | 32.9 | 5692.5 | 90.8 | 62.7 | 90.6 |
| 服务业 | | 24711.7 | 923.7 | 26.8 | 32889.6 | 908.4 | 36.2 | 35.1 |

资料来源：根据《北京统计年鉴（2018）》和《北京统计年鉴（2022）》提供的数据整理和计算。

## （六）创新发展

北京在高质量发展中，按照建设国际科技创新中心的定位，强化三大科学城的建设，突出科技创新的引领作用，大力推进高端服务业的创新发展。在研发投入、发明专利和技术交易等方面，位居全国省级区域的前列。2021

年北京研发人员规模高达 33.8 万人，比上年增长 0.6%，其中科技服务业和信息服务业研发人员为 21.2 万人，占研发人员总数的 62.7%；每万人高价值发明专利拥有量为 94.2 件，比上年增加 14.9 件，是全国同类指标 7.5 件的 12.6 倍；每万人发明专利拥有量为 185.0 件，比上年增长 29.2 件；发明专利授权量为 7.9 万件，比上年增长 25.2%；发明专利有效量为 40.5 万件，比上年增长 20.7%；全社会研发经费支出为 2629.3 亿元，其中科技服务业和信息服务业研发经费支出为 1941.6 亿，占全社会研发经费的 73.8%；全社会研发经费占 GDP 比例为 6.5%，比上年增长 0.1 个百分点；技术合同成交总额为 7005.7 亿元，比上年增长 10.9%；技术交易实现金额为 760.1 亿元，比上年下降 15.4%。①

北京充分发挥基础研发实力全国领先的优势。2021 年北京基础研发人员规模为 7.6 万人，其中科技服务业和信息服务业基础研发人员为 4.4 万人，占基础研发人员总数的 57.9%；基础研发经费为 422.5 亿元，比上年增长 13.3%，约占全国的 1/4，占北京全社会研发经费总额的 16.1%，其中科技服务业和信息服务业基础研发经费为 317.8 亿元，占基础研发经费总额的 75.2%。2021 年北京基础研究持续取得重要进展，共有 64 项重大成果获国家科学技术奖，其中 15 项成果获得国家自然科学奖，在基础数学理论、人工智能算法、蛋白质科学、半导体材料等前沿领域实现新突破。②

北京深入推进中关村国家自主创新示范区"主阵地"建设和"三城一区"主平台建设，加强关键技术攻关，促进产业链、供应链、创新链、金融链融合发展，加速培育创新型产业集群，主阵地、主平台的创新发展功能进一步显现。2021 年中关村国家自主创新示范区全职研发人员为 89.5 万人，比上年增长 5.5%；拥有博士学位的人员为 3.2 万人，比上年增长

---

① 根据《北京统计年鉴（2022）》提供的数据整理和计算。
② 《北京统计年鉴（2022）》；北京市统计局：《创新驱动高质量发展　科技综合实力显著增强——党的十八大以来北京经济社会发展成就系列报告之七》，北京市人民政府网，https://www.beijing.gov.cn/ywdt/zwzt/xyesd/ssjc/202210/t20221008_2830132.html，2022 年 10 月 8 日。

8.3%；研发费用合计 4600.2 亿元，比上年增长 21.5%；委托外部研发费用为 635.8 亿元，比上年增长 44.5%；专利授权数为 9.0 万件，比上年增长 20.7%；年末有效发明专利数为 20.7 万件，比上年增长 10.9%；发表科技论文 1.9 万篇，比上年下降 2.7%。2021 年"三城一区"以占全市 31.8% 的企业数量，集中了全市六成左右的研发人员和研发费用；"三城一区"的企业研发人员总数高达 53.8 万人，研发费用合计 2791.7 亿元。[①]

北京高端服务业的创新发展，既有科技人才和研发机构云集的内生性原动力，也有以大众创业、万众创新为基础的良好创新生态和营商环境。通过市场化运作和政策激励，政府和企业齐心协力，持续加大研发投入，加强创新服务平台建设，促使创客、极客、痛客和高新技术企业成为创新发展的主体，着力做大支柱产业、做强优势产业、做优创新产业、抢先布局一批未来产业。这些产业主要涉及新一代信息技术、医药健康、集成电路、智能网联汽车、智能制造和装备、绿色能源与节能环保、区块链与先进计算、科技服务、智慧城市、信息内容消费等支柱产业和优势产业，以及生物技术、生命科学、前沿新材料、量子信息、激光电子、碳排放和碳中和、新型存储器、脑科学和脑接口等未来产业。这种高精尖产业的创新发展，进一步培育了企业创新文化，提升了企业创新活力，锻造了独角兽企业和"专精特新"企业，优化升级了产业结构，实现以新产业、新业态和新商业模式为代表的新经济增长。2021 年北京规模以上重点企业中，研发投入较为集中的有 1.9 万家，其中设有专职研发机构、开展研发活动的企业占 44.6%。2021 年北京企业拥有研发人员 90.9 万人，企业研发经费合计 4714.4 亿元，研发经费占营业收入的比重为 4.9%。2021 年北京独角兽企业达到 102 家，比上年增长 9.7%；培育和认定的"专精特新"企业有 2115 家，是上年的 2.6 倍；"专精特新"企业共投入研发经费 350.5 亿元，是上年的 1.3 倍，研发经费

---

① 《北京统计年鉴（2022）》；北京市统计局：《创新驱动高质量发展　科技综合实力显著增强——党的十八大以来北京经济社会发展成就系列报告之七》，北京市人民政府网，https：//www.beijing.gov.cn/ywdt/zwzt/xyesd/ssjc/202210/t20221008_2830132.html，2022年 10 月 8 日。

占营业收入的比重高达 10.9%。2021 年北京数字经济实现增加值 1.6 万亿元，占 GDP 的比例为 40.4%；高技术产业实现增加值 1.1 万亿元，占 GDP 的比例为 27.0%。[①]

## （七）融合发展

北京高端服务业的融合发展集中体现在两个层面：一是高端服务业内部各产业之间的融合，突破产业及其服务内容的固有边界，形成相互渗透和相互依存的格局；二是高端服务业与其他产业的融合，主要表现为高端服务业与工农业和低端服务业的融合。这两个层面的融合发展可以用赫芬达尔指数（Herfindahl Index，HHI）测度。具体计算公式如下：

$$HHI = \sum_{i=1} (X_i/X)^2 = \sum_{i=1} S_i^2$$

公式中：$X$ 表示各产业增加值总和，$X_i$ 表示第 $i$ 产业增加值，$S_i = X_i/X$ 表示第 $i$ 产业增加值占各产业增加值总和的比例，$n$ 表示产业个数。

依据公式计算的 HHI，被称为产业融合系数。系数越高，说明产业融合程度越高。系数最大值，即 HHI 为 1，说明某产业处于绝对垄断地位，排除其他产业的存在；系数最小值，即 HHI 为 0，说明不存在关联产业。

### 1. 北京高端服务业内部各产业相互融合情况的测度及其说明

针对北京高端服务业内部各产业之间的融合发展情况，本报告运用 2017 年和 2021 年的相关统计数据计算 HHI，得出的结果是：2017 年北京高端服务业内部各产业融合的系数为 0.2614，即 HHI 为 0.2614；2021 年北京高端服务业内部各产业融合的系数为 0.2792，即 HHI 为 0.2792。2021 年的 HHI 比 2017 年提高了 0.0178，说明在首都发展阶段，北京高端服务业内部各产业之间的融合程度更高。HHI 的提高，从总体上反映了北京高端服务

---

[①] 北京市统计局：《创新驱动高质量发展 科技综合实力显著增强——党的十八大以来北京经济社会发展成就系列报告之七》，北京市人民政府网，https：//www.beijing.gov.cn/ywdt/zwzt/xyesd/ssjc/202210/t20221008_2830132.html，2022 年 10 月 8 日。

业内部各产业之间的融合发展状况，而具体分析 HHI 构成中的 $Si^2$，则可以揭示这种总体融合水平提升的主要动力来自哪些具体产业。

事实上，北京高端服务业内部各产业之间的融合形式是多种多样的，可以用"金融+其他高端服务业"、"信息+其他高端服务业"、"科技+其他高端服务业"、"商务+其他高端服务业"以及"文化+其他高端服务业"的运作模式来具体阐述。近年来按照产业数字化、数字产业化的要求，北京把高端服务业内部各产业之间融合的主攻方向确定为创新驱动、数字赋能，力推信息服务业与其他高端服务业的深度融合，即运用"信息+其他高端服务业"的模式，使信息服务业成为高端服务业内部各产业之间深度融合的主动力，实际测度结果表明信息服务业的 $S_i^2$ 显著提升。2021 年北京信息服务业的 $S_i^2 = 0.1018$，2017 年的 $S_i^2 = 0.0630$，提高了 0.0388。与之相对应，2021 年金融业、科技服务业、商务服务业和文体娱乐业的 $S_i^2$ 则分别比 2017 年下降了 0.0068、0.0019、0.0114 和 0.0009，说明其对北京高端服务业内部各产业之间相互融合的影响力减弱（见表 10）。

表 10　2017 年和 2021 年北京高端服务业内部各产业融合情况测度

单位：亿元

| 行业 | | 2017 年 | | | 2021 年 | | |
|---|---|---|---|---|---|---|---|
| | | 增加值 | $S_i$ | $S_i^2$ | 增加值 | $S_i$ | $S_i^2$ |
| 高端服务业 | 金融业 | 5300 | 0.380 | 0.1444 | 7604 | 0.371 | 0.1376 |
| | 信息服务业 | 3508 | 0.251 | 0.0630 | 6535 | 0.319 | 0.1018 |
| | 科技服务业 | 2261 | 0.162 | 0.0262 | 3198 | 0.156 | 0.0243 |
| | 商务服务业 | 2226 | 0.160 | 0.0256 | 2435 | 0.119 | 0.0142 |
| | 文体娱乐业 | 657 | 0.047 | 0.0022 | 737 | 0.036 | 0.0013 |
| 合计 | | 13952 | 1.000 | 0.2614 | 20509 | 1.000 | 0.2792 |

资料来源：根据《北京统计年鉴（2022）》提供的数据整理和计算。

**2. 北京高端服务业与其他产业相互融合情况的测度及其说明**

针对北京高端服务业与其他产业之间的融合发展情况，包括农业、工业、建筑业和其他服务业，本报告把全市 GDP 总量指标作为各产业增加值之和，根据 2017 年和 2021 年的相关统计数据计算 HHI，得出的结果是：2017 年北京高端服务业与其他产业融合的系数为 0.21809，即 HHI 为 0.21809；2021 年北京高端服务业与其他产业融合的系数为 0.25908，即 HHI 为 0.25908。2021 年的 HHI 比 2017 年提高了 0.04099。相比较而言，农业、建筑业和其他服务业的 $S_i^2$ 是下降的，分别降低了 0.00001、0.00008 和 0.03535，其中其他服务业的降幅最大；工业的 $S_i^2$ 是上升的，但增幅很小（见表 11）。这说明近年来北京高端服务业与其他产业的总体融合程度显著提升，是促进农业、工业、建筑业和其他服务业深度融合发展的主导力量。

表 11 2017 年和 2021 年北京高端服务业与其他产业融合情况测度

单位：亿元

| 项目 | 2017 年 | | | 2021 年 | | |
|---|---|---|---|---|---|---|
| | 增加值 | $S_i$ | $S_i^2$ | 增加值 | $S_i$ | $S_i^2$ |
| 农业 | 122 | 0.004 | 0.00002 | 111 | 0.003 | 0.00001 |
| 工业 | 3886 | 0.130 | 0.01690 | 5693 | 0.141 | 0.01988 |
| 建筑业 | 1211 | 0.041 | 0.00168 | 1620 | 0.040 | 0.00160 |
| 高端服务业 | 13952 | 0.467 | 0.21809 | 20509 | 0.509 | 0.25908 |
| 其他服务业 | 10760 | 0.360 | 0.12960 | 12381 | 0.307 | 0.09425 |
| GDP | 29883 | 1.000 | 0.36629 | 40270 | 1.000 | 0.37482 |

资料来源：根据《北京统计年鉴（2022）》提供的数据整理和计算。

## （八）区域协同发展

在京津冀协同发展大背景下，要建设以首都为核心的世界级城市群，北京必须牵住疏解非首都功能这个"牛鼻子"，着力新两翼发展，优先加快区域绿色协调发展和区域交通网络体系建设，构建京津冀协同创新发展的共同体，以创新为主动力，推动北京高端服务业的优质资源向津冀外溢和辐射，共谋合作共赢的区域协同发展之路。要做好这项工作，既需要有中央的推

力，也需要有北京的动力和津冀的拉力。只有"三力"合一，才能取得实效。

具体到北京动力层面，产业协同创新发展是关键和重点。北京坚定打破"一亩三分地"的思维定式，力求充分发挥北京创新资源丰富的优势，协同河北空间广阔的优势和天津制造业突出的优势，打通创新链、贯通产业链、延伸园区链，主动推出"2+4+N"产业合作方式。这里"2"是指北京城市副中心和河北雄安新区；"4"是指曹妃甸协同发展示范区、大兴国际机场临空经济区、张承生态功能区、天津滨海新区这四大战略合作功能区；"N"是指一批高水平协同创新平台和专业化产业合作平台，主要包括宁河京津合作示范区、武清京津产业新城以及沧州、正定和北戴河特色产业园区等。2021年《北京市"十四五"时期高精尖产业发展规划》颁布，进一步明确京津冀产业协同发展新格局，要求发挥北京"一核"辐射带动作用和先进制造、数字资源的优势，以氢能、智能网联汽车、工业互联网三大产业为突破口，推动创新链、产业链、供应链联动，加速科技赋能津冀传统产业，协同推进数字化、智能化、绿色化改造升级。采取"产业基金+智能制造"方式，鼓励北京企业通过"母子工厂"等模式在津冀布局一批带动力强的项目，吸引上下游企业聚集，共同完善区域产业生态，构建分工明确、创新联动的产业协同发展格局。同时，规划要求构建环京产业协同发展三个圈层，即环京产研一体化圈层、京津雄产业功能互补圈层和节点城市产业配套圈层。

从实践来看，北京高端服务业区域协同发展聚焦于产业协同创新，突出北京科技创新资源外溢和科技服务引领的作用，而不是所谓北京高端产业中低端部分的单纯疏解。这种做法，有助于京津冀高标准、高起点地发挥各自的资源比较优势，凝聚合力，消除"痛点"，开放市场，力推北京高端服务业向外辐射，形成全方位合作发展态势，提升京津冀产业协同创新发展水平，携手共建现代化产业体系。据统计：2014～2021年北京输出到津冀两地的技术成交额累计达到1760.4亿元，年均增长率超20%，中关村企业在津冀两地设立分支机构累计达9000余家。天津滨海—中关村科技园已成为京津两市的重要合作平台，累计注册企业突破3000家，其中北京企业占新注册企业的1/3，科技型企业占40%。截至2021年底，京津冀地区共有"专精特新"中小企业4957家，其中三地分别拥有2115家、680家和2162家，比上年分别增加2.6倍、1.4倍和1.3倍。[①] 2021年，北京技术合同成交额达7005.7亿元，其中流向外省（市、区）的技术合同成交额达4347.7亿元，流向天津和河北的技术合同成交额为350.4亿元，是2012年的4.5倍。[②]

### （九）国际化发展

北京高端服务业的国际化发展拥有首都资源优势、高水准公共服务优势、高端企业和高端人才集聚优势，也拥有服务品牌国际化优势。北京是高水平国际会展集聚地，也是具有国际影响力的中国国际服务贸易交易会（简称服贸会）、中关村论坛和金融街论坛"三会"的举办地。2021年，尽管受新冠疫情影响，北京仍然举办国际会议0.02万场，接待参会人数1.6万人次，分别比上年增长9.4%和8.9%；举办国际展览64场，接待观众51.1万人次，分别比上年增长206.5%和1576.3%；国际会展收入分别为4.2亿元和9.8亿元，分别比上年增长172.4%和125.7%。[③]

北京作为国际交往中心，国际旅游文化资源得天独厚，拥有长城、故宫、颐和园、天坛、明十三陵、周口店北京人遗址和大运河七处世界文化遗产，是我国拥有世界文化遗产最多的省级行政区，也是全球拥有世界文化遗产最多的城市之一。北京还积极推进一些新的文旅产业园建设，包括环球主题公园及其度假区建设，首钢工业遗址和冬奥公园建设，大运河文化带、长

---

① 北京市统计局：《京津冀协同发展迈出坚实步伐　区域发展水平持续提升——党的十八大以来北京经济社会发展成就系列报告之十二》，北京市人民政府网，https://www.beijing.gov.cn/ywdt/zwzt/xyesd/ssjc/202210/t20221008_ 2830193.html，2022年10月8日。

② 北京市统计局：《创新驱动高质量发展　科技综合实力显著增强——党的十八大以来北京经济社会发展成就系列报告之七》，北京市人民政府网，https://www.beijing.gov.cn/ywdt/zwzt/xyesd/ssjc/202210/t20221008_ 2830132.html，2022年10月8日。

③ 根据《北京统计年鉴（2022）》提供的数据整理。

城文化带和西山永定河文化带的保护利用建设，特色旅游文化休闲小镇建设等。因此，北京完全有资源潜力高质量发展国际旅游文化产业。2021年，北京接待入境游客24.5万人次，比上年下降28.2%；国际旅游收入4.3亿美元，比上年下降10.4%。[①]

亚洲基础设施投资银行和丝路基金落户北京，说明北京具有国际金融总部机构集聚的优势，金融国际化发展是北京高端服务业国际化发展的重要内容。

北京作为全国首个也是全国唯一的服务业扩大开放综合示范区，在2020年9月获国务院批复，同期批复的还有自由贸易试验区建设方案。"两区"建设方案的批复与实施，凸显北京高端服务业扩大开放的特色和优势，要求北京进一步创新机制与政策，注重实效，为全国做"北京样板"，并提供可复制推广的新经验。截至2022年9月，北京已基本完成"两区"建设方案涉及的各项任务，累计实施了近70项突破性、引领性政策，落地了140余个标志性项目和功能性平台，主要实效表现在以下几个方面。

在制定宏观政策方面，积极对标高水平国际经贸规则，研究制定与《区域全面经济伙伴关系协定》（RCEP）、《全面与进步跨太平洋伙伴关系协定》（CPTPP）、《数字经济伙伴关系协定》（DEPA）的落地实施相衔接的行动方案和创新政策。在聚焦数字贸易方面，构建以"数字贸易港"为核心的发展格局，探索跨境数据流动实施路径，强化数字贸易政策保障，推动数字贸易创新发展。在围绕金融、互联网信息、文化旅游、专业服务、教育、医疗等重点领域方面，着力构建高端服务业双向开放的新格局，推动北京绿色交易所升级为面向全球的国家级绿色交易所，加快建设碳配额和环境权益交易市场。在优化营商环境方面，着力提高资金、人才、技术等要素跨境流动的自由化、便利化水平。北京海关持续压缩整体通关时间，推广"两步申报"、"提前申报"、主动披露等政策措施，为企业提供多元化通关选择。围绕综合保税区、"双机场+双临空区"等重点平台，加强政策供给，

---

① 根据《北京统计年鉴（2022）》提供的数据整理和计算。

支持天竺综合保税区打造文化贸易先行区、服务贸易特色区、空港保税标杆区。首创"以保税物流供应链为单元"的航材保税监管模式,航材利用率提高40%以上;首创智能化"库门监管""库位监管"保税监管模式,使企业整体仓储物流成本降低20%以上。在打造服务平台和培育服务贸易主体方面,提升北京服贸会的高端化、国际化和数字化水平,进一步搭建重点要素和特色服务的平台,拓展对外交流合作新空间。提升重点园区的国际化、标准化水平,完善服务体系、招商推介体系和园区评价体系,实施形象提升工程。多措并举支持企业发展壮大,形成国家服务出口基地引领优势。在招商引资方面,两年累计落地项目超过3500个,项目落地率超过50%,落地项目涉及金额约9600亿元,其中落地外资项目570余个,涉及外资近300亿美元。①

"两区"建设的实效表明,北京的国际营商环境越来越好,制度保障机制越来越高效,这为北京高端服务业的国际化发展创造了条件、降低了交易成本,使之能够克服新冠疫情的负面影响,实现高端服务贸易的增长和高端服务业实际利用外资的增长,非常难得。下面从服务贸易和实际利用外资两个方面,具体分析2018~2021年北京高端服务业的国际化发展情况。

1.高端服务贸易增长,占据服务贸易的主导地位

按照商务部和国家外汇管理局制定的统计制度,我国现行服务贸易统计分为12大项,即旅行,运输服务,建筑服务,电信、计算机和信息服务,知识产权使用费,保险服务,金融服务,其他商务服务,个人、文化和娱乐服务,维护和维修服务,加工服务,政府服务。其中,电信、计算机和信息服务,知识产权使用费,保险服务,金融服务,个人、文化和娱乐服务,其他商务服务,这6大项属于高端服务贸易的范畴,与商务部确定的知识密集型服务贸易的统计口径相同。

2018年,北京服务贸易进出口总额为1606.2亿美元,其中出口562.8

---

① 方彬楠:《"两区"建设两周年　国务院批复北京"两区"建设任务基本完成》,《北京商报》,2022年9月29日。

亿美元，进口 1043.4 亿美元，逆差 480.6 亿美元。同期，北京高端服务贸易进出口总额为 612.5 亿美元，占服务贸易进出口总额的 38.1%。其中，出口 345.8 亿美元，占服务贸易出口额的 61.4%；进口 266.7 亿美元，占服务贸易进口额的 25.6%。北京高端服务贸易有 79.1 亿美元的贸易顺差，这些顺差的来源构成是：电信、计算机和信息服务 77.2 亿美元，金融服务 13.5 亿美元，其他商务服务 86.7 亿美元，表明北京的这三大高端服务业具有一定国际竞争优势。而知识产权使用费逆差 45.3 亿美元，保险服务逆差 42.0 亿美元，个人、文化和娱乐服务逆差 11.0 亿美元，表明北京的这些高端服务业的国际竞争力较弱。①

2020 年，北京服务贸易进出口总额为 1217.9 亿美元，其中高端服务贸易进出口总额为 619.9 亿美元，比 2018 年增加 7.4 亿美元，占服务贸易进出口总额的比例高达 50.9%，比 2018 年高出 12.8 个百分点，说明北京高端服务贸易不仅总量增加，而且占服务贸易的比重大幅提升，超过 50%，占据服务贸易的主导地位，大大优化和升级了北京的服务贸易结构。同期，北京高端服务贸易出口额为 350.9 亿美元，进口额为 269.0 亿元，顺差 81.9 亿美元，比 2018 年的顺差额高出 2.8 亿美元。这说明尽管受新冠疫情的影响，北京高端服务贸易仍保持顺差上升状态，国际竞争优势进一步稳固。②

2021 年，北京服务贸易进出口总额为 1385.1 亿美元，其中高端服务贸易进出口总额为 697.9 亿美元，比上年增加 78.0 亿美元，增长速度高达 12.6%，占服务贸易进出口总额的比例达 50.4%，说明北京高端服务贸易增长显著，在服务贸易中的主导地位稳固。③

**2. 高端服务业实际利用外资稳步增长**

2021 年，北京高端服务业实际利用外资 120.3 亿美元，比 2018 年增加

① 根据《北京统计年鉴（2019）》提供的数据整理和计算。
② 《北京服务贸易总额保持全国前列　将建国际信息产业与数字贸易港》，中国新闻网，https：//beijing. qianlong. com/2021/0822/6185654. shtml？ivk_ sa=1023197a，2021 年 8 月 25 日。
③ 《北京服务贸易创新发展　去年进出口总额达 1385.1 亿美元》，新浪财经网，https：//baijiahao. baidu. com/s？id=1741935736843951660&wfr=spider&for=pc，2022 年 8 月 23 日。

15.0亿美元，四年年均增长率4.5%，实现稳步增长。2020~2021年，北京高端服务业实际利用外资占三次产业总计的比例分别为86.7%和83.4%，比2018年分别提高23.8个百分点和20.5个百分点，说明北京高端服务业是吸引外资的主导力量，服务业扩大开放主要是靠高端服务业拉动，高端服务业的国际化发展成效显著。信息服务业和科技服务业是北京高端服务业实际利用外资的两大主力部门。2018~2021年，信息服务业和科技服务业实际利用外资的年均值分别为45.4亿美元和41.7亿美元，两者合计占高端服务业实际利用外资年均值的76.0%，而文体娱乐业实际利用外资的年均值很低，仅为0.7亿美元。北京高端服务业实际利用外资之所以能够实现持续增长，主要是靠科技服务业推动。2018~2021年，北京科技服务业实际利用外资实现年年环比增长，年均增长率高达34.4%，而高端服务业中的其他行业都没有这种持续增长能力，说明科技服务业是北京高端服务业实际利用外资的引擎，也是吸引外资的主攻方向，增长潜力很大（见表12）。

表12　2018~2021年北京高端服务业实际利用外资情况

单位：亿美元，%

| 年份 | 金融业 | 信息服务业 | 商务服务业 | 科技服务业 | 文体娱乐业 | 合计:高端服务业 | 三次产业总计 | 高端服务业占三次产业总计的比例 |
|------|--------|-----------|-----------|-----------|-----------|----------------|-------------|----------------------------|
| 2018 | 6.8 | 44.7 | 28.8 | 24.4 | 0.6 | 105.3 | 167.4 | 62.9 |
| 2019 | 15.2 | 53.1 | 10.7 | 36.5 | 1.1 | 116.6 | 136.2 | 85.6 |
| 2020 | 10.7 | 44.6 | 13.8 | 46.6 | 0.4 | 116.1 | 133.9 | 86.7 |
| 2021 | 3.7 | 39.1 | 17.8 | 59.2 | 0.5 | 120.3 | 144.3 | 83.4 |
| 四年均值 | 9.1 | 45.4 | 17.8 | 41.7 | 0.7 | 114.6 | 145.5 | 78.8 |

资料来源：根据《北京统计年鉴（2022）》提供的数据整理和计算。

## 三　北京、上海、深圳高端服务业发展情况比较

上海和深圳是我国服务业发达的超大型城市。2021年，上海服务业增

加值占 GDP 的比例为 73.3%，深圳服务业增加值占 GDP 的比例为 62.9%，①皆已形成以服务业为主导的产业结构，具有发展高端服务业的优势和潜力。研究上海、深圳高端服务业的发展情况及其优势，对推进北京高端服务业高质量发展具有重要借鉴意义。下面从基本情况、创新发展、劳产率和实际利用外资四个方面，具体对比分析北京、上海、深圳高端服务业发展的各自强项与短板。

### （一）北京、上海、深圳高端服务业发展基本情况对比

2021 年，上海高端服务业增加值为 16411.2 亿元，占 GDP 的比例为 38.0%，深圳高端服务业增加值为 10532.7 亿元，占 GDP 的比例为 34.3%，两者皆未确立高端服务业的主导产业地位，总体上与北京高端服务业发展水平相差较大。

从高端服务业的内部行业结构来看，上海的优势是金融业和商务服务业，其中金融业以金融市场集聚为主导，商务服务业以投资性公司、中介公司和地区总部为主导，两者 2021 年的增加值分别比北京高出 369.6 亿元和 315.4 亿元，即高出 4.9% 和 13.0%。

北京的优势是信息服务业、科技服务业和文体娱乐业。2021 年北京信息服务业增加值分别比上海、深圳高出 3142.4 亿元、3023.7 亿元，即高出 92.6% 和 86.1%；科技服务业增加值分别比上海、深圳高出 1118.7 亿元、2292.7 亿元，即高出 53.8% 和 253.2%；文体娱乐业增加值分别比上海、深圳高出 522.0 亿元、633.2 亿元，即高出 243.0% 和 611.2%。

深圳的相对优势是信息服务业，以华为、腾讯等领军企业为主导，其增加值比上海高出 118.7 亿元，即 3.5%（见表 13）。

---

① 根据《上海统计年鉴（2022）》和《深圳统计年鉴（2022）》提供的数据计算。

表13　2021年北京、上海、深圳高端服务业增加值情况比较

单位：亿元，%

| 项目 | | 上海 | 深圳 | 北京 |
|---|---|---|---|---|
| 高端服务业 | 金融业 | 7973.3 | 4738.8 | 7603.7 |
| | 信息服务业 | 3392.9 | 3511.6 | 6535.3 |
| | 科技服务业 | 2079.5 | 905.5 | 3198.2 |
| | 商务服务业 | 2750.7 | 1273.2 | 2435.3 |
| | 文体娱乐业 | 214.8 | 103.6 | 736.8 |
| | 合计 | 16411.2 | 10532.7 | 20509.3 |
| 服务业 | | 31665.6 | 19299.7 | 32889.6 |
| GDP | | 43214.9 | 30664.9 | 40269.6 |
| 高端服务业增加值占服务业增加值比例 | | 51.8 | 54.6 | 62.4 |
| 高端服务业增加值占GDP比例 | | 38.0 | 34.3 | 50.9 |

资料来源：根据《上海统计年鉴（2022）》《深圳统计年鉴（2022）》《北京统计年鉴（2022）》提供的数据整理和计算。

## （二）北京、上海、深圳创新发展情况对比

创新是高端服务业发展的根本特性，可以从研发人员、研发经费支出、科技活动产出三个层面，具体比较分析创新发展水平。

### 1. 研发人员情况比较

在研发人员层面，北京研发人员最多，2021年为47.3万人，分别比上海、深圳多出12.8万人和2.9万人，即高出37.1%和6.5%。但按研发人员折合全时当量计算，深圳为34.0万人年，分别比北京、上海高出0.2万人年和10.5万人年，即高出0.6%和44.7%。具体分析研发人员折合全时当量的构成，深圳的优势在试验发展，研发人员折合全时当量高达28.6万人年，分别比北京、上海高出12.1万人年和12.2万人年，即高出73.3%和74.4%。北京的优势在基础研究和应用研究。北京基础研究的研究人员折合全时当量为7.6万人年，分别比上海、深圳高出4.1万人年和5.6万人年，即高出117.1%和280.0%。北京应用研究的研究人员折合全时当量为9.7万

人年，分别比上海、深圳高出 6.1 万人年和 6.3 万人年，即高出 169.4% 和
185.3%（见表 14）。

表 14　2021 年北京、上海、深圳研发人员情况比较

| 项目 | 上海 | 深圳 | 北京 |
| --- | --- | --- | --- |
| 研发人员(万人) | 34.5 | 44.4 | 47.3 |
| 研发人员折合全时当量(万人年) | 23.5 | 34.0 | 33.8 |
| 其中:基础研究(万人年) | 3.5 | 2.0 | 7.6 |
| 应用研究(万人年) | 3.6 | 3.4 | 9.7 |
| 试验发展(万人年) | 16.4 | 28.6 | 16.5 |
| 基础研究占折合全时当量比例(%) | 14.9 | 5.9 | 22.5 |

资料来源：根据《上海统计年鉴（2022）》《深圳统计年鉴（2022）》《北京统计年鉴（2022）》提
供的数据整理和计算。

**2. 研发经费支出情况比较**

在研发经费支出层面，北京研发经费支出及其占 GDP 的比例最高。
2021 年，北京研发经费支出为 2629.3 亿元，分别比上海、深圳高出 809.5
亿元和 947.1 亿元，即高出 44.5% 和 56.3%；研发经费支出占 GDP 比例即
研发投入强度为 6.5%，分别比上海、深圳高出 2.3 个百分点和 1 个百分
点，说明北京总体研发实力很强。

从研发经费支出的活动类型来分析，无论是基础研究，还是应用研究和
试验发展，北京的研发经费支出都是最多的。特别是基础研究经费支出，北
京是上海的 2.4 倍、深圳的 3.5 倍；应用研究经费支出，北京是上海的 3.5
倍、深圳的 4.3 倍。

从研发经费来源来分析，三地中北京来自政府的研发经费最多，2021
年为 1186.5 亿元，是上海的 2.1 倍、深圳的 8.8 倍，占研发经费总支出的
45.1%，说明北京研发活动靠政府支持多、企业投入少。三地中深圳来自企
业的研发经费最多，为 1535.9 亿元，比上海多 354.7 亿元、比北京多 288.2
亿元，占研发经费总支出的 91.3%，说明深圳研发活动主要靠企业投入，
很少依赖政府。三地中上海来自境外的研发经费最多，为 15.6 亿元，分别

比北京、深圳高出 2.4 亿元和 13.0 亿元,说明上海的国际合作研发能力强,对外资有吸引力(见表 15)。

表 15　2021 年北京、上海、深圳研发经费支出情况比较

| 项目 | 上海 | 深圳 | 北京 |
|---|---|---|---|
| 研发经费支出(亿元) | 1819.8 | 1682.2 | 2629.3 |
| 研发经费支出占 GDP 比例(%) | 4.2 | 5.5 | 6.5 |
| 按活动类型分:基础研究(亿元) | 177.7 | 122.1 | 422.5 |
| 应用研究(亿元) | 190.1 | 153.1 | 657.0 |
| 试验发展(亿元) | 1452.0 | 1407.0 | 1549.8 |
| 基础研究占总支出比例(%) | 9.8 | 7.3 | 16.1 |
| 按经费来源分:政府资金(亿元) | 570.6 | 135.2 | 1186.5 |
| 企业资金(亿元) | 1181.2 | 1535.9 | 1247.7 |
| 境外资金(亿元) | 15.6 | 2.6 | 13.2 |
| 其他资金(亿元) | 52.3 | 8.4 | 181.9 |
| 政府资金占总支出比例(%) | 31.4 | 8.0 | 45.1 |

资料来源:根据《上海统计年鉴(2022)》《深圳统计年鉴(2022)》《北京统计年鉴(2022)》提供的数据整理和计算。

### 3.科技活动产出情况比较

在科技活动产出层面,北京的优势是技术合同成交额、发明专利授权量和有效发明专利数。2021 年北京技术合同成交额为 7005.7 亿元,是上海的 2.5 倍、深圳的 4.3 倍;发明专利授权量为 7.9 万件,是上海的 2.4 倍、深圳的 1.8 倍;有效发明专利数为 91.4 万件,是上海的 5.3 倍、深圳的 4.5 倍(见表 16)。由此可见,北京原创性高技术成果产出多,技术输出或外溢能力强,技术市场交易活跃、集中度高。

深圳的优势是新产品销售收入和专利授权量。2021 年深圳新产品销售收入为 17146.5 亿元,比上海高出 62.1%,是北京的 2.1 倍,说明深圳的科技活动以企业为主,注重市场收益,成果落地转化快、实用性强。2021 年

深圳专利授权量为 27.9 万件，比上海高出 55.9%，比北京高出 40.2%。深圳专利授权量中非发明专利授权量为 23.4 万件，占专利授权量的 83.9%，而北京、上海的同类指标分别为 60.3% 和 81.6%，这进一步印证了深圳的科技活动注重"短平快"的实效。

上海的优势是发表科技论文数。2021 年上海发表科技论文 14.7 万篇，比北京多 1.5 万篇，即高出 11.4%，说明上海探索科技活动规律的理论成果多、实力强。2021 年上海技术合同成交额 2761.3 亿元，比深圳多 1134.2 亿元，即高出 69.7%，说明上海的技术输出能力和技术市场活跃度超过深圳（见表 16）。

表 16　2021 年北京、上海、深圳科技活动产出情况比较

| 项目 | 上海 | 深圳 | 北京 |
|---|---|---|---|
| 新产品销售收入（亿元） | 10574.9 | 17146.5 | 8253.0 |
| 技术合同成交额（亿元） | 2761.3 | 1627.1 | 7005.7 |
| 专利授权量（万件） | 17.9 | 27.9 | 19.9 |
| 其中:发明专利授权量（万件） | 3.3 | 4.5 | 7.9 |
| 有效发明专利数（万件） | 17.2 | 20.4 | 91.4 |
| 发表科技论文数（万篇） | 14.7 | — | 13.2 |

资料来源：根据《上海统计年鉴（2022）》《深圳统计年鉴（2022）》《北京统计年鉴（2022）》提供的数据整理和计算；深圳有效发明专利数，统计年鉴没列入，摘自《2021 年深圳专利授权量、商标注册量全国第一》，潇湘晨报网，https://baijiahao.baidu.com/s？id＝173117 7094058608745&wfr＝spider&for＝pc，2022 年 4 月 26 日。

### （三）北京、上海、深圳高端服务业效率情况对比

劳产率是反映高端服务业综合效率的主要指标。2021 年深圳高端服务业的劳产率为 92.4 万元/人，超过工业 48.7 万元/人的水平，呈现高效特性；上海高端服务业的劳产率为 61.3 万元/人，也超过工业 60.2 万元/人的水平（见表 17）。与之相比较，2021 年北京高端服务业的劳产率仅为 44.0 万元/人，且低于工业劳产率水平，说明北京高端服务业用人多，智能化服务相对滞后，总体劳动效率大大低于深圳和上海。

表 17　2021 年北京、上海、深圳高端服务业劳动生产率情况比较

| 项目 | | 上海 | | | 深圳 | | | 北京劳产率(万元/人) |
|---|---|---|---|---|---|---|---|---|
| | | 增加值(亿元) | 年末人数(万人) | 劳产率(万元/人) | 增加值(亿元) | 年末人数(万人) | 劳产率(万元/人) | |
| 高端服务业 | 金融业 | 7973.3 | 50.0 | 159.5 | 4738.8 | 23.5 | 201.7 | 118.4 |
| | 信息服务业 | 3392.9 | 68.2 | 49.7 | 3511.6 | 39.9 | 88.0 | 47.1 |
| | 科技服务业 | 2079.5 | 40.2 | 51.7 | 905.5 | 15.1 | 60.0 | 31.8 |
| | 商务服务业 | 2750.7 | 104.4 | 26.3 | 1273.2 | 32.4 | 39.3 | 18.0 |
| | 文体娱乐业 | 214.8 | 5.0 | 43.0 | 103.6 | 3.1 | 33.4 | 27.3 |
| | 合计 | 16411.2 | 267.8 | 61.3 | 10532.7 | 114.0 | 92.4 | 44.0 |
| 工业 | | 10738.8 | 178.4 | 60.2 | 10356.0 | 212.7 | 48.7 | 62.7 |
| 服务业 | | 31665.6 | 555.3 | 57.0 | 19299.7 | 757.8 | 25.5 | 36.2 |

资料来源：根据《上海统计年鉴（2022）》《深圳统计年鉴（2022）》《北京统计年鉴（2022）》提供的数据整理和计算；上海金融业从业人员数，统计年鉴有疏漏，摘自《上海金融景气指数增长12.9%国际金融中心建设迈向更高能级》，中国新闻网，https://baijiahao.baidu.com/s? id = 1745138027861658861&wfr=spider&for=pc，2022 年 9 月 27 日。

具体从高端服务业内部各行业劳产率的情况来分析，深圳金融业的劳产率水平最高，2021 年为 201.7 万元/人，比北京高出 70.4%，比上海高出 26.5%。2021 年深圳信息服务业、科技服务业和商务服务业的劳产率分别为 88.0 万元/人、60.0 万元/人和 39.3 万元/人，也比北京和上海的同类指标高，从而形成深圳高端服务业劳产率水平高的总体优势。上海文体娱乐业的劳产率有比较优势，2021 年为 43.0 万元/人，比深圳高出28.7%，比北京高出 57.5%。由此可见，北京高端服务业内部各行业的劳产率都低于深圳和上海，总体上必然出现高端服务业劳产率远低于深圳和上海的结果。

（四）北京、上海、深圳高端服务业实际利用外资情况对比

上海市统计局没有披露历年各行业实际利用外资的数据。根据上海市统计公报和上海市商务局公布的数据，2021 年，上海实际利用外资 225.5 亿美元，其中制造业 9.3 亿美元，服务业 215.3 亿美元；在服务业实际利用外资

中，商务服务业 76.0 亿美元，高技术服务业 65.7 亿美元。[①] 其中，高技术服务业按国家统计局 2018 年的分类标准，以信息服务业和科技服务业为主体，涵盖环境治理和电子出版、网络直播等电子文化项目。据此估算，2021 年，上海信息服务业、科技服务业、商务服务业和文体娱乐业合计实际利用外资约 141.7 亿美元，超过北京、深圳高端服务业实际利用外资的水平（北京、深圳分别为 120.3 亿美元和 74.3 亿美元），说明上海高端服务业的国际化发展有优势，对外资有吸引力，实际利用外资规模大。

2021 年，北京高端服务业实际利用外资额比深圳高出 61.9%，高端服务业实际利用外资额占三次产业合计实际利用外资额的比例也比深圳高出 15.6 个百分点（见表 18）。北京高端服务业内部各行业实际利用外资额都超过深圳，其中金融业超 54.2%，信息服务业超 27.4%，科技服务业超 85.4%，商务服务业超 87.9%，文体娱乐业超 4 倍，说明北京高端服务业国际化发展水平比深圳高。深圳实际利用外资的优势在工业方面，工业实际利用外资额是北京的 3.5 倍，也超过上海。

表 18  2021 年北京、深圳高端服务业实际利用外资情况比较

单位：亿美元，%

| 项目 | | 深圳 | 北京 |
|---|---|---|---|
| 高端服务业 | 金融业 | 2.4 | 3.7 |
| | 信息服务业 | 30.7 | 39.1 |
| | 科技服务业 | 9.6 | 17.8 |
| | 商务服务业 | 31.5 | 59.2 |
| | 文体娱乐业 | 0.1 | 0.5 |
| | 合计 | 74.3 | 120.3 |
| 工业 | | 10.1 | 2.9 |
| 三次产业合计 | | 109.6 | 144.3 |
| 高端服务业占三次产业合计比例 | | 67.8 | 83.4 |

资料来源：根据《深圳统计年鉴（2022）》和《北京统计年鉴（2022）》提供的数据整理和计算。

---

① 上海市统计局：《2021 年上海市国民经济和社会发展统计公报》，上海市统计局网站，https://tjj.sh.gov.cn/tjgb/20220314/e0dcefec098c47a8b345c996081b5c94.html，2022 年 3 月 14 日；诸旖：《上海 2021 年实到外资金额达 225.51 亿美元，再创历史新高》，人民资讯网，https://baijiahao.baidu.com/s？id=1721745213526705845&wfr=spider&for=pc，2022 年 1 月 12 日。

# 四 北京高端服务业发展的趋势、目标和基本战略

北京高端服务业供给具有资源和核心竞争力优势，市场需求广阔，必然表现出高增长和高效益两大发展趋势，依据这种发展态势，结合"十四五"时期北京市有关规划确定的发展目标，可以突出重点，科学确立未来 5~10 年北京高端服务业发展的总体目标和创新发展目标，并以目标为导向，制定北京高端服务业发展的基本战略，以加快推进北京高端服务业优质高效发展。

## （一）两大发展趋势

北京高端服务业的发展符合国家宏观经济政策导向的要求，符合北京功能定位的要求，符合北京发挥资源优势的要求，市场需求前景广阔，属于供不应求的"朝阳"产业，在对北京高端服务业发展总体情况的分析及其与上海、深圳的比较分析中可以发现：尽管受新冠疫情的影响，但北京高端服务业总体上仍呈现快速增长、高收益、高劳产率的发展现状。这一现状，可以归结为高增长和高效益两大发展特性。这两大特性实际上是创新发展、集聚发展、融合发展、协同发展、绿色发展、国际化发展的结果，具有综合性和产出性。从中长期发展趋势来看，未来 5~10 年，北京高端服务业仍将保持高增长和高效益的良好发展态势。

### 1. 高增长

按照一般产业增长理论，产业增加值年增长率超过 6%，就可以视为高增长。2001~2012 年，北京高端服务业增加值年均增长率为 18.5%，呈高增长态势；2012~2021 年，北京高端服务业增加值年均增长率为 11.5%，尽管增速有所下降，但仍保持两位数以上的高增长；2001~2021 年，北京高端服务业增加值年均增长率为 15.3%，说明北京高端服务业连续 21 年保持高增长，且增长幅度超过 GDP 和服务业的同类指标（见表 19）。由此不难推测，未来 5~10 年，就算是年均增速下降 50%，北京高端服务业仍将保持7% 以上的高增长。与高速增长相对应，北京高端服务业增加值占 GDP 的比

例将持续提高，未来 5~10 年将达到 57% 左右的水平，10 年以后将达到 63% 左右的水平，高端服务业的主导产业地位将更加稳固。

表 19　2001~2021 年北京高端服务业增加值年均增长情况

单位：亿元，%

| 项目 | | 2001 年 | 2012 年 | 2021 年 | 2001~2012 年<br>年均增长 | 2012~2021 年<br>年均增长 | 2001~2021 年<br>年均增长 |
|---|---|---|---|---|---|---|---|
| 高端<br>服务业 | 金融业 | 519.7 | 2783.2 | 7603.7 | 16.5 | 11.8 | 14.4 |
| | 信息服务业 | 233.0 | 1758.8 | 6535.3 | 20.2 | 15.7 | 18.1 |
| | 科技服务业 | 195.2 | 1245.9 | 3198.2 | 18.4 | 11.0 | 15.0 |
| | 商务服务业 | 146.4 | 1488.1 | 2435.3 | 23.5 | 5.6 | 15.1 |
| | 文体娱乐业 | 101.6 | 430.1 | 736.8 | 14.0 | 6.2 | 10.4 |
| | 合计 | 1195.9 | 7706.1 | 20509.3 | 18.5 | 11.5 | 15.3 |
| 服务业 | | 2653.6 | 15020.3 | 32889.6 | 17.1 | 9.1 | 13.4 |
| GDP | | 3861.5 | 19024.7 | 40269.6 | 15.6 | 8.9 | 12.4 |

资料来源：根据《北京统计年鉴（2022）》提供的数据整理和计算。

进一步从高端服务业内部各行业增速情况来分析，北京信息服务业增速最快，2001~2012 年年均增长 20.2%，2012~2021 年年均增长 15.7%，2001~2021 年年均增长 18.1%，这种持续高增长没有受到新冠疫情的影响。由此推测，未来 5~10 年，受产业数字化、数字产业化的影响，信息服务业将保持 10% 以上的高增长，信息服务业增加值占 GDP 的比例将达到 22% 左右，比 2021 年提升 6 个百分点。北京科技服务业 2001~2021 年年均增速为 15.0%，受科技创新驱动和国际科技创新中心建设的拉动，未来 5~10 年，科技服务业将保持 10% 左右的高增长，科技服务业增加值占 GDP 的比例将达到 10% 左右，比 2021 年提升 2.1 个百分点，成为支柱产业。北京金融业 2001~2021 年年均增长 14.4%，呈持续高增长态势，即使考虑非首都功能疏解的因素，部分中央金融企业要迁往雄安新区，未来 5~10 年，金融业仍将保持 7% 左右的高增长，金融业增加值占 GDP 的比例将达到 21% 左右，比 2021 年提升 2.1 个百分点。北京商务服务业 2001~2021 年年均增长 15.1%，呈持续高增长态势，但商务楼宇和新商务企业总部将受到服务智能化的影响，未来 5~10 年，商务服务业年均增速将放缓至 7% 左右，商务服务业增加值占 GDP 的比例将达到 7% 左右，比 2021 年提升 1 个百分点。北京文体娱乐业 2001~2021 年年均增长 10.4%，呈持续高增长态势，但文体娱乐业公益性强，产业市场化规模小，难以持续高增长，未来 5~10 年，文体娱乐业年均增速将在 6% 左右，文体娱乐业增加值占 GDP 的比例将达到 2.8% 左右，比 2021 年提升 1 个百分点。

### 2. 高效益

北京高端服务业的高效益主要体现在高收益和高劳产率两个方面。从高收益维度来看，主要指标是高端服务业的应纳税额和利润总额分别占服务业同类指标的比例。2012 年，高端服务业应纳税额占服务业应纳税额的比例和高端服务业利润总额占服务业利润总额的比例分别为 66.7% 和 86.9%，与 2021 年同类指标（分别为 66.1% 和 89.4%）相比基本保持稳定。[①] 由此可以推测，未来 5~10 年，在创新驱动、数字赋能、高增长保持稳定的条件下，北京高端服务业仍将保持高收益发展态势，高端服务业应纳税额和利润总额占服务业同类指标的比例，分别可以保持在 67.0% 和 90.0% 左右的水平。

从高劳产率维度来分析，2017~2021 年，北京高端服务业劳产率年均增长 9.9%，呈高增长态势，但北京高端服务业的劳产率低于上海和深圳的水平，也低于北京工业劳产率的水平，说明北京高端服务业的劳产率存在高增长的空间。未来 5~10 年，在产业智能化和"无接触服务"的驱动下，北京高端服务业的劳产率将保持 10% 以上的高增长。

## （二）主要发展目标

高端服务业是北京的主导产业和未来发展的主攻方向，需要结合国家宏观经济政策导向和北京市"十四五"时期经济和产业类的发展规划，结合北京高端服务业发展的现实情况，分析和确定北京高端服务业发展的主要目

---

① 根据《北京统计年鉴（2013）》和《北京统计年鉴（2022）》提供的数据计算。

标，以加快推进北京高端服务业优质高效发展。

北京"十四五"国民经济和社会发展规划，依据国家宏观经济政策导向，贯彻新发展理念，列出了 25 项主要预期发展指标，其中：创新发展指标 5 项，即研发经费支出占 GDP 的比重在 6% 左右，每万人高价值发明专利拥有量在 82 件左右，GDP 年均增速在 5% 左右，全员劳动生产率在 35 万元/人左右，数字经济增加值年均增速在 7.5% 左右；协调发展指标 1 项，即城市副中心和平原新城增加值占 GDP 的比重大于 23%；开发发展指标 2 项，即实际利用外资规模 5 年累计在 830 亿美元左右，服务贸易年均增速高于 5%。由此看来，共计 8 项预期指标与北京高端服务业发展密切相关，表明北京高端服务业必须走创新发展、数字化发展、高效发展和开放发展之路。①

北京"十四五"现代服务业发展规划把金融业、信息服务业、科技服务业、商务服务业、文体娱乐业作为重点发展领域，实际上是聚焦高端服务业。规划要求实施七大提质升级行动，即现代金融优势巩固提升行动、信息服务创新提速行动、科技服务优化升级行动、文化产业繁荣发展行动、商务服务开放提质行动、物流体系优化行动和生活服务品质提升行动，大力实施专业人才集聚、业态融合升级、开放合作深化、改革活力释放、高端服务业重点功能区提质增效、服务品牌建设六大项支持工程，培育国际一流的现代服务业发展生态。为此，北京明确提出的预期发展指标是：现代服务业增加值年均增速保持在 7% 左右，到 2025 年现代服务业增加值占全市 GDP 比重在 70% 左右，金融、科技、信息、商务、文化等重点领域劳动生产率达到 65 万元/人左右，数字经济增加值年均增速 7.5% 左右，在人工智能、区块链、绿色金融等领域培育形成 3~5 个千亿级新兴服务集群，新增 100 家以上先进制造业与现代服务业融合试点企业、20 个融合试点园区，培育形成一批具有较大应用前景的高价值专利，技术合同成交额超过 8000 亿元，"两

---

① 《中共北京市委关于制定北京市国民经济和社会发展第十四个五年规划和二〇三五年远景目标的建议》，北京市人民政府网站，https：//www.beijing.gov.cn/zhengce/zhengcefagui/202012/t20201207_ 2157969. html，2020 年 12 月 7 日。

区"开放引领效应不断释放，与国际投资贸易规则接轨的制度体系更加健全，力争在数字经济、金融科技等新兴领域形成一批国际规则或国际标准，服务贸易规模超过 1.3 万亿元，跨国公司在京总部数量超过 240 家，培育和引进一批具有国际影响力的品牌服务企业。① 这些目标的设立，指明了北京高端服务业未来发展的主要方向，就是高效发展、数字化发展、高技术发展、集聚发展、融合发展、品牌化发展、国际化发展。

北京"十四五"高精尖产业发展规划，明确要求做大新一代信息技术、医药健康两个国际引领支柱产业，做强集成电路、智能网联汽车、智能制造与装备、绿色能源与节能环保四个"北京智造"特色优势产业，做优区块链与先进计算、科技服务、智慧城市、信息内容消费四个"北京服务"创新链接产业，抢先布局一批未来前沿产业，优化产业布局，筑牢产业基础新根基，提升产业集群能级，促进产业开放合作。基本形成以智能制造、产业互联网、医药健康等为新支柱的现代产业体系，打造"北京智造""北京服务"新名片，产业关键核心技术取得重大突破，国产化配套比重进一步提高，生产效率达到国际先进水平，绿色发展更加显著，京津冀产业协同发展和国际产能合作迈向更高层次。为此，北京设定的主要预期发展指标是：高精尖产业增加值占 GDP 比例在 30% 以上，万亿级产业集群数 4~5 个，软件和信息服务业营业收入达到 3 万亿元，规模以上高精尖企业研发投入占营业收入比重达 8.5%，每亿元工业产值有效发明专利拥有量达 10 件，软件和信息服务业每万人有效发明专利拥有量达 1300 件，新增国家级专精特新"小巨人"企业 300 家，国家级制造业创新中心 5 个，规模以上工业全员劳产率达 70 万元/人，市级以上开发区地均产值达 2.3 亿元/公顷，高技术制造业增加值占规模以上工业增加值比重达 30%，高精尖新技术产品出口额占货物出口总额比重达 25%，高精尖领域新设立规模以上外资企业 100 家，具有显示度的国际合作产业园 2 个，世界级智能制造标杆工厂 10 家，具有国际

---

① 北京市发改委：《北京市"十四五"时期现代服务业发展规划》，http://fgw.beijing.gov.cn/fgwzwgk/zcgk/ghjhwb/wnjh/202111/t20211118_2638613.htm，2021 年 11 月 18 日。

影响力的工业互联网平台 1~2 个，重点行业典型企业的关键工序装备数控化率达 85%，支持龙头企业在京津冀布局产业协同发展示范集群数量 3 个。这些内容表明，北京的高精尖产业不是简单的厂房制造业和低端制造业，而是高科技制造业、智能制造业、总部制造业、服务化制造业、高效制造业、具有国际竞争力的制造业。北京高精尖产业发展目标涵盖了高端服务业发展的实际内容，要求突出北京高端服务业的高点定位，实施国家和国际高标准，充分发挥科技创新功效、商务总部功效和专业技术服务功效，力促科技服务业、信息服务业和商务服务业的集群化、规模化、创新化、协同化、品牌化和国际化发展，并与制造业高效融合，推动实现制造业的高端化、智能化、绿色化、协同化和国际化发展。[1]

北京"十四五"国际科技创新中心建设规划，明确要求以"三城一区"为主平台，以中关村国家自主创新示范区为主阵地，着力打好关键核心技术攻坚战，培育高精尖产业新动能，着力强化战略科技力量，提升基础研究和原始创新能力，着力构建开放创新生态，建设全球人才高地，着力提升科技治理能力和治理水平，推动支持全面创新的基础制度建设，到 2025 年北京国际科技创新中心基本形成，成为世界主要科学中心和创新高地。主要定位和预期指标涉及以下三个方面。一是"科学中心"建设取得新进展。以国家实验室、国家重点实验室、综合性国家科学中心、新型研发机构、高水平高校院所以及科技领军企业为主体的战略科技力量体系化布局基本形成。衡量指标是：全社会研发经费支出占 GDP 比重 6% 左右，基础研发经费占全社会研发经费的 17% 左右，高被引科学家数量 210 人次左右，世界一流大学（Top500）数量 14 所左右。二是"创新高地"建设实现新突破。在人工智能、量子信息、生物技术等前沿技术领域实现全球领先水平，突破一批"卡脖子"技术。高精尖产业不断壮大，高成长、高潜力的未来产业加速培育。衡量指标是：每万人高价值发明专利拥有量 82 件左右，高技术产业增

---

[1] 北京市人民政府：《北京市"十四五"时期高精尖产业发展规划》，北京市人民政府网站，https：//www.beijing.gov.cn/zhengce/zhengcefagui/202108/t20210818 _ 2471375.html，2021年 8 月 18 日。

加值 12000 亿元以上，数字经济增加值年均增速 7.5%左右，中关村国家自主创新示范区企业总收入年均增速 8%左右，年技术合同成交额 8000 亿元以上，每万家企业中高技术企业数多于 190 家，独角兽企业数多于 100 家。三是"创新生态"营造形成新成效。创新创业生态系统持续优化，知识产权法治化水平大幅提升，全社会尊重和保护知识产权的意识明显增强，风险投资/私募股权投资（VC/PE）氛围更加浓厚，营商环境更加便利，国际化配置资源能力显著增强，人才、技术、资本和数据等创新要素流动更加顺畅，国际科技合作交往全方位加强。科学精神倍受重视，科学家精神和企业家精神大力弘扬。衡量指标是：每万人就业人员中研发人员数 260 人左右，公民具备科学素质的比例 28%左右。① 这些发展定位和目标表明，国际科技创新中心建设是北京产业发展的引擎和北京高端服务业发展的中心任务。围绕中心任务，北京要高点定位，在科学中心、创新高地和创新生态三方面发力，强化基础研究，培育创新主体，多出原创性、颠覆性技术成果，提升高端服务业的科学水平、技术水平及其产业融合力，促进高技术产业、高精尖产业、未来产业和数字经济高效发展。

综合上述规划指标内容，结合北京高端服务业现状和未来发展两大趋势，可以对未来 5 年北京高端服务业的发展目标做设定，形成可行的目标体系。这个目标体系应聚焦在两个方面，即总体目标和创新目标，以利于抓住重点和发挥北京资源优势。就总体目标而言，主要指标是：高端服务业增加值年均增长率、高端服务业增加值占 GDP 的比例、高端服务业劳产率年均增长率。就创新指标而言，主要指标是科技服务业增加值年均增长率、科技服务业增加值占 GDP 的比例、信息服务业增加值年均增长率、信息服务业增加值占 GDP 的比例、全社会研发投入强度、基础研发支出占全社会研发支出的比例、每万人高价值发明专利拥有量、国家级专精特新企业数。具体内容，以 2023~2027 年为限，到 2027 年，北京高端服务业增加值年均增长

---

① 中共北京市委、北京市政府：《北京市"十四五"时期国际科创中心建设规划》，北京市政府网站，https://www.beijing.gov.cn/zhengce/zhengcefagui/202111/t20211124_2543346.html，2021 年 11 月 24 日。

7%以上，高端服务业劳产率年均增长 10%以上，高端服务业增加值占 GDP 的比例在 57%左右，科技服务业增加值年均增长 10%左右，科技服务业增加值占 GDP 的比例在 10%左右，信息服务业增加值年均增长 10%以上，信息服务业增加值占 GDP 的比例在 19%左右，全社会研发投入强度在 6.0%以上，基础研发支出占全社会研发支出的比例在 20.0%以上，每万人高价值发明专利拥有量在 100 件以上，国家级专精特新企业数在 350 家左右。

### （三）基本发展战略

在构建新发展格局，建设现代化产业体系，努力实现科技强国、质量强国和中国式现代化强国的大格局下，北京在"五子登科"的首都发展新阶段，必须进一步明确高端服务业是未来产业和高精尖产业发展的主攻方向，坚守新发展理念和高质量发展的要义，依据高端服务业发展的现状、优劣、趋势和主要发展目标，制定北京高端服务业基本发展战略，即创新发展、集聚发展、融合发展、协同发展、开放发展，以确保北京高端服务业的高质量发展。

#### 1. 创新发展战略

创新发展战略是主导战略，北京具有资源和竞争力优势，肩负国家科技自立自强、建设科技强国的重任。实施这一战略，北京要以支撑和服务国际科技创新中心建设为目标，发挥"三城一区"主平台和中关村国家自主创新示范区的主阵地作用，加快形成具有首都特色的国家实验室体系和以国家实验室为引领的战略科技力量，全力推进北京怀柔综合性国家科学中心建设，提升科技融入全球的开放水平，持续集聚世界一流新型研发机构，充分激发高水平科研院所和科技领军企业的活力，积极探索服务创新发展的新机制和新模式，建设好中关村论坛，促进科技成果转移转化，锻造创新链、补齐短板链、升级传统链、配置服务链、延伸产业链，深度支撑北京高端服务业的高质量发展和现代化产业体系建设，更好地发挥对全国乃至全球创新的辐射引领作用。

（1）落实好《北京市"十四五"时期国际科创中心建设规划》（以下

简称《科创规划》）。北京实施创新发展战略需要有"施工图"，《科创规划》就是一张 5 年期的施工图，内容非常全面，包括：构建国家实验室体系，支持国家重点实验室重组，优化在京布局，推动"三城一区"内的科技领军企业、高校院所和新型研发机构积极参与国家实验室建设；加速北京怀柔综合性国家科学中心建设，充分发挥北京怀柔综合性国家科学中心在服务国家创新战略中的支撑作用；探索重大科技基础设施建设、运营和管理机制，持续优化并争取更多国家创新平台在京落地；推动国家级技术创新中心、制造业创新中心等在京布局发展，形成跨领域、大协作、高强度的现代工程和技术科学研究能力；在前沿信息技术、光电子、物质科学、数字生物等领域，布局建设一批新型研发机构，支持新型研发机构建立与国际接轨的治理结构和组织体系，引入一流科研与运营团队，拓宽经费来源渠道；支持原创性基础研究，强化基础研究系统部署，构建从国家安全、产业发展和民生改善的实践中提炼基础科学问题的机制，以应用研究带动基础研究；加强人工智能前沿基础理论和关键共性技术攻关，探索开发以"适应环境"为特征、可持续学习并且可解释的下一代人工智能技术，开展科学智能计算、人机混合智能、空间计算等前沿研究；突破重点领域关键核心技术，支持开展量子信息和区块链前沿技术研发，推动集成电路一体化研发，支持开展关键新材料"卡脖子"技术攻关，支持开展生物前沿技术研发，积极布局生物育种创新发展；瞄准新一代信息技术、医药健康、新能源智能网联汽车、智能制造、航空航天、绿色能源、节能环保等前沿领域，开展一批关键共性技术研发和核心设备研制，释放数字产业化和产业数字化新动能，提升创新链、延伸产业链、融通供应链，深度支撑具有首都特色的高精尖产业体系建设；等等。[①] 这些内容具有战略指导性和实操性，不能"规划墙上挂"，束之高阁，必须认真落实，并有效督查。

（2）勇于开发"新赛道"，多出高水平原创性科研成果。为有效应对国

---

① 中共北京市委、北京市政府：《北京市"十四五"时期国际科创中心建设规划》，北京市人民政府网站，https://www.beijing.gov.cn/zhengce/zhengcefagui/202111/t20211124_2543346.html，2021 年 11 月 24 日。

际贸易战、科技战，把握全球新一轮科技革命和产业变革的机遇，我国不能再单纯采取引进技术，在同一赛道跟跑、并跑、领跑的做法，而必须在基础研究、关键核心技术方面自立自强，选择新赛道，实施"换道超车"战略，催生新发展动能，引领带动科技创新实力全面提升。北京是国家高水平科研院所云集之地，通过国家实验体系建设和重大科技基础设施建设，基础研发能力显著增强，已成为关键核心技术原始创新的策源地。因此，北京要立足国家战略需求，发挥自身科技优势，协调各方科技力量，肩负创新策源地使命，紧紧围绕高水平科技自立自强，布局一批前沿科学中心和交叉学科中心，聚焦《科创规划》明晰的前沿基础研究和关键核心技术领域，勇于探寻新赛道，多出高价值发明专利和重大原创性科研成果，并通过技术交易市场和产业化应用场景，及时扩散和推广应用。

（3）建设世界一流的新型研发机构及其创新联盟。北京市属专职科研机构数量少，2021年，北京研究与开发机构为417家，其中，中央单位344家，市属单位仅73家，占比仅为17%。[①] 为加强研发机构建设，2018年，北京市出台了《北京市支持建设世界一流新型研发机构实施办法（试行）》，要求围绕完善科研体制机制、激发人员创新活力、下放科研自主权，建设一批高水平的新型研发机构，力求在重大基础前沿科学研究、关键核心技术攻关突破、高水平科技人才培养方面取得新成效。为此，北京市相继成立北京量子信息科学研究院、北京脑科学与类脑研究中心、北京智源人工智能研究院、北京雁栖湖应用数学研究院、北京石墨烯研究院、北京微芯区块链与边缘计算研究院等一批新型研发机构，开始建设世界一流新型研发机构的"北京实践"，探索建立财政科研经费负面清单管理、项目经理人负责制等新机制，加快形成一批重大原始创新成果。按照《科创规划》要求，北京要支持高校院所、龙头企业等围绕关键技术领域的研发，以多方参股的方式建立混合所有制产业技术研究院、产业技术创新中心。这就是说，建设世界一流新型研发机构具有开放性，不单纯是国内高能级科研机构的事，国内高

---

① 《北京统计年鉴（2022）》。

水平研究型大学、"双一流"高校、领军企业也可以搞，甚至可以搭建高能级的"机构+高校+企业"的创新联盟，实施跨领域、跨单位的创新资源整合与共享，打造协同攻关的创新共同体。按照这一思路，建设世界一流新型研发机构，北京要着力做好以下五个方面的工作。

一是紧盯科技发展前沿和新赛道，针对基础前沿研究和共性关键技术问题，设立新的高水平研发机构，并加强与中央在京高水平研发机构的合作，协同攻关基础前沿重大课题和关键核心技术。

二是依托高水平研究型大学，建设前沿科学中心、高精尖创新中心、北京实验室等重大科研平台，开展前瞻性基础研究，多出原创性重大科技成果。

三是依托"双一流"高校，建设产教融合创新平台，力促基础与应用研究的贯通创新。

四是支持链主企业、龙头企业、领军企业、符合条件的独角兽企业牵头，围绕人工智能、医药健康、集成电路等前沿领域，组建产学研协同、上下游衔接的创新联合体，实施"强链工程"，力求在重点产业链的关键环节，取得核心技术的攻关突破。

五是组建由高水平研发机构、高水平研究型大学、"双一流"高校和领军企业组成的创新联盟，共建创新合作平台，共创资源整合共享机制。

（4）培育壮大高水平的科技企业集群。高水平尤其是世界一流的科技企业具有极强的创新竞争力、要素集聚力、资源整合力和生态主导力，是引领科技创新和产业发展的关键力量。北京的企业研发经费支出占研发经费总支出的比例远远落后于深圳，很重要的一个原因，就是企业创新主体的地位不突出，企业的研发活动不活跃，缺少高水平尤其是世界一流的科技企业集群。要扭转这种被动局面，北京应着力做好以下工作。

一是降低企业的创新投资风险，培育企业创新文化，营造创新生态和激励机制，激发企业创新活力。为此，北京要建立全方位的科技创新投资保障体系及其投资风险的化解和担保机制，引导企业培育创新文化，建立企业技术研发中心和创新智库，主动与科研院所和高校结成科技创新战略联盟，持续保持科学合理的研发经费投入强度。尤其是对创新型企业而言,要把年度研发经费投入强度作为硬约束指标纳入预算和督查事项,确保有效落实。要建立第三方研发投入和创新成果的咨询评估机构,对不同类型、不同规模企业的年度研发经费投入强度指标实际完成情况进行持续跟踪评价,并由财政出资设立专项研发奖励基金及年度奖励办法,对完成情况好的企业予以奖励。为促进科研成果的产业化,政府可以结合专项科技投资,设立科技成果产业化扶持基金和担保基金。一方面,用于支持科技成果的实际应用及其示范工程建设;另一方面,用于创新产品的政府采购,扶持创新产品的规模化和品牌化发展。

二是着力发挥创客、极客、痛客的作用。当今以"互联网+"和智能服务为代表的高质量发展,需要用"互联网+"的新思维,看待创客、极客、痛客等创新主体对新技术、新产品、新作品、新模式、新业态、新产业发展的催化和导向作用。对于创新型企业,不仅需要做好政府服务工作和政策激励工作,而且需要营造良好的、社会化的创新生态环境。要打造良好的创新生态环境,必须着力培育一批创新型的科技企业孵化器、工程中心、生产力促进中心和产业联盟等创新服务机构,进一步集成现有科技创新平台和中介服务机构的资源,优化全方位的生活服务保障体系,形成一批线上线下相结合、功能多样、特色鲜明的"众创空间"和创业社区,吸引天使投资、风险投资和耐心资本向"双创"者和创新型企业注资,共同推进创新型企业的高质量快速增长。同样,在现有企业内部也要营造"双创"环境,搭建内部"微循环"创新生态体系,激励内部职工设立"双创"团队,拨付专项资金,专职开展专项创新活动,大力培育企业内部的创客、极客、痛客,形成企业内生变革力量,推动企业创新发展和组织结构演进。

三是培育和引进一批创新型领军企业。北京应聚焦新一代信息技术、智能网联汽车、人工智能、集成电路、医药健康、航空航天、高端装备制造、新材料、节能环保等重点领域,引进一批核心技术能力突出、集成创新能力强、引领产业发展的世界级科技领军企业,包括外资企业,以紧追世界科技新潮流,开辟科技创新赛道,促进创新链、供应链、产业链与市场需求有机结合。同时，北京要实施创新型领军企业培育行动，建立创新型领军企业培育库，对入库企业在申请国家重大科技计划项目、开展基础研究、牵头组建创新联合体等方面给予支持。在实际创新和科研活动中，北京应积极支持有条件的创新型领军企业牵头整合产业链的资源和创新要素，打造大中小企业融通创新平台和研发基地，推动实现供应链协同、创新能力共享、数据协同开放和产业生态融通的新发展格局。

四是优化独角兽企业培育体系。北京应面向科技前沿及其应用领域，结合产业发展趋势，构建潜在独角兽企业发现机制，联合国内外知名投资机构、行业专家等，组成独角兽企业评价委员会，制定独角兽企业遴选发现指标体系，精确锁定未来产业以及新赛道、新经济领域涌现出的创新能力强、爆发式成长的潜力企业，定期梳理形成潜在独角兽企业名单。对独角兽企业，政府要加大精准服务力度，完善独角兽企业服务体系，建立分类分级的独角兽企业数据库，汇集企业生产经营、技术研发、人才引进、融资估值等信息，结合企业全生命周期成长需要，开展常态化服务，并分阶段给予政策支持。对创新能力突出、发展空间大的科技型独角兽企业和超级独角兽企业，政府要量身定制政策支持方案，力促独角兽企业快速成长。特别是在资金支持方面，政府可以设立重点专项财政扶持资金，用足用好现有各类政府投资基金，支持社会资本设立独角兽创业投资基金、私募股权二级市场基金（简称 S 基金）等，以引导社会资本加强对独角兽和潜在独角兽企业的股权投资。

五是大力发展专精特新企业。北京应在现有对专精特新企业认证管理的基础上，设立分类分级、动态跟踪管理的企业梯次培育库，通过加强对入库企业的跟踪服务，引导和支持创新型中小企业向专业化、精细化、特色化发展，实现向高技术型、专精特新、单项冠军的梯次升级。北京培育和发展专精特新企业必须与优势产业强链、短板产业补链、传统产业升链、新兴产业建链紧密结合，围绕重点、优势、特色和未来产业的发展，政府应实施专精特新企业"卡位入链"工程，推动一批专精特新企业与链主企业、创新型领军企业对接合作，协同打造在强链、补链、升链、建链方面的创新共同体。要支持专精特新企业集聚发展，围绕产业创新发展的重点领域和关键环节，配套产业集聚区布局规划，建设若干个专精特新企业集聚区或产业园，以满足专精特新企业对空间集聚的需求。

（5）做大做强特色科技服务集群。北京在工程技术服务、检验检测服务、科技咨询服务、知识产权服务、专业设计服务、科技金融服务等领域，具有一定的国际竞争优势，形成了北京科技服务的特色和品牌。要突出特色，打造世界级的工程技术服务集团，筹建国家产品质量检验检测中心，培育知识产权服务品牌，提升"设计之都"品牌，北京应针对特色科技服务行业及其新业态、新模式，设定优先发展的"白名单"，在规划、土地供给、人才引进、公共服务配套等方面给予优先安排，鼓励和支持建设特色科技服务集聚区或特色产业园，促进特色科技服务集群发展，做大做强。

（6）强化科技成果转化服务。一项科技成果从基础研究到规模化产业化应用，中间要经历多个环节和多种要素配置，北京绝大多数高校和科研机构只做科研，没有能力独立实施产业化应用。针对这种情况，北京要力推科技成果实际应用，就必须打通从基础研究到产业化应用的通道，提供高效便捷的转移转化服务。可行的主要办法如下。

一是加强"三城一区"主平台统筹联动，依托专业机构，建设科技成果转化综合服务平台，提供"一站式"技术转移服务。

二是支持高校与科技型龙头企业合作，共建科技成果转化服务平台。

三是支持高校、研究机构和创新型领军企业开展"科学研究+中试+企业孵化+加速器+产业化"的运作模式探索，共建中试、孵化、加速和产业化的综合服务机构或运营公司。

四是高校和研发机构要加快建立技术经理人制度，明确技术经理人的招聘、使用和激励机制，让职业化的技术经理人全程参与科技成果的转化，提升科技成果转化效能。

（7）努力提升开放创新水平。科技自立自强不是封闭式创新，必须充分利用全球技术资源和创新要素，构建开放合作、共创共享、互利共赢的全球创新链。尽管当下以美国为首的一些发达国家对我国进行高科技封杀，但我国仍要坚持高水平对外开放，北京必须紧紧抓住"两区""三平台"建设的机遇，按照建设国际科技创新中心的目标要求，面向全球，努力寻求开展国际科技创新合作的各种渠道与办法，不断提升创新国际化水平。可行的主要做法如下。

一是支持创新主体牵头，积极参与国际大科学计划和大科学工程。国际大科学计划和大科学工程是一个国家综合实力和科技创新竞争力的重要体现，各主要发达国家都高度重视、编制、牵头参与这类计划，并广泛吸纳利益相关方参与，注重发挥专家咨询作用。2018 年，我国出台《积极牵头组织国际大科学计划和大科学工程方案》，首次将牵头组织国际大科学计划作为国家一项战略任务。北京应积极落实国家战略任务，鼓励和支持研究型高校、高水平科研机构和领军企业等围绕前沿科技领域，牵头参与国内和国外的国际大科学计划，按照国际大科学计划指明的优势领域、优先方向、科学项目、评估支持办法、知识产权管理、组织运行管理等方面的要求，组建国际大科学计划项目实施运营主体，开展高水平的科学研究，深化国际科技交流与合作，培养和引进顶尖科技人才，提升创新国际化的竞争力和话语权。

二是积极聚集外资研发中心。北京与上海相比，外资研发机构数量差距很大。2021 年上海外资研发中心有 506 家，北京仅有 189 家，说明北京在集聚外资研发机构方面缺乏政策吸引力。[1] 为支持外资研发中心在京设立和发展，2022 年 5 月北京出台了《北京市关于支持外资研发中心设立和发展的规定》，鼓励外资通过独资、合资、合作、平台等多种形式在京设立研发中心，并制定了永久居留便利、工作便利、医疗便利、出入境便利、税收优惠、同等待遇开展科技成果转化项目等方面的政策。这些政策还有待完善，重点是北京应加强合作创新，在确保有效脱敏和安全的前提下，加大对外资研发中心开展创新合作项目的支持力度，鼓励外资研发中心与国内企业、研发机构和高校合作参与政府科技计划项目，吸纳外方科技人员进入政府科技

---

① 《上海统计年鉴（2022）》；杨颂：《北京具有研发功能外资企业达 189 家》，北青网，http：//news. ynet. com/2022/09/15/3520626t70. html，2022 年 9 月 15 日。

计划项目的专家库，降低外资研发中心参与产学研协同创新合作项目的门槛，强化"合同科研"模式，建立外资研发中心知识产权保护直通车制度，以合作共赢的科研项目为纽带，不断提升对外资研发机构的吸引力和聚集度。

三是支持龙头企业打造开放创新平台和全球协同创新网络。早在2015年，北京中关村发展集团就在美国硅谷设立了第一家海外创新中心——中关村硅谷创新中心。此后，中关村发展集团先后在全球创新资源高地设立海外创新中心、联络处等不同形式的海外分支机构。与此同时，中关村发展集团还在海外设立投融资服务平台，参与投资了多只海外基金，初步搭建起中关村海外基金体系。由此，中关村发展集团搭建起"中心+基金"的全球协同创新网络或创新平台，为全球创新创业主体赋能，有力推动了国际科技创新协作。借鉴中关村发展集团的经验，北京应鼓励和支持在国外科研高地和研发集聚区设立研发中心，开展国际科技创新合作。不仅如此，在当今智能网络新时代，创新平台不一定非要设在国外，也可以设在北京，建立以北京为中心的全球科技合作创新平台。为此，北京应鼓励和支持在京的科技龙头企业、领军企业，立足北京，网联世界，发起设立高水平开放的创新平台，构建开放式创新网络体系。这种网络体系或创新平台，要以北京的高校、科研机构和领军企业设立的离岸科技孵化基地、国际科技合作平台为基础，推动科研设施、孵化资源向全球开放共享，实现跨境双向孵化服务，并引导境外的研发机构和创新主体共同合作，有效搭建线下线上融为一体的、能够满足企业全生命周期服务需求的跨境创新平台。利用这种跨境创新平台，可以进一步拓展产业创新发展模式，引导国内外大型企业在创新平台上导入产业链、供应链的资源及其应用场景，定期发布融链、固链、兴链、补链的需求，直接对接创新平台上的创新主体或新技术，促进创新与新生产环节、新生产方式乃至新产业加速融合，实现"大手拉小手"，赋能中小企业和专精特新企业发展，促进国际科技创新协同化和生产服务一体化。

四是广泛开展国际科技交流。在2021年中关村论坛上，有140个国际组织及其创新机构代表、66个国家和地区上千名嘉宾在现场深入交流，线上、线下参加人次累计达 10 万人次。① 这种交流盛况，对把握国际科技发展新情况、新领域、新趋势、新经验、新做法大有裨益。为此，北京不仅要继续办好中关村论坛、金融街论坛和服贸会，以高水平的平台形式，开展国际科技交流，提升美誉度和品牌影响力，而且要借助"两区"建设，深化改革开放，不拘一格，鼓励承担科研任务的企事业单位，通过各种形式、渠道和方式，包括实地调研、参观、访问、会议、展览、通信等，请进来、走出去，线上线下联动，广泛开展国际科技交流活动，以提升科技创新能力及国际参与度。

（8）深化体制改革，探索新模式，激发创新活力。当今世界的科学研究范式正在发生深刻变革，学科交叉、技术更迭不断加快，科技发展与经济社会发展相互渗透、深度融合，迫切需要优化科技创新治理体系，以适应科技创新发展的新要求。就北京创新发展而言，在总体上，要深化"放管服"改革，破除体制机制障碍，在政府治理模式、服务方式和治理监管手段等方面进行根本性改变。要完善"三城一区"规划建设管理体制机制，积极争取和系统推进新的改革试点，涉及北京市政府事权的规制调整要主动、有效落实，涉及中央事权的规制调整要积极提改革构想方案、争取先行先试。要搭建北京市统一的互联网政务服务总门户，完善网上政务服务大厅功能，构建市、区、街道（乡镇）、社区（村）四级贯通的政务服务"一张网"，编制网上办事清单，实现政务服务（公共服务）事项"一网办、一章办"。要完善资金投入、人才培养、知识产权、空间用地等配套政策，建立覆盖基础研究、应用研究、新技术产品开发和产业化的项目投资管理和信息公开联网的服务平台。在此基础上，北京应着力做好以下工作。

一是进一步完善先行先试的激励政策。中关村是国家自主创新示范区，中央已明确提出，支持中关村开展新一轮先行先试改革，加快建设世界领先的科技园区。为此，北京可以借鉴上海建设浦东新区的经验，力争设立

---

① 杨颂：《北京具有研发功能外资企业达 189 家》，北青网，http：//news.ynet.com/2022/09/15/3520626t70.html，2022 年 9 月 15 日。

"中关村科技创新特区"，主动谋划好科技创新综合改革试点方案，突出全面系统性和综合配套性，把放宽市场准入政策、加大科技投入政策、税收优惠政策、增加收入分配政策、降低服务收费政策统一纳入综合试点改革的范畴，向中央要授权和特殊政策，即在综合改革试点期间（一般为3年），现行规制和政策一律暂缓执行，允许"中关村科技创新特区"依据授权或"改革大法"，自定规制和政策，并加快实施，努力推出可以复制并在全国推广的新经验、新办法、新规制和新政策。

二是努力探索新的科技创新组织模式。北京要强化科研项目分类管理，形成体系化、多元化、智能高效的项目分类管理"工具箱"，对重大研究项目，探索推行"揭榜挂帅""赛马制"等新型组织模式。要提炼、精选产业和企业需求中的基础研究关键科学问题，定期发布需求榜单，引导高水平的科研机构和有科研优势的高校围绕需求榜单开展基础研究。针对新兴前沿学科、交叉学科领域的新问题、新动向，组织各方优势科技力量，共建交叉学科研究团队，开展对多学科综合性复杂新问题的协同攻关。要发挥企业的主体作用，构建创新型领军企业牵头，高校、科研机构相互协同的创新联合体。要建立企业出题、多方参与的关键核心技术联合攻关机制，共同推进重点科研项目的产学研协同及研发活动的一体化运作。要引导创新型领军企业打造开放式创新平台，促进大中小企业实现融通发展。要建立科研团队遴选机制、人才培养选拔机制、科研项目后评价机制和容错机制。

三是加快形成基础研究多元化投入机制。北京市政府要增加财政支出，建立基础研究经费优先保障和持续增长机制，编制基础研究滚动支持计划。要争取中央给予企业基础研究投入税前抵扣的优惠政策，以激励企业加大对基础研究的投入。要鼓励企业、社会组织采用捐赠、资助、设立基金等形式，支持基础研究。

四是完善科技金融赋能机制。北京要深化新三板市场改革，加快推进北交所建设，以满足创新型中小企业上市融资的需求。要广泛吸引有实力、有耐心、国际化的天使投资、风险投资、股权投资和并购资本，以及依法依规设立的境内外私募平行基金，以打造全球创业投资中心，增强培育创新型企业的实力。要支持特色产业集聚区发行公募的基础设施信托投资基金（REITs），以协助集聚区内的创新型企业减少重资产投入，向轻资产运营模式转型。要探索知识产权质押融资保险奖补机制和"政府+保险+银行"的融资增信机制，鼓励发展知识产权证券化业务。借助"两区"建设，扩大外商股权投资企业（QFLP）试点，深化合格境内投资者境外投资（QDIE）试点，以在国内外培育创新型企业。

五是构建创新网络平台运作机制。北京要按照建设数字标杆城市、加快产业数字化的要求，加快部署数字化、智能化的创新网络平台建设，包括未来智能系统平台建设、人工智能和大模型平台建设、高速互联智能算力云平台建设、基于区块链的可信数字基础设施平台建设、面向超大规模复杂网络的新型区块链算力中心建设等，由此构筑创新网络平台，利用这种创新网络平台，可以汇聚和整理科技咨询、科技成果、科技人才、科研设备、政策指南等各方面的信息，可以提供全新的"一站式、个性化"服务体验，可以实现信息发布全透明、政策解读准确及时、互动交流规范高效、办事指引明确简洁的集成式便捷服务，可以积极探索智能化科技创新服务的新路径和新机制。

（9）加强与中央在北京创新资源的沟通与对接。在北京创新资源中，中央占大头和绝对优势，北京必须主动与之对接，进一步完善部市会商、院市合作等中央与地方协同创新机制，为在京的科研院所、高校、创新型企业等创新主体提供便捷、高效的服务。特别是针对三大科学城的建设，北京必须主动与中央有关部门协商，做好服务工作，共建共享科技基础设施和创新服务平台。北京要主动对接利用国家重点实验室、国家工程技术研究中心和国家大科学装备等资源，主动与中央企事业单位合作，建立产学研用一体化的协作机制和产业联盟，促进中央企事业单位的科技创新成果就地在京转化。

**2. 集聚发展战略**

集聚发展战略不单纯研究产业在空间的集中布局，也分析产业集聚的动力和运作模式。按照产业集聚理论，相关企业在特定区域内集群，形成产业园，产业园内的企业就可以获得"外部经济"。其主要表现是同类企业集聚越多，劳动力、资金、能源、运输及其他专业化资源的供给就越多，从而促进整体产业平均生产成本的下降和劳动生产率的提高，这是地理上分散布局的企业无法获得的竞争力优势。产业集聚有政府主导与市场主导两种基本模式。在政府主导模式下，产业集聚的空间位置、规模大小和效益高低都可以由政府决定，政府可以运用行政和法律手段，制定各种产业扶持政策和人才引进激励政策，迅速促成新的产业集聚区崛起，无须通过内生性生产要素的积累再逐步形成产业集聚区。而在市场主导模式下，产业集聚突出强调两点：一是企业之间要形成动态集群，进行各种形式的分工协作，建立以特色化、专业化、柔性化生产方式为基础的协作关系，允许在整个生产服务过程中"插入兼容性企业"，尤其是生活性服务企业和单位，形成宜居宜业的综合型产业集聚区；二是产业集聚要着力于产业价值链的高端，通过对关键技术、核心技术、人才资本和专业知识的掌控，运用高科技手段、电子信息网络，增强向外的辐射力，覆盖和争夺跨区域的分散市场，形成虚拟集群、柔性集群与地理集聚交互融合的网络关系，以提升规模效益。借鉴这些理论观点，针对现实中的主要问题，北京要实现高端服务业的集聚发展，要着力做好以下工作。

（1）降低高端服务业在中心城区的集中度。北京高端服务业在中心城区过度集中，有政府引导的原因和其他外在推力，也有高端服务业内生的原因。因而，对高端服务业在中心城区的集聚要有正确认识，不能凭空想象，企图单靠外在行政手段加以控制和解决。高端服务业在中心城区的集中度可以有步骤地降低。可行的办法是：一方面，政府可以制定市场准入正面清单，从增量层面控制高端服务业特别是相关企业总部在中心城区的集聚；另一方面，要在中心城区之外的其他区域，包括北京的城市副中心、平原新城以及河北的雄安新区等，建设具备吸引高端服务业集聚所需生态条件和人文环境的新的产业集聚区，这是最为关键的，即靠新的高质量集聚区的发展来解决老问题。

（2）对现有产业集聚区进行升级改造。在智能无接触服务时代，高效服务、高收益服务是高端服务业集聚的内生动力，设立行政性管委会、提供优惠政策、招商引资的传统做法，虽然可以降低一时的交易成本，但不能解决内生集聚动力问题，并带有浪费土地资源、增加地方政府债务负担等方面的风险。这就需要在集聚发展过程中，以高质量发展为标准，采用新的运作模式，对现有产业集聚区进行升级改造，即按照国家建设全国统一大市场的规制要求和政策导向，摒弃具有地方行政保护和垄断色彩的做法，更加注重招才引智和质量效益指标的考评，而不是一味追求集聚企业的数量和低效供给资源要素。具体而言，北京要以高点定位、科学规划、明晰资源优势、疏解低效企业和业态、吸引领军人才和领军企业、重构高端新兴业态为基本准则，针对产业发展的"痛点""堵点""短板""弱项"，搭建自主可控的"技术标准+大数据+人工智能+电商物流+金融+商务+生活服务"的全产业链服务平台或精准服务平台，切实提升产业集聚区的规模效益和影响力。要设立研发投入强度、人均增加值、人均税利、地均税利、地均投资、地均增加值、地均能耗和地均水耗等硬约束性质量指标，严格筛选入驻企业，"腾笼换鸟"，突出特色和资源优势。要在升级改造过程中，盘活利用好房地产资源，贯彻"一区一策"，允许将工业用地、集体用地转化为商业用地、公租房用地、幼儿园用地、中小学用地、便民利民商业网点用地，以扩大商业用地、生活性服务用地的供给及其相关服务设施的建设，努力打造服务功能配套、规模效益显著、宜居宜业的高质量产业集聚区。针对创新服务平台或产业园的运营管理，政府可以出资设立投资有限公司，实施市场化运作，让领军人才具体负责，政府有关职能部门可以协助入驻企业组建商会，通过商会定期向投资有限公司反映入驻企业的意见和建议，让投资有限公司帮助解决。政府也可以通过投资有限公司和商会向入驻企业布置其应承担的社会责任。

（3）对新建产业集聚区要严把质量关。北京要按照城市副中心"热起来"、平原新城"兴起来"的总体布局要求，集中在市区东南方向，打造多个规模较大的、新的高端服务业集聚区，以解决高端服务业过度集中在中心城区的问题。这些新产业集聚区的建设具有高质量"样板间"的示范效应，必须严把质量关和效益关，绝不允许"跑马占地"，引入低效企业。为此，政府应高标准制定详细规划，设定硬性准入指标和"一区一策"的特色产业、新兴产业发展目录，配套建设全方位的生活性服务设施，着力打造领军

人才和领军企业集聚地，并通过领军人才和领军企业，搭建特色化、专业化、柔性化的生产服务分工协作平台，占领产业价值链的高端，形成高质量的企业集群，确保新产业集聚区的规模效益和对外辐射力。

（4）注重企业虚拟集群和跨区域网络集群的发展。北京高端服务业集聚区建设有多种具体类型，有些需要大量占地，靠大体量建筑物支撑，像怀柔科学城建设、冬奥会中心区建设、环球主题公园建设和大兴国际机场临空经济区建设等，但有些产业集聚区建设不需要大量占地和大体量建筑物支撑，像"创业公社"和孵化器建设、文化创意产业园建设、西山永定河文化带建设、律师事务所建设等。对此，政府应对产业集聚区建设实行分类指导，对于占地少、适宜小规模发展的产业集聚区，就不必"一刀切"地疏解或统一整合，而应因地制宜，适度降低有关市场准入的质量指标，严格按照规划布局和土地用途，制定有效的激励机制，引入领军人才和领军企业，由其主导建立企业虚拟集群、柔性集群和跨区域网络集群，使之能够在面对面就地服务的基础上，通过虚拟集群和跨区域网络集群向外辐射，覆盖更广阔的国内外市场，提升产业集聚区的规模效益。

**3. 融合发展战略**

融合发展战略涵盖高端服务业内部各行业融合以及高端服务业与其他产业融合两部分。按照有关理论，在"互联网+"、"人工智能+"和"大模型+"的时代，生产企业对研发投入、信息技术运用、智能化服务、组织结构扁平化、柔性化生产、产出质量和高收益高度重视，把服务作为竞争手段，把占领产业价值链高端、创造客户价值等作为不断追求的目标，以试图摆脱单纯生产的束缚，推进产出方式的进化以及产业内部分工的精细化和外置化，由此，其与服务企业相互融合发展，整合资源，不断创新，从而有效促成了制造业与高端服务业的深度融合，即两业融合，形成高端服务业引领、资源优化配置、制造业向服务业延伸的发展新格局。有鉴于此，北京实施高端服务业融合发展战略，应着力做好以下工作。

（1）着力建设大数据与产业融合平台。针对大数据、人工智能等新一代信息技术的创新与应用，首先要解决大数据的采集、汇总、集成、存储、复制、提取、交易、安全运营、公开展示等一系列有关安全规制和技术服务标准化的问题，这就要求政府主管部门牵头，组织专家智库、行业协会、商会以及主要机关、企事业单位协同制定统一的规制和标准，并以可视化、可交易、保安全的方式，建设大数据、人工智能、大模型的应用服务平台和网络体系，直接对接政府和企事业单位网站以及个人手机端，以消除信息"孤岛"，实现大数据资源的整合与共享，提升大数据的应用价值和信息服务的融合功效。要在信息技术的硬件加操作系统的基础上，建立大数据中心和算力中心，开发人工智能系统、大模型系统和应用软件系统，以推进"人工智能或大模型+产业"的智能化发展模式，提升融合的效能。与之相适应，北京要落实好 2021～2025 年城市更新行动计划，强化数字赋能，增加政府对新一代信息技术应用的投资，发挥财政的"挤入效应"，吸引社会资本广泛参与，采取公助民办、公投民营的方式，有效解决信息技术推广应用难的问题。要完善智能化诚信监管体系和服务平台建设，以原则监管和事后监管为主，最大限度地减少事前监管和市场准入监管，主动采取政府购买服务的方式，委托中介服务机构建立"信息港"，实时对生产和服务企业的诚信情况进行跟踪测评和综合评估，将征信差的企业和个人列入"黑名单"，及时向社会公布。

（2）着力推进先进制造业与高端服务业深度融合发展。2019 年国家发改委出台《关于推进先进制造业和现代服务业深度融合发展的实施意见》，提出两业融合的十大新模式和十大新路径。十大新模式即：推进建设智能工厂；加快工业互联网创新应用；推广柔性化定制；发展共享生产平台；提升总集成总承包水平；加强全生命周期管理；优化供应链管理；发展衍生制造；发展工业文化旅游；培育其他新业态新模式。十大新路径即：加快原材料工业与服务业融合步伐；推动消费品工业与服务业深度融合；提升装备制造业和服务业融合水平；完善汽车制造和服务全链条体系；深化制造业、服务业和互联网融合发展；促进现代物流和制造业高效融合；强化研发设计服务与制造业有机融合；加强新能源生产使用与制造业绿色融合；推进消费服务重点领域和制造业创新融合；提高金融服务制造业转型升级实效。意见还要求在全国建立两业融合试点企业和示范园区。北京落实国家政策要求，在"十四五"期间要培育 100 家试点企业和 10 家示范园区。北京两业融合的重点领域是深化新一代信息技术和制造业、服务业融合，促进集成电路制造与研发设计服务一体化发展，打造智能网联汽车制造和服务全链条体系，推进新能源和节能环保与相关产业绿色融合，促进现代物流和制造业高效融合，释放消费领域服务与制造融合潜力，推动医药制造与健康服务有机融合。为此，北京要强化龙头企业的标杆引领作用，增强平台企业的服务功能，激发专精特新企业的活力，搭建公共服务平台，降低产业融合成本，强化技术服务供给和质量认证，形成产业融合新优势，建设两业融合应用场景，培育融合发展新业态，依托"两区"建设，构建融合开放新格局，完善支撑体系，增强融合发展保障能力。

（3）提升高端服务业内部各行业相互融合、创新发展的水平。要大力推进无接触服务和智能服务，借助"互联网+"和"人工智能+"整合资源，集聚创新型人才，形成科技金融、科技文化、科技商务、文化金融、数字娱乐文化、虚拟现实影视、会展旅游、网上商务、网上娱乐、网上金融等新兴业态和新兴产业，全面提升高端服务业的智能化、可视化、融合化、集约化、便捷化、差异化和多样化水平，更好地服务于工农业生产发展和市民生活水平的提高。

（4）促进农业高质量发展。北京农业发展定位是绿色、科技和服务，以林业和承担生态环保功能为主。在此背景下，北京农业只能通过与高端服务业的融合发展才能获得发展机遇。按照定位和现代化的要求，可以采用"大数据+电商物流+金融"的生产服务方式，在确保农产品绿色品质的前提下，把农产品生产基地与网络营销、物流配送、电子支付、互联网普惠融资等环节有效衔接起来，形成农产品全产业链的运营平台，促进农业与高端服务业的融合发展，有效解决农业提质增效和农民增收的问题。同时，要大力推进生态农业、科技农业、种子农业、无土栽培农业、观光旅游农业、休闲娱乐农业、会展农业和网络营销农业的发展，让农业融入更多高端服务业的实际内容。

（5）促进低端服务业高效、便捷发展。北京低端服务业不仅面临疏解、减负的重任，同时也有升级改造、提质增效和补短板的发展余地，迫切需要与高端服务业相融合，形成便捷、高效的新业态，包括新零售、新商贸、新物流、新教育等。具体可以采取的主要战略措施是，运用"互联网+"和"人工智能+"的技术手段，实现线上线下"一条龙"服务和智能化服务，包括推行网上购物、网上订票、网上订餐、网上医疗、网上教育、智能零售店、智能运输仓储等，以促进低端服务业的高效、便捷发展。

4. 协同发展战略

在京津冀协同发展背景下，北京不仅要加快向津冀疏解高端服务业中的低端部分，而且要与津冀协作，按照"2+4+N"产业合作方式，共建京津冀协同创新发展的共同体，这是北京高端服务业协同发展的战略重点。围绕这一战略重点，北京要着力做好以下工作。

（1）营造良好的共建创新发展共同体的生态环境。京津冀三地政府要主导设立协同创新发展基金或投资有限公司，资金来源由北京出大头、天津出中头、河北出小头，同时吸引社会资本加入，资金主要用途：改善京津冀协同创新发展的生态环境和公共服务设施，强化科技产业园建设或协同创新示范基地建设。在此基础上，北京市政府要引导企业加大动力，津冀两地要增强拉力，科技产业园区要凝聚吸引力，深化改革，完善营商环境，提升公共服务水平，配套相关产业优惠政策，招才引智，搭建针对"痛点"的精准创新服务平台，促使身在北京的创新型人才和创新型企业能够真正离开北京"安家"津冀。

（2）加快构建现代化首都都市圈，推动"通勤圈""功能圈""产业圈"梯次布局、协调联动，促进形成紧密的分工协作和产业配套格局。围绕北京高端服务业发展的重点领域和产业链、供应链，编制全产业链京津冀协同布局图谱，培育协作密切的优质企业和科研单位，共建产业协同基地，确保重点产业供应链的关键环节信息高效沟通，交易成本切实降低。

（3）建立统一的科技成果转化服务体系和交易市场。京津冀三地要联合建立标准统一的科技成果数据库，制定科技成果统一登记和信息共享规制，定期筛选一批技术先进、产业化前景良好的科技成果，优先在三地科技产业园应用示范和推广，并在津冀组建规模化生产基地。同时，京津冀三地要协作共建标准统一的技术交易市场、技术交易联盟及其相关的技术交易服务体系，联合建立新技术、新产品的采购平台和技术转移转化平台，共同推进技术交流和科技成果转化。

（4）对在津冀效益不佳、由中关村国家自主创新示范区主导打造的科技产业园进行升级改造。升级改造的办法，主要是制定质量约束硬指标和改善营商环境，一方面，"腾笼换鸟"，通过引进领军企业和领军人才，着力培育当地龙头企业和高端人才，形成内在科技创新驱动力；另一方面，发挥资源优势，提升服务水平，凝结文化向心力和吸引力，促使在京企业安心在津冀落户，从根本上解决"身在曹营心在汉"的问题。

5.开放发展战略

在美国挑起中美贸易战、科技战和国际贸易保护主义盛行的新形势下，北京要积极融入"一带一路"建设，紧紧抓住"两区"建设的新机遇，全力推进高端服务业高水平对外开放的发展战略。这一战略的主攻方向，是引进和利用国际人才、扩大利用外资。主要战略措施如下。

（1）引进国际人才与利用国外当地人才相结合，扩大国际人才队伍。就引进国际人才而言，政府应通过岗位特聘、资质认证许可、放宽人才签证、加大海外寻访力度、深化外籍人才出入境管理改革等多种方式，加大国际人才引进使用力度。要建设国际人才社区、国际人才驿站，营造国际人文交流环境，搭建和拓展国际人才合作交流平台，创办国际创新型人才管理智库，用"互联网+"的思维方式集聚国际创新型人才，并借助"猎头公司"的力量，挖掘国际创新型人才。针对领军人才、国际顶级人才的实际工作需要，一方面，深化财政科研项目和经费管理改革，落实项目承担单位和科研人员的自主权，赋予其更大的技术路线决策权、经费支配权和资源调动权；另一方面，提供高等级职务职称、创办研发机构、设立经营场所和服务平台、配偶和未成年子女随迁、子女教育、购租住房、小客车指标摇号等方面的优惠政策。就利用国外当地人才而言，要通过在国外搭建创新服务平台、创建孵化器、设立研发机构、开办技术交易市场、资助研发经费等方式，有效实施。具体运作办法要以企业为主，政府要鼓励、提倡，做好辅助服务工作。

（2）努力扩大利用外资规模。要支持高端服务贸易新业态、新模式的发展，鼓励采用新一代信息技术实现高端服务贸易的数字化。要建立来华就医签证制度，完善跨境自驾游的监管措施，允许符合条件的外籍人员在本市提供工程咨询服务等。要鼓励在京设立外商独资或合资金融机构，包括银行、保险公司、债券公司、投资公司、基金公司、财务公司等金融机构，并开展相关业务。要设立国际绿色金融改革创新试验区，创新发展绿色金融工具，允许境外投资者直接参与试验区内的绿色金融活动。要扩大文体娱乐业和旅游业对外开放，支持在特定区域设立外商独资演出经纪机构，搭建文化展示交流平台，在全国范围内提供服务。要探索文化贸易金融服务创新，设立文化创新发展基金，积极培育新型文化业态。要允许在京设立的外商独资旅行社、中外合资（合作）经营旅行社从事中国公民出境旅游业务。要激励跨国公司研发中心在京发展，创新国际科技合作机制，推进国际高端科技资源与北京创新主体合作。要深化海关通关一体化改革，加快推动关检深度融合，全面落实通关"一次申报、分步处置"的管理模式，进一步推广"汇总征税、自报自缴"方式，提高货物通关效率。要全面落实准入前国民待遇加负面清单管理制度，进一步放宽外资准入条件。要充分利用城市副中心、环球影城、大兴国际机场等重大建设项目以及平原新城、特色小镇规划建设项目给北京高端服务业发展带来的新机遇，引导外商与建设项目相关的产业开发项目和服务平台对接，展开投资。要完善服贸会的办会机制和组织模式，丰富服贸会的涉外功能和服务内容，建设服贸会的市场化、网络化服务平台，充分展现北京高端服务业的资源优势、人才优势和对外"窗口"优势，吸引外商投资。

**参考文献**

［1］北京市统计局：《北京统计年鉴（2022）》，中国统计出版社，2022。

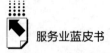
［2］北京市统计局：《北京区域统计年鉴（2022）》，中国统计出版社，2022。

［3］北京市统计局：《北京统计年鉴（2019）》，中国统计出版社，2019。

［4］北京市统计局：《北京统计年鉴（2013）》，中国统计出版社，2014。

［5］上海市统计局：《上海统计年鉴（2022）》，中国统计出版社，2022。

［6］深圳市统计局：《深圳统计年鉴（2022）》，中国统计出版社，2022。

［7］国家统计局：《中国统计摘要（2022）》，中国统计出版社，2022。

［8］《中共北京市委关于制定北京市国民经济和社会发展第十四个五年规划和二〇三五年远景目标的建议》，北京市人民政府网站，https：//www.beijing.gov.cn/zhengce/zhengcefagui/2020 12/t20201207_ 2157969.html，2020年12月7日。

［9］中共北京市委、北京市政府：《北京市"十四五"时期国际科创中心建设规划》，北京市人民政府网站，https：//www.beijing.gov.cn/zhengce/zhengcefagui/202111/t20211124_ 2543346.html，2021年11月24日。

［10］北京市人民政府：《北京市"十四五"时期高精尖产业发展规划》，北京市人民政府网站，https：//www.beijing.gov.cn/zhengce/zhengcefagui/202108/t20210818_ 2471375.html，2021年8月18日。

［11］北京市发改委：《北京市"十四五"时期现代服务业发展规划》，北京市发改委网站，http：//fgw.beijing.gov.cn/fgwzwgk/zcgk/ghjhwb/wnjh/202111/t20211118_ 2638613.htm，2021年11月18日。

［12］〔法〕让-克洛德·德劳内、让·盖雷：《服务经济思想史：三个世纪的争论》，江小涓译，格致出版社、上海人民出版社，2011。

［13］钟勇：《首都功能定位下北京高端服务业发展问题研究》，中国社会科学出版社，2021。

［14］谢天成、朱晓青：《北京高端服务业发展与空间布局研究》，经济管理出版社，2021。

［15］王冠凤：《关于高端服务业发展研究的文献综述》，《武汉金融》2019年第8期。

［16］王冠凤：《"双循环"新发展格局下长江经济带高端服务业高质量发展研究》，《湖北社会科学》2021年第7期。

［17］邵降等：《我国高端服务业发展的影响因素及其能力提升——基于省域面板数据》，《商业经济研究》2020年第10期。

［18］谢天成、朱晓青：《打造服务业扩大开放的北京样板》，《前线》2021年第9期。

［19］朱晓青、谢天成：《服务业高质量发展的主要路径》，《北京日报》，2021年4月21日。

# 分 报 告

Sub-reports

# B.2

# 北京信息服务业发展报告
## （2022~2023）

刁琳琳[*]

**摘 要：** 北京是全国创新创业最活跃、软件信息服务技术和产品体系最完整的城市。2020 年以来全市抢抓"两区"建设和数字经济发展的窗口期，以软件产业转型升级和"两化"融合为主线，推动信息服务业迈入自主创新、融合应用、协同突破的高质量发展阶段，具有国际竞争优势的产业生态体系加速形成，成为以"五子"联动率先融入和服务新发展格局的关键引擎。总体而言，北京信息服务业发展呈现行业示范效应突出、技术驱动特征明显、开放度稳步提升、软件新领域获得突破性发展、京津冀协同创新格局加速形成、营商环境持续优化、数字政府和智慧城市建设成效显著等新特征、新趋势，但同时也面临核心技术供给不

---

\* 刁琳琳，管理学博士，中共北京市委党校决策咨询部主任、教授，北京市高端服务业发展研究基地研究员，研究方向为区域经济政策、国土与城乡规划、城市空间经济等。

足、创新资本支持不足、产业链带动能力不足、复合型高端人才政策赋能不足等问题，应从强化底层技术创新布局、壮大耐心资本和专业资本、提升应用场景供给能力和产业链布局水平、完善政策驱动的多层次人才引育机制等方面精准发力、补齐短板。

**关键词：** 信息服务业　高精尖　数字经济　北京

现代信息技术是包含网络技术、微电子技术、通信技术等在内的内容广泛的能动技术群，是创新的核心部分，其每一步变革都彰显着业务与技术加速融合的未来方向，是推动经济持续增长的关键引擎。信息服务业是以信息资源为基础、信息网络为载体，使用现代信息技术对信息进行生产、收集、处理、加工、存储、传输、使用，并以信息产品为社会各领域提供智慧化应用和服务活动的专门行业的综合体，同时具备"信息"与"服务"两种基本特质[1]，可视为服务经济在信息技术产业内广泛延伸的产物，属于典型的交叉行业。随着 21 世纪以来全球新一轮科技革命和产业变革的加速演进，信息技术深入渗透研发、设计、生产、销售、供应、管理等业务运营链条的各个环节，信息服务业的软硬件水平持续升级，平台生态日益壮大，服务与创新应用的边界不断延伸。特别是云计算、大数据、区块链、人工智能等新一代信息技术实现迭代跨越，与生产、消费等各行业各领域广泛、深度融合，催生出新产业、新业态、新模式，信息服务业在我国经济社会中的重要性不断提升，在优化要素资源配置、推动产业数字化和数字产业化、重塑经济结构的同时，也在转变经济增长方式、创新社会生活方式、提升国家治理效能等方面发挥着重要作用。

在数字经济时代，信息技术应用创新为信息服务业的发展带来难得的稳

---

① 冯居易、魏修建：《信息服务业与制造业互动融合的研究》，《技术经济与管理研究》2022年第 1 期。

定市场空间。信息服务业作为数字经济的基础底座，已然成为引领科技创新和未来智能变革方向、驱动经济社会高质量发展的核心力量，同北京城市战略定位相适应，与北京资源禀赋相符合，具有突出的比较优势。北京是全国创新创业最活跃、软件信息服务技术体系和产品体系最完整的城市，涵盖基础软件、应用软件、信息技术服务、互联网信息服务、嵌入式软件等领域的完整产业链。近年来，在落实新版城市总体规划和深入推进以疏解非首都功能为"牛鼻子"的京津冀协同发展战略背景下，北京以新时代首都发展为统领，加快形成"大疏解"工作格局，"五子"联动融入新发展格局，着力构建高精尖经济结构，抢抓"两区""三平台"和数字经济标杆城市建设带来的产业发展机遇，以软件产业转型升级和"两化"融合统筹推进为主线，以京津冀大数据综合试验区创建为抓手，持续巩固并提升软件和信息服务业在全市经济发展中的支柱地位，信息化和工业化融合发展水平进一步提高，基本形成与国际科技创新中心功能定位相适应的创新型产业发展格局，使软件产业转型升级和"两化"融合成为北京构建高精尖经济结构的"双引擎"，具有国际竞争优势的产业生态体系加速形成。

## 一 国内信息服务业的总体发展形势

### （一）信息服务业的基本内容

信息服务业是信息产业中的软产业部分，是连接信息设备制造业和信息用户之间的中间产业，能够使信息在企业之间和企业内部高效准确地传达，从而实现产业间的关联、转化、融合，是信息技术向其他产业融合渗透的"黏合剂"和"润滑剂"。① 在信息产业中，信息服务业贯穿与信息产品和信息服务直接相关的生产、流通、分配、消费等各产业环节，集中了知识、

---

① 刘纯阳、刘锦怡：《软件和信息技术服务对农业经济增长的渗透效应》，《中国科技论坛》2020 年第 4 期。

技术、人才等创新资源优势，其先导性强、发展速度快、关联度高、对生产与消费的带动作用大，保持着最为活跃的创新力，对经济社会的综合进步起着巨大作用。在经济服务化和信息化过程中，信息服务活动规模逐步壮大、专业化程度不断提高，最终实现产业化发展。

从概念界定视角来看，1963 年美国学者马克卢普在《美国的知识生产与分配》一书中最早提出信息服务业的概念，将其定义为"以法律服务、医疗服务、中介服务等为主要内容的职业信息服务和以金融服务、会计服务、工程服务等为主要内容的金融联合信息服务"。[①] 显然，这一分类对信息服务业的界定范围过窄。1977 年，宏观信息经济学创始人马克·尤里·波拉特在其著作《信息经济：定义与测量》中，依据信息服务活动涉及的领域，将信息服务业划分为第一信息部门（为市场提供信息产品）和第二信息部门（为政府和企业提供信息服务）。[②] 国内学者借鉴国际学界和业界经验，大多认同将信息服务业分为传统信息服务业（新闻报道、印刷出版、文献情报、图书档案、专利标准、邮政电信等）与现代电子（新兴）信息服务业（数据库、信息提供、信息处理、软件开发预处理、集成系统服务、咨询服务等）这一分类方式，但总体来说，对信息服务业的相关研究起步较晚，理论性和系统性略显不足。

从产业链建构视角来看，任何产业部门都非独立存在而是相互联系，每一个部门都是作为其他产业部门的供给方和需求方，同时供给和需求产品或服务。信息服务业的不断发展，首先源于产业内部分工的细化，即随着产业分工水平的不断提高，原信息产业中的非制造环节不断分离出来，形成服务性产业，信息服务业在社会经济中的比重出现结构性上升。因此，相关研究多将信息服务业作为生产性服务业的子部门，从整体上研究信息服务业与其他产业的关联效应，即如何基于同一平台以多样化的形式发生稳定、紧密的

---

① 〔美〕弗里茨·马克卢普：《美国的知识生产与分配》，孙耀君译，中国人民大学出版社，2007。

② M. U. Porat. *The Information Economy：Definition and Measurement*. Washington D. C.：US Department of Commerce，Office of Telecommunications，1977：47.

联系。信息服务产业链由信息产品生产、信息传输、信息源收集和组织、将加工处理后的信息向用户提供等诸多环节构成，这些产业链环节在信息服务业中有着不同的价值结构与价值取向，相互联动、制约、依存，形成一个融合信息产品、信息服务以及为信息产品生产和信息服务提供相关技术标准的庞大行业价值链，信息技术与信息网络是其共同的外部支撑。而技术背景变化、产业战略转移等任何因素都将引发产业链聚合或分异的发展演变，比如信息技术迭代创新与信息服务新业态涌现呈现明显的互动关系，大数据、云计算、人工智能、区块链等热门领域技术在生产端提升产业科技含量和效率，在消费端丰富居民物质文化生活，进一步加深信息服务业的整体性和协调性，其实质是"创新"与"创新的运用"之间的互动反馈。因此，信息技术不断推陈出新以及向各领域迅速广泛地渗透，是产业链演变的核心引擎，信息服务业既是信息技术不断创新发展的结果，又是信息技术持续进步的重要推动力量。

从统计口径界定视角来看，与学界多基于信息的生命周期来界定行业范围不同，政府机构基于产业发展实践对信息服务业的统计口径进行界定。但迄今为止，在各国制定的产业分类标准中，关于信息服务业的内涵尚不完全一致。20 世纪 30 年代以前，各国国民经济核算体系中并未将信息服务业作为独立的行业或门类纳入统计。1997 年，美国、加拿大等国家将信息服务业从信息产业中逐步分离出来，划定信息服务业包括出版行业、电影音像行业、广播电视和通信行业、信息与数据的分析处理行业①。欧盟国家主张信息服务业包括除信息设备产业和信息产品产业以外的所有行业部门，应涵盖信息处理服务、网络服务、系统集成、专业服务、软件产品、交钥匙系统等。1993 年，中国国家科委科技信息司发布的《我国信息服务业的现状与发展研究》将信息服务业划分为电子信息服务业和公共信息服务业两大类；2004 年《统计上划分信息相关产业暂行规定》将信息产业划分为五

---

① 杜昕睿：《信息服务业对制造业结构升级的作用机制研究》，硕士学位论文，南京师范大学，2021。

个部分，其中的电子信息传输服务、计算机服务和软件业、其他信息相关服务大致可对应于信息服务业；2015年出版的《信息服务业统计工作手册》从基础电信业、增值电信和互联网行业、软件与信息技术服务业界定信息服务业的行业范围和统计口径，是目前国内政府统计领域较为科学和权威的划分标准。在现行的《国民经济行业分类》（GB/T 4754—2017）标准划分中，信息传输、软件和信息技术服务业门类（I）被列为20个国民经济行业之一、15个第三产业行业之一，具体包括电信、广播电视和卫星传输服务（63），互联网和相关服务（64），以及软件和信息技术服务业（65），进一步细分为17个行业中类和34个行业小类，与《信息服务业统计工作手册》分类保持一致。2018年5月9日，国家统计局发布《高技术产业（服务业）分类（2018）》，对信息服务业进行了深层次的划分。在该统计标准分类中，信息服务业除包含信息传输、软件和信息技术服务业门类（I）外，还囊括文化、体育和娱乐业门类（R）的部分行业，包括电子出版物出版（8625）、数字出版（8626）、互联网广播（8710）、互联网电视（8720）、广播电视集成播控（8740）以及通过网络提供文化内容的其他文化艺术（8890），该分类强调了与互联网等新技术密切相关的高技术信息服务部分。

为了便于全面地考察信息服务业的产业状况，我们参照国家统计局的标准和相关文献资料，采用国民经济行业分类（GB/T 4754—2017）为"信息传输、软件和信息技术服务业（I）"的规模以上企业统计数据，涵盖八类行业：互联网信息服务、行业应用及系统集成、通用应用及平台软件、基础信息传输、信息技术支持服务、基础软件、IC设计和嵌入式软件。

### （二）我国信息服务业实践进展和发展形势

我国信息服务业的起步可追溯到20世纪70年代，经济全球化以及现代科学技术的快速进步，促使信息技术得到突飞猛进的发展。我国信息服务业经历了一个从无到有、从小到大、由弱变强的发展过程，从国家大力推动电子信息技术应用开始，大致经历了四个发展阶段。

1. 20世纪70年代末至1992年：以电子信息产业引领信息服务业发展

20世纪70年代中期，我国信息服务业发展以计算机应用服务为主要内容，70年代末党中央、国务院关于加强科技信息工作的指示精神，有力推动了我国科技情报等信息系统的全面恢复和发展，信息咨询服务业从无到有并开始形成独立行业。20世纪80年代以来，发达国家逐步完成由工业经济向信息经济的过渡和由传统服务业向信息服务业的转移，以中国等为代表的发展中国家也相继进入运用信息技术改造提升传统产业的重要阶段。1984年，中央适时把握新"工业革命"和西方国家从工业社会步入信息社会的大势，提出信息产业是现代新兴产业群中最重要、最活跃、影响最广泛的核心因素，以及要逐步装备我国的信息产业，并以各种信息技术手段为改造传统工业服务的战略导向。同年11月，国务院电子振兴领导小组发布"我国电子和信息产业发展战略"，指出我国电子和信息产业要实现"两个转移"①。1987年国家信息中心正式成立，各地区、各部门的信息机构随之相继成立，社会上信息服务企业迅速涌现。自1986年起，国家大力推动政策、资金、项目等向电子信息产业倾斜，支持应用电子信息技术改造传统产业，相继建设了国家经济信息系统、邮电通信系统、银行业务管理系统、科技情报信息系统、电网控制系统、天气预报系统等综合性、专业性国家级应用系统工程，为政府并逐步为社会提供信息服务；在国家高技术研究"863"计划中专门设立了具有战略前瞻意义的超大规模集成电路和软件重大专项，其中信息技术相关项目的投资高达投资总额的2/3，由此改变了软件等关键技术和产品长期依赖进口和受制于人的被动局面，带动并形成了我国第一轮信息服务业发展高潮，为信息化建设奠定了技术和产业基础。

2. 1993~1999年：以国家信息化建设助推信息服务业发展

从1993年开始，以建设"信息高速公路"为主要标志的信息技术革命

---

① "两个转移"：一是把电子和信息产业的服务重点转移到为发展国民经济、为"四化"建设、为整个社会生活服务的轨道上来；二是电子工业的发展要转移到以微电子技术为基础、以计算机和通信装备为主体的轨道上来，并确定将集成电路、计算机、通信和软件作为发展的重要领域。

席卷全球，美日欧等发达国家和地区以及一些新兴工业化国家积极运筹并部署实施国家信息基础设施行动计划，抢占世界新一轮科技竞争制高点。信息化成为全球经济社会发展的引擎，并引发生产要素、生产力、生产关系的全面系统变革。国际信息高速公路建设带动金卡、金桥、金关等一系列重大电子信息工程陆续实施，打造中国的"信息准高速国道"，国家经济信息化联席会议确立了以信息化带动产业发展的指导思想，从而正式拉开了中国加速推动信息化进程的大幕。作为国家信息化建设的决策参谋机构和统一领导机构，国家信息化专家组（1999年变更为国家信息化办公室专家委员会）和国务院信息化工作小组（1999年变更为国家信息化工作领导小组）分别于1994年和1996年成立，为建设符合我国国情的国家信息化体系、推动国家信息化进程提供了强有力的智力支持和组织保障。1997年发布的《国家信息化"九五"规划和2010年远景目标》成为我国信息化建设发展的里程碑，鲜明确立了信息化为我国经济发展和社会全面进步服务的总目标。1998年，我国在原邮电部、电子部和广电部基础上组建信息产业部，将信息产业逐步纳入统一管理轨道。1999年，金关工程取得了重大进展，实现了海关、商检、银行、外经外贸、外汇管理、税务等业务系统的计算机联网。这一时期，我国信息化建设在"统筹规划，国家主导；统一标准，联合建设；互联互通，资源共享"24字方针指引下，在各领域、各地区形成了强劲的发展潮流，社会信息服务机构大步走向市场，推动形成了第二个信息服务业发展高潮。

3. 2000~2010年：明确"以信息化带动工业化、以工业化促进信息化"的信息化道路

进入21世纪，信息化与经济全球化进一步融合交互，推动国际产业分工深化、经济结构重塑、竞争格局演变。工业化和信息化发展水平成为衡量一个国家现代化程度、综合国力和经济成长能力的重要标志。党的十五届五中全会在全面总结国内外工业化经验、深刻洞察世界经济科技发展大势的基础上，提出"以信息化带动工业化"的新型工业化道路，党的十六大报告进一步明确我国到2020年实现工业化的目标。2000年我国信息技术产业占

GDP 的比例仅为 3% 左右，在世界银行公布的排名中居全球第 42 位，工业化水平居全球第 37 位，信息服务业发展远远滞后于工业化发展。走新型工业化道路，核心是抓住信息技术突飞猛进的机遇，用高科技改造传统产业，以信息化带动工业化，使信息化与工业化融为一体，共促共进、共同发展，从而大大缩短工业化进程，实现生产力跨越式发展，这是党中央根据我国的具体国情所做出的重大决策部署。

2003 年《国民经济和社会发展第十个五年计划信息化重点专项规划》作为"十五"计划的重要组成部分，成为规范和指导全国信息化建设的第一个纲领性文件；2007 年《信息产业"十一五"规划》印发，为"十一五"期间我国信息产业的发展、行业管理和重大工程的组织实施提供了重要依据；党的十七大提出"大力推进信息化与工业化融合，促进工业由大变强"，进一步深刻揭示了信息化、工业化互促共融的发展特点。一系列重要文件的出台赋予了我国信息服务业新的历史使命，为其发展提供了广阔的市场空间。《2006~2020 年国家信息化发展战略》将信息化提升为覆盖现代化建设全局的战略举措，明确提出"以信息化带动工业化、以工业化促进信息化……走中国特色的信息化道路"。这一时期，按照"统筹规划、资源共享、应用主导、面向市场、安全可靠、务实求效"的指导方针，我国信息化建设有力地促进了信息服务业的发展，在电子政务、信息资源开发利用、信息安全及法律法规建设等诸多方面取得重要进展，信息服务业规模持续扩大，逐渐成长为国民经济的支柱产业和先导产业。国家长期以政策强力推进"两化"融合，也推动各地配套措施加快实施，信息化基础设施加快建设，企业信息化集成和协同应用能力显著增强，以"两化"融合为核心的自主创新能力大幅提升。随着 2008 年北京奥运会的举办，"数字奥运"带来了信息服务市场的新需求，也促进了一大批信息技术的广泛应用，以互联网服务、软件服务、数字电视、信息咨询等为核心内容的信息服务业迎来了重要发展机遇。

4.2011 年至今：全面开启以数字经济驱动"两化"深度融合时代

进入 21 世纪第二个 10 年，在产业变革、经济复苏与大国博弈深度交织以及内外部环境的复杂性、不确定性日益加剧的背景下，数字经济伴随信息革命浪潮应运而生、逆势而上。信息服务业作为一种高创新性、高技术性、高渗透性、高增值性的知识密集型产业，在我国国民经济发展中的引领之势日益凸显，已经成为数字经济时代的主力军和最具活力的产业。2013～2020年，我国信息服务业始终保持两位数稳健增长的发展态势，实现了跨越式发展，行业增加值由 30587 亿元上升为 81616 亿元，收入和利润均保持较快增长。①《2019 年全球竞争力报告》显示，我国在信息通信技术发展及大规模应用方面得分为 78.5 分，在 25 个 OECD 成员中排第 18 名，信息服务业总量等指标已经位居世界前列。工信部数据显示，2021 年我国信息服务业同比增长 17.2%，比 2012 年增速提升 5.1 个百分点，软件业务收入由 2012 年的 2.5 万亿元增长至 2021 年的 9.5 万亿元，年均增长率达 16.1%，比同期GDP 增速高出 1 倍。②

由于信息技术发展与经济增长具有双向因果关系，信息服务业的发达程度已成为一个国家经济实力的有力证明。近年来全球信息产业的"服务化"日趋明显，推动新一代信息技术加速创新、快速迭代、群体突破的政策环境也日渐成熟，我国中央和地方政府先后做出多项全方位、长期性、战略性重大部署，通过多层次顶层设计持续促进信息技术效用的充分发挥，为产业优化升级、经济高质量发展"赋智赋能"，在这其中，既有普适性的创新发展政策，也有推动信息技术创新应用和信息服务业高质量发展的特定政策，体现了在全面推进"两化"深度融合和抢抓机遇打造数字经济新优势中的共性诉求和政策逻辑，为加快推进制造强国、网络强国、数字中国建设提供了坚实基础和有力支撑。

2021 年，我国政府工作报告指出要打造数字经济新优势，协同推进数字产业化和产业数字化转型。在中央层面，宽带政策③、"互联网+"、"人

---

① 工业部：《2020 年软件和信息技术服务业统计公报》，2021。
② 宋婧：《信息技术服务业：谱写数字经济发展壮美诗篇》，《中国电子报》，2022 年 8 月 9 日。
③ 《国务院关于印发"宽带中国"战略及实施方案的通知》，中国政府网，http://www.gov.cn/zhengce/content/2013-08/16/content_ 5060.htm，2013 年 8 月 1 日。

工智能+"和"上云用数赋智"等一系列政策举措和行动方案助力加快数字化转型步伐，信息化对传统产业全要素生产率的提升作用在连续性政策中充分释放；《"十三五"国家战略性新兴产业发展规划》《"十三五"国家科技创新规划》《"十四五"国家科技创新规划》《"十四五"大数据产业发展规划》《"十四五"信息化和工业化深度融合发展规划》《"十四五"软件和信息技术服务业发展规划》均以加快新一代信息技术创新应用、深度融合为主线，明确协同推进数字产业化和产业数字化转型的主攻方向；"工业互联网"概念于2012年首次提出，此后连续多年被写入政府工作报告，《中国制造2025》《关于深化制造业与互联网融合发展的指导意见》《关于深化"互联网+先进制造业"发展工业互联网的指导意见》《关于推动先进制造业和现代服务业深度融合发展的实施意见》《关于深化新一代信息技术与制造业融合发展的指导意见》《关于推动工业互联网加快发展的通知》《关于促进人工智能和实体经济深度融合的指导意见》等文件中多次部署深化制造业与互联网、工业互联网融合发展，推动制造企业与互联网企业在发展理念、产业体系、生产模式、业务模式等方面全面融合，推动重点行业数字化转型，提升制造业数字化、网络化、智能化发展水平。

2020年，中共中央、国务院出台《关于构建更加完善的要素市场化配置体制机制的意见》，肯定了数据要素在价值创造过程中的关键作用，也为现代化产业体系实现信息驱动奠定了基础；《中小企业数字化赋能专项行动方案》以新一代信息技术创新应用为支撑，助推中小企业通过数字化、网络化、智能化赋能实现复工复产；《"5G+工业互联网"512工程推进方案》加快工业领域基于明确需求和应用场景的5G建设，增强了信息基础设施对产业数字化转型的支撑能力；《关于推进"上云用数赋智"行动 培育新经济发展实施方案》，从技术支持、平台搭建、服务供给、生态建构、业态培育等方面提出发展方向和重要帮扶举措，推动构建"设备数字化-生产线数字化-车间数字化-工厂数字化-企业数字化-产业链数字化-数字化生态"的典型范式，为信息服务业发展和企业数字化改造提升指明了关键路径。2021年，工信部印发《"十四五"软件和信息技术服务业发展规划》，旨在

推动软件产业链升级、提升产业基础保障水平、强化产业创新发展能力、激发数字化发展新需求、完善协同共享产业生态。上述重要政策的陆续颁布，势必带动我国信息服务业的产业形态、服务模式、竞争格局加速演进，为重点领域行业应用创新和"卡脖子"环节的集中突破提供体制机制保障。

## 二 北京市信息服务业发展总体特征

近年来，全球信息产业技术创新进入新一轮加速期，在全球供应链收缩、经济下行压力增大及大国博弈日趋激烈的背景下，北京市信息服务业始终保持了良好的发展势头，尤其是软件产业、信息传输产业等细分领域增势突出、市场化程度高，涌现出大量具备较强市场竞争力的新业态、新模式、新场景，产业专业化、集聚化发展程度不断提高，不仅引领了国内信息服务业的发展方向，更在拉动经济增长、稳就业、促发展等方面持续发挥着重要作用。软件关联产业作为构建国内国际"双循环"发展格局的数字基础设施，其"赋能、赋值、赋智"作用日益凸显，先进计算、虚拟现实、人工智能、区块链等新兴领域加速突破以及大数据、移动互联网、物联网等快速发展和融合创新贡献了新动能，成为经济复苏的主要力量，在数字经济发展、社会运行保障方面的作用尤为显著。2021年，北京市高效统筹疫情防控和经济社会发展，加快建设全球数字经济标杆城市，遵循创新制胜的发展导向，握牢软件产业和"两化"融合两个主抓手，聚焦培育创新策源、产业创新、创新生态优势，推动信息服务业迈入自主创新、融合应用、协同突破的高质量发展阶段，产业供给能力和创新水平不断提升，并加速向网络化、平台化、服务化、智能化、生态化演进，成为北京以"五子"联动率先融入和服务新发展格局的重要引擎，其总体特征表现在以下几个方面。

### （一）产业发展质量与效益稳步提升，支柱地位不断巩固

2021年，北京市信息服务业增速呈现"前高后低"的发展态势，但始终保持两位数的较快增长。2021年，全行业实现营业收入22415.7亿元

（见图1），同比增长19.2%，高于全国平均增速2.2个百分点，占全国的比重为25.7%，比2020年提高0.5个百分点，收入规模居全国各省（市、区）之首。行业人均营业收入突破200万元，是2017年的1.8倍，规模以上企业的平均营业收入达5.7亿元，是2017年的1.9倍，绿色集约水平、经济效益持续攀升。新增企业3378家，同比增长26.3%，其中互联网和相关服务企业214家，新基建及数字化转型推动大数据、人工智能类软件企业登记规模迅速扩张。行业从业人数突破110万人，城镇非私营单位在岗职工平均薪酬达29.2万元/年，稳就业作用凸显。2021年全行业实现增加值6535.3亿元，同比增长11.0%，占全市GDP比重为16.2%，占第三产业的比重为19.9%，较2017年分别提升4.5个、5.7个百分点。北京信息服务业的营业收入继2018年首次突破万亿元规模后，仅用3年时间突破第二个万亿元大关，产业发展再上新台阶，在全市经济结构中的战略性支柱地位进一步稳固。2021年，全市信息服务业固定资产投资累计完成388.0亿元，同比增长20.0%，建安投资累计完成98.8亿元，同比增长10.3%，两者均超额完成全年投资目标任务。与此同时，软件驱动北京市数字经济增加值规模达到1.6万亿元，数字经济核心产业实现增加值8918.1亿元，以软件为核心的智慧城市、工业互联网、金融科技加速推动传统产业转型升级，体现出新时代信息革命"软件定义"的特征。

### （二）产业开放度稳步提升，创新动能强劲

在开放度方面，2015年国务院在关于《北京市服务业扩大开放综合试点总体方案》的请示批复中，要求"着力推动北京市服务业现代化和提升服务贸易发展水平"，"构建与国际规则相衔接的服务业扩大开放基本框架，使北京市服务业扩大开放综合试点成为国家全方位主动开放的重要实践"，北京凭借服务业雄厚的产业基础和国内领先的服务贸易规模，成为全国首个全域服务业扩大开放的综合试点城市。从2015年总体方案中的业态创新，到2017年深化方案中的制度创新，再到2019年全面推进方案中的模式创新，北京的开放发展优势和开放实践为"两区"建设奠定了基础。2020年，

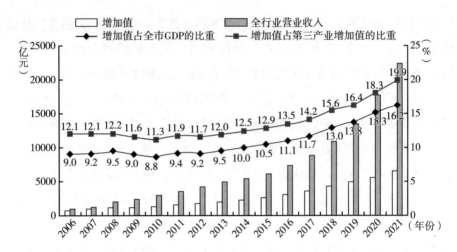

**图1　2006~2021年北京市信息服务业增加值及营业收入变化**

资料来源：北京市统计局。

国务院批复北京打造国家服务业扩大开放综合示范区，服务业扩大开放进入创新升级的新阶段，全市将在以服务业为主导的开放格局、开放模式、规则制度性开放、开放环境营造四个方面发挥引领示范作用，探索具有中国特色、首都特点、时代特征的服务业开放体制机制，为构建开放型经济新体制做出贡献。2018年4月，《北京市人民政府关于扩大对外开放提高利用外资水平的意见》（京政发〔2018〕12号）发布，指出"进一步放宽科学技术服务、互联网和信息服务、文化教育服务、金融服务、商务和旅游服务、健康医疗服务等六大重点领域的外资准入限制"。在该意见以及"两区"建设、服务业扩大开放相关政策的合力推动下，北京信息服务业的开放发展迎来了重要"窗口期"，2021年高水平举办了首届全球数字经济大会，未来将紧跟"一带一路"合作浪潮，通过"走出去"与"引进来"加速布局全球软件技术前沿，推动云计算、人工智能等领域成为境内外合作热点，打造一批具有国际竞争力的头部企业。

在创新投入方面，作为技术创新中的活跃因子，软件产业的持续稳定发展推动各产业领域的创新，源源不断地催生新技术、新产品和新业态。北京是全国软件产业的引领者，2021年软件著作权登记量为23.0万件，同比增长 12.7%，占全国的比重为 10.1%，行业专利申请量为 1.8 万件，专利授权量为 2.0 万件，均在全国领先①；全行业科研活动经费投入、每亿元研发费用产出有效发明专利数、每家企业拥有的有效发明专利数、每万人有效专利数等指标均居全国前列。具有强劲创新动能的信息服务业在将北京打造为国家软件创新名城的同时，作为国际科技创新中心建设的新引擎，也在不断增强并释放产业发展的内生动力，推动经济高质量发展。

### （三）行业示范效应凸显，打造竞争新优势

**1. 骨干龙头企业集聚效应显著，彰显综合实力**

北京作为国家信息服务业发展的主阵地，培养、聚集了一批业务规模大、效益好、自主创新能力强的优秀企业，这些企业发展态势强劲、保持领先增长优势、彰显产业综合实力、带动区域成长，已经成为行业的骨干力量、领军力量。目前全市拥有行业内百亿元以上企业 19 家、十亿元以上企业 179 家、亿元以上企业 1643 家，连同万家亿元以下企业，打造了"万千百十"黄金三角企业梯队，为产业发展源源不断地培育新动能、打造新引擎。② 2021 年，北京有 34 家企业入选"2021 年中国互联网综合实力前百家企业"、36 家企业入选"2021 年度软件和信息技术服务企业竞争力前百家企业"、58 家企业入选"国家鼓励的重点软件企业"，入选企业数量超三成，均居全国首位。③ 小米、百度、美团、寒武纪、第四范式等企业入选多项榜单，百亿元规模的软件企业已达 19 家，字节跳动等企业跨入"千亿元俱乐部"，围绕头部企业形成了"头雁引领雁群""大手牵小手"的信息服务业集群网络化共生生态，实现了行业重大技术突破、规模效应协同和市场业务拓展。

2021 年，这些百强企业在收入规模、企业效益、研发投入等各方面均上交了亮眼的成绩单，总体呈现以下几个特点：一是收入规模持续扩大，利

---

① 北京市经济和信息化局：《2022 北京软件和信息服务业发展报告》，2022。
② 北京市经济和信息化局：《2022 北京软件和信息服务业发展报告》，2022。
③ 北京市经济和信息化局内部资料，2022。

润总额持续增长，百强企业以不足行业 0.4% 的企业家数创造了全行业 50% 的软件收入；二是研发投入规模大幅提升，百强企业研发投入强度达 15%，远高于行业平均水平，一些创新型互联网企业研发能力卓越，带动行业整体向全球价值链高端迈进；三是行业关键领域发展不断深化，一半以上百强企业的主营业务聚焦行业应用，在云计算、大数据、人工智能、区块链等关键领域不断延伸产业链、打造新业态，持续发挥技术引领作用；四是行业特点凸显，百强企业发展呈现"三大""三高""三维"新特点。"三大"是指大生态、大数据、大发展，秉承绿色发展理念，推动互联网行业由 IT（Information Technology）时代向 DT（Data Technology）时代迈进；"三高"是指高创收、高成长与高势能，即创收效益高、成长速度快、发展势能强劲；"三维"是指三个维度，即深度（技术创新）、厚度（产业生态）以及广度（全面融合），构建充满活力的技术创新生态系统和现代产业生态圈系统。

**2. 中小企业创新活力强劲，高精尖产业潜力加速释放**

在数字经济大发展时代，大量潜力大、活力强的信息服务业中小企业争相涌现、崭露头角。目前行业内拥有专精特新中小企业 768 家，占全市中小企业总量的 27.0%，其中国家级和市级专精特新"小巨人"企业分别为 81 家和 348 家。[1] 2021 年，24 家信息服务业企业在科创板上市，集中在网络安全、导航与位置服务、人工智能等领域，在信息技术应用创新（信创）产业领域充分展现了"北京力量"，现共有上市企业逾 260 家，形成了资本市场上独特且活跃的"北京板块"。[2] 在近年来国内外各领域、各类型创新潜力企业榜单中，北京一些高科技型、高成长型信息服务企业展现出巨大活力，在大数据、人工智能、区块链等多个新兴领域实力凸显，构成未来专精特新企业、瞪羚企业、隐形冠军企业、独角兽企业重要的后备梯队力量。例如，涉及领域广、发展速度快、上升潜力强的独角兽企业不断涌现，在

---

[1] 北京市经济和信息化局：《2022 北京软件和信息服务业发展报告》，2022。
[2] 北京市经济和信息化局：《2022 北京软件和信息服务业发展报告》，2022。

2021 年 CB Insights 独角兽榜单中，北京有 60 家软件企业入选，位居全国第一，涉及人工智能、金融科技、电子商务、教育科技、移动通信等众多生活服务场景。① 在德勤中国高科技高成长 50 强榜单中，北京 24 家企业以良好的科技金融环境、丰富的人才储备成为"明日之星"，上榜数量居全国首位，其中软件企业占比最大，为 44%，其后依次为生命科学（20%）、硬件（12%）和互联网（12%）企业。② 此外，在胡润榜、中国大数据 50 强等榜单中，北京信息服务企业数量也均居前列。

众多创新型中小企业同步推动人工智能、元宇宙、区块链等数字经济关键核心技术加速迭代，工业互联网、信创等新兴领域蓬勃发展，大数据、云计算营业收入延续增势，产业规模迅速超过千亿元。在工业互联网领域，建成国家工业互联网大数据中心、国家顶级节点指挥运营中心，工业互联网标识解析国家顶级节点（北京）已上线 41 家二级节点，接入企业节点 19317 家，平台数量、接入资源量、国家级智能制造系统方案供应商数量均位居全国第一③，成为国家工业大数据交互的核心枢纽；初步形成"双跨+行业+特定技术"的工业互联网平台体系，培育形成重点平台约 60 个、各类工业 App 超 5 万个。在信创产业领域，部市合作推进国家网络安全产业园加快发展，海淀、通州、经开区创新园三园累计聚集统信软件、优炫软件、中兴数据库等企业 273 家，操作系统、CPU、办公软件、中间件、整机制造、系统集成等信创全产业链布局已经完成，推动"两中心、两平台"④ 投入运营，西北工业大学北京研究院、网络安全领军人才培育基地等重点项目相继挂牌落地。在人工智能领域，打造人工智能创新应用高地，百度自主研发的飞桨平台已经凝聚了 194 万名开发者，服务 8.4 万家企业，创造了 23.3 万个模

---

① CB Insights：《2021 全球独角兽榜》，胡润研究院、中商产业研究院整理，2022。
② 德勤：《2021 中国高科技高成长 50 强暨明日之星项目研究报告》，2021。
③ 《北京：十年磨剑擎起数字经济标杆》，中国电子报，https：//baijiahao.baidu.com/s？id = 1738755774277723452&wfr=spider&for=pc，2022 年 7 月。
④ "两中心"为国家通用软硬件适配中心和国家信息技术应用创新展示中心；"两平台"为技术服务保障平台和技术验证测试平台。

型,是国内最领先、服务开发者规模最大、功能最完备的开源开放深度学习平台①;制定《北京国家人工智能创新应用先导区实施方案》,正式开放智能网联乘用车"车内无人"商业化试点,百度"萝卜快跑"、小马智行"PonyPilot+"成为首批获准开展全无人自动驾驶示范应用的企业。在区块链领域,推动区块链产业布局,建立涵盖基础层、技术层、应用层、服务层的全部上下游产业链,国内首个区块链软硬件技术平台长安链在政务、金融等领域落地百余个场景,产业生态初具雏形。截至2021年6月,北京拥有225家区块链企业和309个区块链项目,备案企业和项目数量均位列全国第一。②

### (四)产业区域特色显著,实现错位互补发展

在《北京城市总体规划(2016~2035年)》《北京市"十四五"时期高精尖产业发展规划》《北京市统筹疫情防控和稳定经济增长的实施方案》等政策的指引下,北京市属各区结合各自区域的功能定位、资源禀赋以及相关高精尖产业布局规划情况,形成了错位分工、优势互补、协同发展的区域产业新格局,城六区信息服务企业营业收入占全市的比重为90.8%。其中,海淀区持续成为全市软件创新创业孵化最为活跃的地区,聚集了全市大部分信息服务业企业,2021年贡献了全市63.2%的营业收入,形成了"中国软件看北京,北京软件看海淀"的区域特色。③ 朝阳区重点发展通信产业,西城区大力拓展网络安全、智慧城市等新兴领域,石景山区依托资源优势积极发展文创、游戏动漫等虚拟现实产业,丰台区以嵌入式行业应用软件为发展重点,顺义区着重布局工业互联网(见表1)。各具特色的区域产业定位与布局在发挥重塑自身区域经济作用的同时,也在北京形成了区域间融合发展、市域与区域间统筹发展的信息服务业产业链布局体系。2021年,以国

---

① 北京市经济和信息化局内部资料,2022。
② 曹政:《四大"北京服务"领域产业链创新链融合,预计到2025——北京软件信息服务业营收将达3万亿元》,《北京日报》,2021年9月29日。
③ 北京市经济和信息化局:《2022北京软件和信息服务业发展报告》,2022。

际消费中心城市建设和全国首批综合型信息消费示范城市建设为契机，北京出台《北京培育建设国际消费中心城市实施方案（2021~2025年）》，加快推动新一代信息技术赋能消费创新发展，以海淀、朝阳、石景山、通州四区为重点区域，着力发展原创精品游戏、世界级电竞平台、信息消费体验服务，促进文化、科技深度融合发展，增加区域特色消费新供给。

**表1　北京市部分区信息服务业聚集特色**

| 市属各区 | 信息服务业聚集特色 |
| --- | --- |
| 海淀区 | 大力发展高端软件开发与服务、互联网和相关服务、网络安全、人工智能产业 |
| 朝阳区 | 通信产业聚集，拥有爱立信、惠普、英特尔、三星等跨国总部型企业及阿里巴巴、58同城等知名互联网企业 |
| 西城区 | 引进奇安信集团，拓展网络安全、智慧城市、大数据等新兴业务 |
| 东城区 | 出台《东城区促进信息服务业发展的若干意见》，促进信息服务业发展 |
| 石景山区 | 发展文化创意、游戏动漫、虚拟现实产业 |
| 丰台区 | 以嵌入式行业应用软件为发展重心 |
| 顺义区 | 发展工业互联网、导航与位置服务业 |
| 怀柔区 | 依托未来科学城带动产业发展 |
| 通州区 | 推进国家网络安全园区落地 |
| 北京经济技术开发区 | 发展云计算、工业互联网 |

资料来源：北京市经济和信息化局。

## （五）京津冀产业协同提速，联合创新格局形成

自2014年京津冀协同发展上升为重大国家战略以来，北京作为京津冀信息服务业的产业辐射中心与技术创新辐射中心，着力推动三地产业对接合作和联动发展，京津冀大数据综合试验区、京津冀北斗一体化、京津冀工业云等一批重大建设项目和重点工程建设稳步推进，政府引导、北京创新研发、津冀承接转化的协同格局正在加速形成。一是北京信息服务业的辐射半径正在持续延长。2014~2018年，共有631家企业在津冀两地设立分支机构

2046 家，其中 2018 年设立 330 家；2019 年设立 220 家。① 这些分支机构多集中在天津武清区、静海区、滨海新区和河北石家庄、保定、廊坊等市，产业辐射范围进一步扩大。2021 年，京津冀三地联合签署《关于打造京津冀工业互联网协同发展示范区的框架合作协议》，推动工业互联网率先成为京津冀协同发展的示范领域。二是北京对津冀两地的资本辐射能力进一步提升。2020 年，京津冀三地数字服务企业注册资本共计 2.38 万亿元，高于长三角城市群的 1.99 万亿元和珠三角城市群的 1.83 万亿元。2021 年，北京流向天津、河北的技术合同成交额为 350.4 亿元，占流出总成交额的比重从 2015 年的 5.9% 增至 8.1%。② 2018 年，北京信息服务业企业对津冀两地的出资总额为 131.6 亿元，同比增长 39.0%，占对京外投资的 39.6%，较 2017 年提高 12 个百分点。其中，对津冀两地软件和信息技术服务业的出资额为 27.3 亿元，是 2017 年的 6.6 倍。③ 三是京津冀区域协同创新加速推进、成果丰硕。京津冀国家技术创新中心为区域协同创新、关键技术协同攻关、科技成果区域内转移转化等搭平台、建机制，成为探索区域科技体制机制创新的重要抓手。2011~2018 年，北京共有 1963 家信息服务业企业参与三地联合创新，其中联合专利申请量为 555 件，授权量为 528 件，联合软件著作权登记量为 424 件。2011~2019 年，北京参与三地联合创新的软件企业主体数量达 2178 家。④

### （六）改革优化营商环境，精准服务企业

从 2018 年开始，北京市政府通过政策规划、设立产业基金、推进高精尖项目、提供精准服务、举办国际展会等多种举措，营造良好的产业氛围，增强企业的获得感，助力企业加速成长。在政策规划方面，持续完善和健全

---

① 陈璐主编《京津冀协同发展报告（2020）》，经济科学出版社，2020。
② 国家统计局京津冀协同发展统计监测协调领导小组办公室：《京津冀协同促发展 区域发展指数持续提升》，https://www.gov.cn/xinwen/2022-12/28/content_5733905.htm，2022 年 12 月 28 日。
③ 北京市经济和信息化局：《2019 北京软件和信息服务业发展报告》，2019。
④ 北京市经济和信息化局：《2019 北京软件和信息服务业发展报告》，2019。

产业政策体系，如在电信领域牵头制定了《互联网信息领域开放改革三年行动计划》，通过对标国际先进规则、完善互联网开放服务体系，推动该领域扩大开放政策取得重要突破。在设立产业基金方面，积极发挥政府引导基金的乘数效应，在自主可控信息系统和云计算与大数据领域设立了 4 只高精尖产业基金，基金认缴总规模达 24.54 亿元，共完成投资项目 27 个，基金投资额合计为 15.49 亿元，总融资额为 24.43 亿元。[①] 在推进高精尖项目方面，实施重点企业"服务包"制度，着力推进人工智能、网络安全、北斗导航与位置服务、工业互联网、大数据、云计算等高精尖新兴领域的重点项目加速落地。在提供精准服务方面，搭建政企对话平台，定期组织召开专题座谈会，宣传贯彻全市产业政策，及时了解企业的困难和需求，以走访调研、座谈会、专题培训等多种方式加速推进助企纾困政策落地，帮助 332 家企业享受所得税优惠政策（金额达数十亿元），推动对字节跳动、百度、美团、京东等科研能力强的平台企业进行税收补贴（共计 3.13 亿元）[②]；推进互联网平台企业规范健康发展，建立互联网平台企业交流机制，营造监管与发展并重的产业环境，"一业一策"支持互联网平台企业硬科技转型。

## 三 新时代北京市信息服务业发展的新趋势、新特点

### （一）技术驱动特征明显，产业生态圈加速形成

一是信息服务业正在转向依靠技术创新驱动的新阶段。各分支技术纵向迭代升级，催生云化、平台化、智能化等新技术、新模式，培育前沿性、引领性科技创新成果，发挥技术横向渗透的共享效应和倍增效应，提供面向所有产业主体的普惠性、生态化技术，在业态形式、组织形态、发展理念等各个方面引发信息服务业的全方位变革。突出表现为，先进计算、人工智能、

---

① 北京市经济和信息化局：《2019 北京软件和信息服务业发展报告》，2019。
② 北京市经济和信息化局内部资料，2022。

高端存储、数字孪生、虚拟现实等新技术进入快速迭代和群体突破的爆发期，重塑软件的技术架构、计算模式、开发模式、运维模式和商业模式。软件技术加速向关系国计民生的重点行业领域渗透融合，有力支撑了电力保供、金融服务、税收征管等信息化建设和安全保障，赋予基础设施新的能力和灵活性。信息化和工业化持续深度融合，有效提高了制造企业在精益管理、风险管控、价值创造、供应链协同、商业模式重塑等方面的能力和水平，加速催生融合性新兴产业，促进信息消费迅速扩大，移动出行、云院线、互联网金融等新型开放平台不断涌现，远程办公、在线商务、在线教育等新型服务模式加速发展，网络视听、网络游戏、数字阅读等新型消费形态异军突起。

二是技术变革带动产业生态的变革，形成产业生态圈体系。近年来，信息服务业的服务化、平台化、融合化、生态化趋势明显，从传统线性产业链，到在特定地理范围内多个企业互补、以创新速度和效率见长的集群式、园区化产业链，再到汇聚人才、资源、资本、技术等各种要素的上下游与协作关联企业融合共享形成的产业生态圈体系，通过数字信息技术应用和产品创新、过程创新、管理创新、商业模式创新的融合，最终形成新型数字产业集群，产业发展模式升级发挥着重塑区域信息经济的作用。一方面，信息服务业龙头企业积极构建基于开源模式的新型产业生态，以开源软件持续引领信息技术创新，并与互联网企业、科技型企业、金融服务企业进一步融合组建超级平台，在国内乃至全球开源社区中的参与度和贡献度不断提升；另一方面，制造业龙头企业基于工业知识和较强的模型沉淀能力，与大型 ICT（信息与通信技术）企业合作组建工业互联网平台，软件产业与工业业务场景深度融合、海量工业 App 和海量工业用户互促共进的双边产业生态正在加速形成。

## （二）软件新领域取得突破性发展，融合渗透走向纵深

北京信息服务业在云计算、大数据服务、信息安全等领域取得了突破性发展，机器人、人工智能、网络安全、虚拟现实、量子、光伏、区块链、

VR、芯片等领域的发展趋势与全球科技发展趋势同步。以云计算和大数据产业为例，2021 年，云计算产业发展已进入成熟应用期，企业上云、扩大信息消费等政策进一步释放云计算的市场活力，公有云市场加速形成头部聚集态势；传统 IT 企业云化发展，传统设备厂商推出基于各行业的云计算解决方案；云转型加速促进工业软件研发数量快速增长，各类软件产品加速向云端迁移，涵盖软硬件、基础设施、云计算平台、云计算应用支持服务等主要环节的产业链进一步延伸。随着云计算产业生态链的不断完善，行业分工细化趋势更加明显，工业云、政务云、医疗云等领域存在巨大的市场潜力。

大数据产业在技术应用、政策等方面获得长足发展。在技术应用层面，基础技术研发不断加强，数据挖掘、机器学习、数据资产管理、信息安全等大数据关键技术创新均走在全国最前沿，形成囊括数据采集、存储、处理、分析、交易、可视化和产业化应用的全链式大数据产业链体系，成为推动首都经济高质量发展的新动力。现阶段，大数据应用还在向产业互联网方向深度延伸，呈现跨行业、跨领域的数据交流与融合。在政策层面，全面启动大数据行动计划，以"汇聚数据，服务应用，提升公众服务体验"为突破口，加快推进大数据相关工作，京津冀大数据基地、京津冀大数据综合试验区等重点项目加快建设。首批 24 个部门的 418 类、3.65 亿条政务数据已在市级大数据平台汇聚，完成率达 99.5%。云计算和大数据领域高精尖基金共完成 16 个项目投资决策，基金投资总额达 9.9 亿元。这些举措充分体现了市级层面对大数据发展的顶层设计和统筹布局，而《信息技术—数据交易服务平台—交易数据描述》（GB/T 36343—2018）国家标准的出台，则使北京乃至中国在全球大数据标准研究方面始终站在世界的前沿，也为大数据交易的蓬勃发展及数据价值的充分实现奠定了制度基础。

### （三）政务大数据建设助力政府治理能力提升，行业社会效益显著

信息服务业发展加快推进政务服务数字化转型，数字政府、新型智慧城市、政府大数据持续受到关注。2018 年 6 月，国办发布《进一步深化"互联网+政务服务"推进政务服务"一网、一门、一次"改革实施方案》，强

调要深化"放管服"改革，进一步推进"互联网+政务服务"，加快构建全国一体化网上政务服务体系，推进跨层级、跨地域、跨系统、跨部门、跨业务的协同管理和服务，让企业和群众到政府办事像"网购"一样方便。政务信息资源的整合共享是打通"放管服"改革的经脉，利用技术融合和数据融合，赋能政府机构，提升政务实施效能，已经成为推动政府治理现代化的新动能。2021年，北京市政务大数据项目覆盖公共服务、城市管理、市场监管三大领域，在探索构建"数据共享、应用整合、业务协同"的现代化治理体系方面成效显著。

一是公共服务领域的大数据应用。推行"互联网+政务服务"，行政审批网上办理覆盖率超过85%，企业、群众办事提供材料减少40%。建立由70余个部门接入的政务信息资源共享交换平台，实现了500余项跨部门、跨层级的信息共享交换工作，为各部门共计80余项业务工作提供重要支撑。推进数据整合、数据共享、数据开放与对外服务的应用场景建设，如北京电子政务云、海淀区"区块链+不动产登记"应用示范等。

二是城市管理领域的大数据应用。主要涉及智慧城市、城市大脑、产业园区管理、城市基础设施建设、市政工程等方面的应用场景建设，如北京市规自委城市空间三维仿真系统、北京市规自委核心区城市治理大数据协同管理平台、朝阳城市大脑、通州城市大脑等。这些成果为总规编制、城市设计工作提供了多层次、立体化的空间数据支撑，在规划方案比选、成果校核与汇报展示等工作中发挥了重要作用，并将逐步形成全市范围的规划、建设和管理一体化管理平台，全面提升北京的城市治理水平。

三是市场监管领域的大数据应用。北京市已建立失信联合惩戒和守信联合激励机制，形成以公共信用信息服务平台为1个信用平台，融合链接旅游、科技、税务、安全生产、水利建设、检验检疫、医保、社会组织、建筑市场、商务信用等N个行业管理系统，承载联合奖惩、信易游、信用监管、信易贷、信易租、信易医等X个应用和服务场景的"1+N+X"信用管理和服务体系。建设大数据风险监控平台，涵盖了待办工作提示、风险监管、信用监管、重点监管、业务应用、专业台账、传销防控、跨部门双随机、登管衔接、社会共治和昌平云搜等内容，创建了集风险识别、风险评估、风险预警、风险控制、评价反馈为"五位一体"的风险防控体系，使风险监管形成一个完整闭环模式，进而强化了对市场主体的事中事后监管。

### （四）产业发展环境不断优化，政策红利持续释放

2021 年，北京市立足于"服务型政府"定位，不断完善支持信息服务业发展的政策体系。在人才培养方面，深入贯彻"人才是第一资源"理念，出台《新时代推动首都高质量发展人才支撑行动计划（2018～2022 年)》，实施"北京创新发展 20 项出入境政策措施"，印发《关于统筹推进北京高等教育改革发展的若干意见》《关于优化人才服务促进科技创新推动高精尖产业发展的若干措施》等系列文件，部署加大国内外人才引进力度、支持在京高校高精尖创新中心建设等具体政策举措。在产业创新方面，围绕《北京市"十四五"时期高精尖产业发展规划》和《北京市关于加快建设全球数字经济标杆城市的实施方案》，在智慧城市、数据中心、工业互联网、算力布局等领域研究制定一系列促发展政策，推动信息服务业提质升级；出台《北京市数据中心统筹发展实施方案（2021～2023 年)》《北京市人工智能算力布局方案（2021～2023 年)》，推动北京市数据中心绿色化、智能化、集约化发展，形成满足数字经济发展需求的算力体系；出台《北京工业互联网发展行动计划（2021～2023 年)》，将北京打造成为全国工业互联网发展服务的产业高地；印发《北京市高精尖产业发展资金管理办法》，加大对产业发展的资金支持力度；印发《北京培育建设国际消费中心城市数字消费创新引领专项实施方案（2021～2025 年)》，制定信息消费体验中心标准，打造数字消费增长极。在市场体系建设方面，全面深化"放管服"改革，围绕放宽市场准入、加强市场监管、优化市场环境等重点领域提出一揽子政策，推进产业基金、"两化"融合、税收优惠等政策有效落地，为信息服务业企业搭建国际化交流平台、开展精准服务，营造了更加稳定公平透明、可预期的产业发展环境。

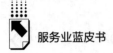

加强顶层设计、持续释放政策红利，旨在解决软件和信息服务业发展重硬轻软、投入不足、产用脱节、生态薄弱、人才结构性短缺等突出问题，加快构建新型软件产业生态。但同时，全球产业格局发生深刻变化，围绕技术路线主导权、价值链分工、产业生态的竞争日益激烈，发达国家在工业互联网、智能制造、人工智能、大数据等领域加速战略布局，抢占未来发展主导权，也给信息服务业的国际化发展带来深刻影响。

## 四　高质量推动北京市信息服务业发展的对策建议

《北京市国民经济和社会发展第十四个五年规划和二〇三五年远景目标纲要》提出"提升软件和信息服务业融合力支撑力""做优区块链与先进计算、科技服务业、智慧城市、信息内容消费四大'北京服务'产业"[1] 的目标，明确了通过实施基础软件提升工程塑造高精尖产品创新集群、发挥互联网平台型企业网络枢纽优势实现消费互联网向产业互联网转变等具体任务。《北京市"十四五"时期高精尖产业发展规划》对"十三五"时期北京十大高精尖产业的内涵进行拓展，将信息服务业作为高精尖产业的重要组成部分。在"十四五"时期北京"2441"高精尖产业体系[2]建构任务表中，新一代信息技术产业集群是优先重点培育的两个万亿级产业集群之一，是筑牢以实体经济为根基的高精尖经济结构、塑造具有全球竞争力的"北京智造""北京服务"的关键抓手。这些战略措施的颁布和实施为新时期北京市信息服务业进一步做优做强、提升能级提供了重要遵循、指明了前进方向。

### （一）针对核心技术供给不足的问题，强化底层技术创新布局

大国博弈凸显中国信息服务业核心技术缺失的问题。在跟随式创新中，

---

① 北京市人民政府：《北京市国民经济和社会发展第十四个五年规划和二〇三五年远景目标纲要》，https://www.ndrc.gov.cn/fggz/fzzlgh/dffzgh/202103/P020210331517775730990.pdf。

② "2441"高精尖产业体系即做大两个国际引领支柱产业、做强"北京智造"四个特色优势产业、做优"北京服务"四个创新链接产业、抢先布局一批未来前沿产业。

中国企业在国际竞争中普遍技术储备不足、核心竞争力不强、处于全球产业价值链低端，一些重要信息系统、关键基础设施中的核心技术产品和关键服务还依赖国外。虽然目前北京信息服务业在全国独占鳌头，基础研究和应用研究领域成果丰硕，但在关键核心技术自给率、细分领域技术与服务渗透率等方面同美国、英国、以色列等国家的主要创新中心城市相比仍存在较大差距。

以"两化"融合为例，信息技术作为共性使能技术的就绪度及其与复杂制造系统的融合度均不高，总体发展水平滞后于企业的需求和应用水平，本土关键技术装备与软件供给企业的生存空间受"挤压"。北京市级项目储备中，涉及自动控制技术、高端工业软件等国产替代的项目较少。例如，北方华创的核心零部件供应商，35%来自美国，17%来自日本，中国仅占12%；小米公司现阶段5G架构方案和射频器件方案主要由国外厂家主导，器件选型受制于人。生物医药、电子信息等企业长期依赖并习惯使用国外软件，本土软件企业无法深度参与应用企业研发设计和生产工艺流程，导致纯粹软件企业很难将产品范围扩大或者转移至工业软件领域，转型为工业软件企业。目前，北京已聚集了智芯微电子、矽成半导体、中星微电子、兆易创新、中芯国际等一批集成电路代表性企业，但从技术链和产业链维度分析，集成电路产业上游环节基本被国外厂商垄断，如在光刻胶、光掩膜版、电子特种气体等半导体材料领域，日美企业均占据了九成左右的市场，中国总体发展水平仍属于起步追赶阶段。

针对上述问题，应系统梳理技术环节和细分领域产业图谱，围绕芯片、CPU指令集架构、操作系统、人工智能算法、框架和基础软件、智能传感器、数字化设计和虚拟仿真技术、伺服驱动、减速器等关键底层技术，出台推动产业链"卡点"突破的"揭榜挂帅"央地企业协同攻关等措施。紧盯驻京高校院所的优势学科、优势领域和领军型企业，大力吸引全球范围内的顶尖人才，培育优秀青年人才和中坚力量，推进全球人才资源开放共享；发挥好北京量子信息科学研究院、北京脑科学与类脑研究中心、北京智源人工智能研究院等新型研发机构以及北京两化联盟、工业互联网联盟下设专委会等平台连接学界和产业界的特殊作用，构筑"产学研用"联合创新载体。通过建设新型研发平台、壮大自然科学基金、推行概念验证计划、打造企业技术创新中心等方式，形成技术转化和产业壮大的接续安排，进一步构建以企业为主体的创新体系，加强对关键底层技术研发和转化落地的引导、布局，以超常规的力度打造具有技术主导权的全球领军企业。

## （二）针对创新资本支持不足的问题，壮大耐心资本和专业资本

目前，北京面临支持软件和信息服务业创新的长周期、专业化资本不足的挑战。国内外经验表明，资本是促进产业发展和提升区域产业掌控力的关键要素。相关数据显示，近年来随着"大众创业、万众创新"的深入推进，我国创业投资取得了长足发展。作为全国创业投资最活跃的区域，每年约有1/3的创投案例和投资额发生在北京，但在创业投资的方向和结构上，仍存在向商业模式创新、风口产业的短期投资多，向原始创新、前沿科技的长期投资少，向中后期企业投资多，向早期创新企业投资少的问题。半导体行业观察数据显示，国内集成电路企业融资进程40%左右处于A轮或之前，大多处于早期发展阶段，企业规模小、缺少全球领先的有竞争力的大型企业、盲目投资导致低水平重复建设及产能过剩、烂尾问题突出。同时，也存在缺乏具有科学家素养的投资人或具有投资人潜质的科学家的问题，科技投资机构的专业性不足。

针对上述问题，在政府层面，应优化政府出资基金的运作模式，发挥市区各级科技创新基金的撬动作用，联合保险基金、社保基金等力量撬动社会资本，加大对信息服务业的长周期投资；进一步创新和完善政府投资"北京市高精尖产业发展基金"的决策、投后管理与退出机制，既要发挥好政府的引导和监管作用，也要遵循市场规律，减少对投资基金的行政干预，从正面清单转向负面清单，由过程管理转向结果管理；研究制定适合信息服务业企业跨地区兼并重组的财税分配、统计归属、指标转移和减量置换政策，鼓励北京优势信息服务业企业通过资产、股权、债务的分离和重组，实现强强联合或优势互补。在市场层面，推行天使创投税收与投资年限反向挂钩政

策试点，激励投资机构和投资人进行长期投资；探索设立专注于私募股权二级市场的 S 基金（Secondary Fund），丰富基金退出渠道，缓解基金募资断流问题；参照英国艾伦基金的做法（该基金合伙人既有英杰华、威廷顿投资等头部机构，又有 8 位知名科学家，存续期 12 年），支持成功的科学家投资人设立科学家基金，在科学家眼光和市场化机制的结合上走出一条新路，为前沿技术项目提供专业的资本支持。

（三）针对产业链带动能力不足的问题，提升应用场景供给能力和产业链布局水平

产业链和产业空间承载能力不足主要表现在三个方面：一是创新功能和产业功能布局不合理，区域发展不平衡，各区时常进行同质化竞争，产业链存在断面，骨干企业整合资源能力和产业链带动能力不足，生态链企业缺乏深度合作，无法形成完整的创新集群和产业集群；二是高品质产业空间偏少，无法有效承载软件创新成果落地和高精尖企业集聚，导致部分产业资源外迁；三是城市服务体系不完善，人力资源成本、居住费用、教育成本、办公空间成本、通勤时间成本等不断攀升，导致企业和人才流失，动摇了产业发展的根基。

针对上述问题，首先应强化应用场景供给。颠覆性新技术的出现，有的是开启全新的产业，有的是对传统产业进行变革，都需要进行不断的验证、完善。在大型工程、公用事业、政府运行等领域有大量的应用场景，能够为信息服务业企业提供新技术的示范、验证。但这些场景大多处于政府采购之列，如何进行定向、定制化的采用，需要构建一整套完备的规则，进行类似沙盒式的范围可控的应用验证。可借鉴成都"场景赋能城市生产"的经验做法，遵循技术和产品生命周期规律，瞄准关键共性技术和跨领域交叉技术项目，针对所处阶段给予差异化的研发、转化、产业化和应用场景供给，探索覆盖全生命周期的应用场景供给机制，实现全链条接力支持，形成全社会拥抱新技术、配合新技术的氛围，打造科技友好型城市。

其次，要提升产业链融合共生水平。行业龙头企业应发挥技术创新的主体作用，加强基础技术、关键技术和共性技术攻关，引领数字化转型取得标志性成果，形成信息化与其他领域深度融合的示范效应；中小微企业应积极融入核心企业搭建的具有产业链带动能力的协同平台、数字化技术支持平台、专业服务共享平台，在开放式生态圈中解决融资和技术瓶颈问题。

最后，应在全市乃至京津冀区域，加强基于产业链的协同创新布局。在市级层面，目前信息服务业已形成各具特色的产业布局，区域集群效应明显，接下来应强化区域布局协同，减少各区之间对单个项目的争夺，有序引导不同产业环节在不同区域差异化布局，逐步形成上下游互相衔接、创新链互相支撑的产业协同格局，着力做好"三城"与"一区"之间的科技成果承接与转化，实现产业发展"一盘棋"。此外，采取有效措施降低企业发展的人才、空间等成本，增强企业黏性。在区域层面，在新一轮技术革命下大数据与新技术已成为支撑区域走向绿色高质量发展的重要手段。京津冀三地的信息服务业具有一定的梯度性和互补性，应依托高水平协同创新平台和专业化产业合作平台整合产业资源，联合引导相关创新资源和转移产业向平台集中，促进区域创新链、产业链、资源链、政策链深度融合，推动构建全面覆盖、泛在互联的智能感知网络以及数据信息流通、建设统一的空间信息平台等基础设施，形成有序的信息服务业生态体系。北京作为全国科技创新中心，应充分发挥高端引领作用，强化原始创新，扩大应用示范，打造全球信息技术创新策源地，发挥在京津冀区域的核心辐射、示范带动作用；天津作为国家首批电子信息产业基地，研发优势正在逐渐增强，应依托丰富的算力和数据资源，加快培育智能科技产业，建立5G、人工智能、区块链等新一代信息技术在重大应用场景中的落地模式；河北作为科技成果承接地，应聚焦科技成果产业化和集成创新活动，积极探索科技成果转移转化的新机制、新模式，解决承接京津科技成果孵化转化的配套能力偏弱问题，促进重大战略科技成果落地实施。

（四）针对复合型高端人才政策赋能不足的问题，完善政策驱动的多层次人才引育机制

一方面，从人才供给来看，核心高端人才和跨界复合型人才短缺是突出问题。信息服务业以重点学科交叉、关键技术融合、系统集成创新等为特征，是典型的人才和智力密集型领域。目前拥有集成创新能力的高级专业技术人才在应用企业相对缺失，同时具有专业领域行业经验（熟知客户需求）和软件代码开发能力的复合型开发工程师，成材率低、培养难度大，能提供应用领域核心技术和解决方案的研发团队相对较少。另一方面，从人才培养来看，缺少针对复合技能型人才的评价体系和政策支持。深圳等地对工业互联网高端人才实施100%的个人所得税退税或补贴政策，而目前北京积分落户、税收优惠等方面对此类人才均没有政策倾斜。同时，人才培育断档问题突出，校企联合不够紧密。目前，在京高校、科研机构基本按照学科分类部署研究室、教研室、实验室等基层研究单位，虽然一些高校院所也在不断设立跨学科的基层研究单位，但所跨学科数量远低于制造业数字化转型所涉及学科的数量。

针对上述问题，应依据北京"十四五"时期高精尖产业发展主要指标，对标全球领先科技创新中心的科研人员流动配比，科学估算高技术与信息服务领域高端人才的需求数量和结构，以此为依据进一步完善领军人才引进目录。增加引才政策弹性，针对信息技术产业领域的顶尖人才、顶端梯队增设专项人才政策，实施"一人（队）一策"定制服务，在年龄、落户、收入、缴税、子女教育、住房和医疗保障、"一站式"服务等方面形成更加精准的人才引进、柔性流动和激励机制。要搭建产教合作联盟，疏通校企合作接口，完善"引企入教"的人才培育模式。由政府牵头，优化整合目前分散在北京多个高等学校高精尖创新中心的技术创新资源，组建市、区两级信息服务业产教合作联盟组织，通过联合制定人才培养计划、联合招生，共同建设课程体系和制定教学内容，共同实施培养过程，形成校院地企创新共同体、利益共同体、发展共同体，推动"校企双制、工学一体"的教育改革。

## 参考文献

［1］〔美〕弗里茨·马克卢普：《美国的知识生产与分配》，孙耀君译，中国人民大学出版社，2007。

［2］M. U. Porat. *The Information Economy*：*Definition and Measurement*. Washington D. C.：US Department of Commerce，Office of Telecommunications，1977：47.

［3］北京市人民政府：《北京市国民经济和社会发展第十四个五年规划和二〇三五年远景目标纲要》，https：//www. ndrc. gov. cn/fggz/fzzlgh/dffzgh/202103/P020210331517775703990. pdf。

［4］北京市人民政府：《北京市"十四五"时期高精尖产业发展规划》，北京市人民政府网，http：//www. beijing. gov. cn/zhengce/zfwj/202108/t2021 0818_ 247 1375. html。

［5］杜昕睿：《信息服务业对制造业结构升级的作用机制研究》，硕士学位论文，南京师范大学，2021 年。

［6］冯居易、魏修建：《信息服务业与制造业互动融合的研究》，《技术经济与管理研究》2022 年第 1 期。

［7］刘纯阳、刘锦怡：《软件和信息技术服务对农业经济增长的渗透效应》，《中国科技论坛》2020 年第 4 期。

［8］杨青峰：《未来制造：人工智能与工业互联网驱动的制造范式革命》，电子工业出版社，2018。

［9］《国务院关于印发"宽带中国"战略及实施方案的通知》，中国政府网，http：//www. gov. cn/zhengce/content/2013-08/16/content_ 5060. htm。

［10］工信部：《2020 年软件和信息技术服务业统计公报》，2021。

［11］北京市经济和信息化局：《2022 北京软件和信息服务业发展报告》，2022。

［12］陈璐主编《京津冀协同发展报告（2020)》，经济科学出版社，2020。

# 北京金融业发展报告（2022~2023）*

李诗洋　余　敏**

**摘　要：** 近几年来，金融业作为支撑北京市经济增长的支柱产业，在错综复杂的国内外经济形势下保持了平稳运行和高速增长。金融业为首都经济高质量发展提供了稳定适宜的货币金融环境，为满足企业融资、推动产业转型升级、恢复社会经济发展发挥了积极作用，但仍然面临新一代金融科技的冲击、地方金融监管机制不畅、金融安全存在脆弱性等问题。为此，在把握平衡发展与安全原则的基础上，北京应充分发挥金融科技的技术优势，进一步深化金融体制改革，扩大金融对外开放，在防范化解金融风险的同时保持首都金融创新的活力和动力。

**关键词：** 金融业　金融创新　金融风险　北京

## 一　金融业在平衡创新与风险中稳定运行

近年来，北京金融业的发展成绩斐然。2015~2021 年，金融业增加值占北京市 GDP 的比重连续 7 年保持第一位。2015 年金融业增加值对北京市经济增长的贡献率达 39%，金融业首次跃居成为支撑北京经济发展的第一大

---

\* 本报告系北京市社会科学基金项目"完善北京地方金融监管协调和风险预警防范机制研究"（项目编号:21JCB073）的部分研究成果。

\*\* 李诗洋，经济学博士，中共北京市委党校经济学教研部副主任、副教授，研究方向为资本市场、金融安全、金融科技；余敏，中共北京市委党校区域经济学研究生，研究方向为金融理论与实践。

支柱产业，此后金融业的增加值居高不下，每年均占全市 GDP 的 16% 以上。① 金融业已不折不扣地成为拉动首都经济增长的重要支柱产业。

### （一）金融业平稳快速增长，服务首都经济发展

北京金融业的运行十分稳健，2021 年，北京金融业实现增加值 7603.7 亿元，同比增长近 4.5%，占北京 GDP 的比重为 18.9%。截至 2021 年 12 月末，北京市各项存款余额将近 20 万亿元，同比增长 6.2%；各项贷款余额近 9 万亿元，同比增长 5.6%。2021 年，北京市各项原保险保费收入总金额为 2526.9 亿元，同比增长 16.9%。其中，财产险保费收入为 443.5 亿元，人身险保费收入为 2083.4 亿元。各类保险赔付支出为 838.5 亿元，同比增长 13.6%。② 2021 年，全市企业充分发挥多层次资本市场的作用，实现直接融资规模全国排名第一，创历史新高。2021 年，北京新增境内上市公司 48 家，其中主板 10 家、科创板 17 家、创业板 9 家、北交所 12 家，首发募集金额 1240.74 亿元；深入参与基础设施公募 REITs 试点工作，已上市产品 4 只，发行规模达 119 亿元，均居全国首位；新三板挂牌公司公开发行了 4 家次、定向增发了 38 家次，募资 37.1 亿元。③ 总体来看，北京市金融业发展在错综复杂的国内外经济形势下稳中向好，金融业对实体经济的支持力度不断加大，首都经济高质量发展也依赖于稳定适宜的货币金融环境。同时，作为首都，北京市的金融国际影响力也显著提升。截至 2021 年 12 月末的数据显示，在中国金融科技燃（FIRE）指数城市排名中，北京位列第一；从历史累积数据来看，在全球金融科技中心城市排名中，北京已经连续 3 年位列第一。④

---

① 《北京统计年鉴（2022）》。
② 《北京市 2022 年国民经济和社会发展统计公报》，经计算得出。
③ 北京市地方金融监督管理局。
④ 根据《中国金融科技燃指数报告（2021）》发布的信息，基于对要素基础、智力支撑、资源环境、企业实力等指标的综合评价，北京在中国金融科技燃（FIRE）指数城市排名中位列第一；根据《全球金融科技中心城市报告（2021）》发布的信息，基于对产业、政策、监管、机构、品牌等指标的综合评分，北京连续 3 年在全球金融科技中心城市排名中位列第一。

（二）国家金融管理中心优势凸显，与首都地位相匹配的金融业发展迎来重要里程碑

2017 年 9 月发布的新版北京城市总体规划明确了北京国家金融管理中心的地位，经过近几年的发展，北京作为国家金融管理中心的功能进一步提升。截至 2021 年末，在京金融机构法人总部超过 900 家，金融资产总量已超 175 万亿元[①]，金融安全、决策监管、统计发布、资源配置、支付结算、国际合作、标准制定、金融法治等功能持续强化。

2021 年 3 月 18 日，经中央深改委审议通过，服务保障国家金融战略实施的北京金融法院正式挂牌。在推动多层次资本市场建设领域，北京市取得重大突破。2021 年 9 月 2 日，习近平在中国国际服务贸易交易会全球服务贸易峰会上宣布"深化新三板改革，设立北京证券交易所，打造服务创新型中小企业主阵地"[②]，11 月 15 日，经过 74 天的筹备，北京证券交易所顺利开市，结束了北京缺乏全国性证券交易所的历史。北京证券交易所首批上市企业共 81 家，近九成来自高技术服务业、先进制造业、战略性新兴产业、现代服务业等领域，17 家为专精特新"小巨人"企业，体现了鲜明的创新型中小企业特征。2021 年，北京积极申请创立科创金融改革试验区和绿色金融改革创新试验区。加快推动筹建碳银行，承建全国温室气体自愿减排交易中心，加快建设能够服务全球的国家级绿色交易所，绿色债券及绿色信贷存量规模均保持全国首位，试点碳配额成交均价稳居全国第一。2021 年，北京围绕准备冬奥会的举办和加快国际消费中心城市建设，深入开展数字人民币全场景应用试点，通过多种渠道建立金融科技应用场景发布机制，采取多种方式推动科技企业与持牌金融机构及下设科技公司、研究机构、投资机构等进行对接。2021 年，北京成功举办全球系统重要性金融机构会议、金融街论坛，发出《气候友好银行北京倡议》。

---

① 北京市地方金融监督管理局内部统计数据。

② 习近平：《深化新三板改革，设立北京证券交易所》，中国政府网。

### （三）普惠金融持续发力，金融改革开放向纵深推进

为更好地服务于民营中小微企业，北京市在 2021 年成功打造了许多金融服务品牌，构建了小微金融服务顾问制度、金融服务快速响应机制等，实施畅融工程、钻石工程。2021 年北京市各类金融机构累计对接企业 7300 余家次，服务 3500 余家次。① 在贷款服务方面，北京市进行了全面升级，整合首贷、确权融资、续贷以及知识产权质押融资功能。2021 年 6 月，北京市启动小微金融服务顾问制度，采用先试点后推广的方式，建立小微企业名单库，通过聘任百家银行、千名金融顾问服务万家小微企业的方式，使小微企业获得"金融家庭医生"的诊疗服务，满足中小微企业个性化、定制化的金融需求。金融信贷营商环境进一步优化，在 2020 年国家营商环境评估中，北京"获得信贷"指标排名全国第一。

深化首都金融业改革开放是北京"两区"建设的重要组成部分。在数量上，"两区"建设第一个两年计划共出台 251 项改革政策，其中有关金融领域的创新举措 102 项。截至 2021 年 12 月末，102 项金融改革开放措施中超过 90% 已落地，建设股权投资和创业投资份额转让平台、"五项结合"为知识产权"上保险"两个创新实践案例在全国复制推广，示范引领作用不断凸显。2021 年，北京市在政策支持下开展了有关股权投资和创业投资份额转让的试点，全年设立的私募股权二级市场基金共计 6 只，交易额突破 10 亿元，质押融资超过 8 亿元；QDLP 额度为全国最高，已经增至 100 亿美元。2021 年，北京对跨境绿色信贷资产证券化开展了积极探索，与此同时，指导支持中国工商银行发行全国首单绿色汽车分期资产支持证券。2021 年，北京开展金融科技创新监管试点，北京版"监管沙箱"已经累计发布了 3 批共 22 个项目，首批 3 个项目已经完成测试。②

---

① 北京市商务局两区建设统计数据，https：//open. beijing. gov. cn。

② 本部分数据来源于北京市地方金融监督管理局内部资料。

（四）统筹金融发展与安全，金融风险防范化解体制机制更加健全

2021 年，北京市地方金融监管协调机制以及风险处置协调机制不断完善，金融风险防范和处置框架得到巩固提升。2021 年 4 月 16 日，《北京市地方金融监督管理条例》由市人大常委会审议通过，于 7 月 1 日正式施行。地方金融监管体系进一步完善，北京市地方金融监督管理局结合监管工作实践，及时修订"7+4"类地方金融组织①行业监管办法。同时加强现场检查、非现场监管和监管谈话，促进"7+4"类地方金融组织的行业规范健康发展。在"三大攻坚战"收官之后，北京市占全国近 1/3 的 P2P 网络在营平台清零后加速风险出清，截至 2021 年末，北京市整体 P2P 网贷平台存量余额已由高峰期的 6000 多亿元降至 800 多亿元；出借人数已由高峰期的 700 多万人降至 50 多万人，化解金融风险成效显著。② 北京深入贯彻实施《防范和处置非法集资条例》，由地方金融监管部门牵头建立各方协同的打非工作格局。建立企业债务风险处置机制，妥善推动处置集团债务风险。牵头搭建北京市预付资金信息管理平台，配合各行业主管部门加强对预付式消费资金的风险管控。持续开展"蜜蜂计划""百千万宣教工程"等金融安全宣教系列品牌活动，以提高金融消费者的风险防范意识以及风险辨别能力。

## 二　北京市金融业发展面临的挑战

### （一）新一代金融科技冲击传统金融业

近年来，北京市传统金融业受到的最大挑战就是金融科技的冲击。北京

---

① "7+4"类地方金融组织，其中"7"是指小额贷款公司、融资担保公司、区域性股权市场、典当行、融资租赁公司、商业保理公司、地方资产管理公司，"4"是指投资公司、开展信用互助的农民专业合作社、社会众筹机构、地方各类交易场所。
② 北京市地方金融监督管理局、朝阳区金融办、朝阳区人民法院 P2P 联合专项整治行动调研统计数据。

金融街本来是全国金融机构总部聚集的中心，也是中国金融监督管理的心脏。但是，传统金融要素的流动已经被不断更新进步的技术革命所改变，随着大数据等技术的发展，金融街可以建在云上，云上金融街将打破地理位置和金融要素的限制，北京金融街的传统地理优势和要素聚集优势在金融科技面前会荡然无存。人工智能支持下的量化金融具有比人类大脑发达得多的机器分析能力，将取代传统金融精英的人力资源优势，这些金融科技对金融业正在产生深刻影响。如果传统金融业不适时做出转型，将在未来的金融市场竞争中失去先机，难以保持原有的增长趋势。同时，金融科技的发展取决于相关科技人才的数量，但是目前北京的金融从业者仍然聚集在传统业态领域，大数据、云计算、人工智能等金融科技领域的人才极为不足，对人才存量结构的调整迫在眉睫。高生活成本是北京市引进科技人才的一大阻碍。近年来，北京市发展金融业的比较成本日益上升，尤其是在工资、房租、利息这几项涉及金融机构主要发展成本的指标方面，一直居高不下，不利于科技型金融人才的引进和新型金融科技机构的进入。

### （二）北京市金融安全存在特殊性与脆弱性

北京区域金融风险较为集中。全国近1/3的互联网金融公司将注册地设在北京。许多公司假借金融创新的名号实施金融诈骗与非法集资，此类案件数不胜数且其手段多样。部分企业以普惠金融、金融科技、互联网金融为幌子，实质上是在通过虚构项目、夸大项目收益等恶意欺诈手段实施"庞氏骗局"，借由互联网的便捷性在全国进行非法集资，触碰法律红线，恶化了金融环境。对于北京来说，金融的安全和稳定，直接影响到首都地区经济与社会的整体发展。2020年，"三大攻坚战"收官，北京市防范化解重大风险已取得决定性成果。2021年初，在北京市实际运营的P2P网贷机构已经全部归零，但是以第三方支付、平台信托、资产管理等为代表的互联网金融、非法集资等领域的金融机构和金融风险依然存在。

《北京市地方金融监督管理条例》第二条明确规定了监管对象为地方金融组织，其范围与国家要求的"7+4"类地方金融组织保持一致。目前，对前述"7"类地方金融组织的划定、经营范围、机构情况、监管规则已基本明晰。但对于"4"类地方金融组织，特别是投资公司和社会众筹机构，国家金融监管部门尚未有明确定义（私募股权投资基金除外），如何进行监管也不明晰，无先例可循。调研情况显示，在这"4"类地方金融组织中，名称及经营范围中含"投资"字样的企业共有72630家，此类企业以前是按照一般工商企业管理，符合《公司法》和工商行政管理部门的行政审批条例的相关规定，就可以进行注册登记。对于公司注册资本、股东、从业人员、组织结构、内控制度等都没有明确的规定。此类企业涉及的业务领域和范围千差万别，注册登记与实际经营情况存在较大差异，如何界定"投资"的概念和范围，如何落实监管，存在很大难度。而监管薄弱或空白之处，正是潜在的金融风险点。鉴于北京新兴金融业态集聚度在全国最高，"十四五"期间，防控化解首都金融风险更加任重而道远，必须对现存的各种新型金融业态加以关注和监管，警惕防范该领域的风险隐患演化为系统性金融风险。

### （三）地方金融监管的协调机制不够顺畅

当前，北京市地方金融监管存在两大难题。一方面，中央与地方两级金融监管协调机制运行不畅。我国现阶段地方金融监管的实质问题是央地金融监管分权不清。虽然2017年召开的第五次全国金融工作会议已经明确由地方政府负责监管"7+4"类地方金融组织，但在实践中仍存在诸多问题。从央地层面来看，央地之间的金融监管部门信息共享不足，缺乏有效机制；从地方层面来看，对地方金融业态的监管散落于商务局、金融局（办）、市场监督管理局等多个部门，这些部门之间多头监管，缺乏行之有效的协调机制。另一方面，北京市、区地方金融监管部门之间也存在统筹协调机制不畅与人员短缺问题。一是对于日常检查工作，《北京市地方金融监督管理条例》未明确区分市、区两级职权范围，在实践中容易形成行政相对人对市、区两级分别提起履责申请，之后再分别形成行政诉讼案件的情形；二是按照《北京市地方金融监督管理条例》规定，只有市金融监管局有权做出行政处

罚决定，区地方金融监管部门的执法手段集中于出具警示函和责令限期改正，这两类措施的威慑力明显不足；三是区地方金融监管部门虽已做出责令整改决定，但根据《北京市地方金融监督管理条例》第五章规定，市金融监管局在做出行政处罚决定前，仍需要再次以自己名义做出责令整改的决定，逾期不改正，才可以做出行政处罚，客观上造成了行政资源浪费；四是北京地方金融监管部门人员严重短缺：市金融监管局落实日常检查、行政处罚的有三个处室，每个处室平均 4~5 名工作人员，而全市"7"类地方金融组织有 872 家，另外"4"类地方金融组织中单含有"投资"字样的企业已有 72630 家。各区地方金融监管部门的人员配备更为薄弱，部分区尚未设置独立的金融办，如门头沟区是由区发改委的一个科室承担全区金融监管工作；设置了金融办的区，如朝阳区，其监管科室仅有 2 名工作人员，需要负责全区 183 家地方金融组织许可材料的初审、日常检查等各项工作，人员与工作量极其不匹配。

## 三 北京市金融业发展展望：兼顾创新与安全

未来应更好地发挥北京作为国家金融管理中心和全国科技创新中心的优势，充分利用资源，全面发挥首都特有的人才优势、技术优势、环境优势，利用科技创新推动金融发展。进一步深化金融业改革开放，进一步巩固地方金融监管协调机制、地方金融风险处置协调机制，在平衡金融创新和风险防范中稳步推进首都金融业持续深入发展。

### （一）充分发挥现有优势，占领金融科技制高点

金融产业未来发展的趋势一定是科技与金融的深入融合，可以预见金融科技会是将来金融业的核心竞争力，同时也是北京金融业新的重要动能来源、北京金融产业的选择方向。就目前的情况而言，北京大力发展金融科技具有先天优势。一方面，北京金融科技的资源基础雄厚。北京金融业在资源、技术、人才、市场等诸多方面的积累能够为金融科技的发展提供便利，同时，

之前形成的产业基础也能为未来北京增强金融科技产业竞争力打下良好基础。另一方面，北京在新一代金融科技领域占据技术领先优势。相比国内其他地区，北京拥有的科研院所和一流高等院校最多，这也是北京发展金融科技的先天优良条件。除此之外，北京的创新活力也是全国最强，人力资源丰富，创新企业源源不断地更新，未来北京的科技优势将释放巨大的外部效应。

要发展金融科技产业首先要建设基础配套设施。北京应该在自身金融定位的基础上，尽快推进落实国家级金融基础设施建设。通过新兴的金融云、大数据、区块链等手段对金融领域的底层技术进行改造升级，进而完成金融基础设施的根本架构。其次，通过数据进行风险控制。利用财务报表等传统手段进行风险管理已经不能满足金融业的发展要求，未来金融业的核心增长要素将会逐渐转变为数据。数据作为金融科技的核心竞争力，能够助力识别风险、对风险进行定价以及管理，实现个性、多维、定向、全息、可视化分析，提高资信评估水平，从而精准研判、预警和控制风险。所以，各个平台的数据开放和互通必不可少。为服务金融科技发展，必须要加快构建整合商业数据、社会数据、政务数据、金融数据等多方面数据的金融大数据服务平台，同时规范金融数据交易。除此之外，也要保障数据安全。大力推进相关领域的网络、数据、系统安全建设，保障国家金融安全、维护个人隐私，通过专业化的公共云平台进行数据储存，发展分布式架构。北京市应该重点关注网络融资、区块链、移动支付、智能理财四个方向，整合高校、金融机构、国企、科研院所、互联网企业等多方资源，设立金融科技相关实验室、研究机构，协同开展技术研发。支持将新兴科学技术手段应用于金融相关领域，如身份认证、交易结算、风险管理、反欺诈等方面。

## （二）扩大金融业改革开放，提升国家金融管理中心能级

为进一步提升北京的国家金融管理中心能级，首都金融资源优势要得到充分发挥，国家金融管理部门以及在京中外资金融机构要得到高标准服务保障。积极支持建设北京证券交易所，以北京证券交易所为引领，推动促进相关业态、衍生机构在京发展布局，完善多层次资本市场体系。大力发展普惠

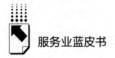

金融，充分发挥贷款服务中心、畅融工程、小微金融服务顾问制度的作用。更加关注民营小微企业的金融服务质量，精准支持金融服务文化、乡村振兴、科创、制造业等重点领域，快速提升金融服务实体经济质效。深化金融改革创新，积极支持发展金融科技、养老金融、财富管理等特色金融业态，集聚金融发展创新动能。

在"两区"深度扩大开放的建设中，金融系统要进一步主动担当，打造国际一流的跨境金融服务体系，并推动更高水平的金融双向开放合作。未来，北京要抓好金融领域"两区"建设，高标准推动开放任务落地，制定新一轮政策，促进金融双向开放。北京作为国家金融全面开放的前沿，应主动适应全球经济变化趋势，持续优化营商环境，以服务业扩大开放试点为契机，加快推动跨境相关业务的发展，如跨境的清算业务、电子交易业务、财务核算业务等。在未来要出台一系列有关金融信贷、生产经营、投资贸易、人才发展等多个领域的政策，确保相关服务更加优化，确保金融业开放发展环境更加公开、透明和法治化。大力提升教育、保险、医疗、基础设施等方面的国际化服务水平，确保国际金融人才在北京工作、生活更加便利。同时要加强国际合作。与金融科技发展领先的地区进行技术、产业、服务、监管等方面的合作，吸引金融科技相关国际投资机构在北京设立孵化器或分中心，从而带动国际领先的金融科技创新企业进驻中国市场。推动符合条件的外资金融科技企业参股中资金融机构，支持国际金融科技合作平台组建，举办金融科技领域的国际赛事，规范金融科技行业发展报告并定期发布，推动建立金融科技相关行业规范以及国际标准。

### （三）深化金融体制机制创新，构建绿色金融国际中心

绿色金融是北京"两区"建设全产业链开放的重点领域之一，在推动实现碳达峰、碳中和目标过程中发挥着重要作用。未来应抓住"两区"建设契机，争做绿色金融国际合作的排头兵。在绿色金融国际合作领域，北京已经和伦敦金融城签署战略合作协议，北京的全球系统重要性合作金融机构数量也是全国最多的。但相比拥有全球碳交易中心的伦敦、拥有全球 ESG

指数最大提供平台的法兰克福、拥有全球第一家自愿参与碳减排交易的气候交易所的芝加哥，北京在参与绿色金融国际事务、构建国际绿色金融中心方面任重道远。依托国际交往中心功能，北京应加强与其他国际金融中心城市在绿色金融领域的交流，加强国际绿色金融研讨。鉴于在城市副中心成功举办过国际绿色金融论坛，建议推动将其升格为国家级论坛。加强与国外指数公司、评级机构等组织在绿色创新、ESG 信息披露、绿色和可持续发展评价、净零排放和气候解决方案指数开发应用等领域的合作。下一步应发挥北京建设国家服务业扩大开放综合示范区和自由贸易试验区先行先试的优势，为绿色产业链企业提供资金跨境流动的更多便利性服务；争取国际银行如亚洲开发银行、金砖国家新开发银行、世界银行、亚洲基础设施投资银行等为北京绿色项目提供投融资和技术服务支持。应抓住当前"两区"建设进入新阶段、营商环境持续优化的契机，加大对国际碳交易市场的参与力度，建议在北京绿色交易所碳排放交易的实践基础上，在城市副中心打造国际化的绿色交易平台，推动绿色金融产品和自愿碳减排的国际交易。

绿色标准是北京绿色金融与全国乃至世界对话的"共同语言"。北京应对照国际准则，探索完善绿色金融标准的制定。充分发挥绿色金融领域的已有优势，支持北京市各类各层次金融市场、金融交易所、金融机构积极参与国内和国际绿色金融标准以及碳达峰、碳中和标准体系的研究和制定。探索上市公司进行碳排放信息披露的规范，建立强制性金融机构环境信息披露的试点。在建立健全绿色项目库的同时，推动形成一个更具操作性的绿色项目评估及认定体系，更好地完善绿色产融对接。对金融机构有关绿色金融业绩的评价标准进行优化，推进绿色标准在国内和国际的互相采用、比对、认可和转化，深度参与国际标准治理，以统一标准支撑起绿色金融发展。北京应率先在金融服务绿色低碳转型领域开展先行先试，打造转型金融助力碳达峰实践的"北京样板"。例如，充分发挥北京证券交易所的功能，为产业绿色转型升级提供多样化融资支持，支持符合绿色发展理念的企业在新三板市场挂牌和在北交所上市融资，从而为国内国际转型金融制度和标准体系的形成，贡献"北京经验"。

## （四）巩固地方金融监管协调机制，防控地方金融风险

未来，北京市应进一步巩固地方金融监管协调机制和地方金融风险处置协调机制，深入落实地方金融监管条例，加大对非法集资的打击力度，做好重点领域的风险防范处置，守住不发生系统性金融风险的底线。

首先，建立行之有效的中央、地方双层监管体系，进一步完善中央金融监管机构和地方金融监管机构之间的协调机制。细化地方金融监管协调机制的工作流程，对工作流程中的难点和堵点，及时报请国家金融监督管理总局协调解决。其次，构建高效规范的地方金融监管执法体系。面对日渐复杂的经营业务，北京市地方金融监督管理局以及各区金融办应主动牵头协调，开展各类多部门联合专项行动。特别是在《北京市地方金融监督管理条例》实施初期，市金融局和十六区金融办监管力量均不足的情况下，要积极聘请会计师事务所、律师事务所等专业机构协助开展监督检查工作。建议构建会计师事务所、律师事务所等专业机构的资源数据库，将在金融风险防范和处置方面具有丰富实践经验的各类专业机构纳入资源数据库。最后，借助大数据技术完善地方金融监测预警平台。借助区块链、大数据等科技手段进行监管，冲破部门利益的禁锢，提升金融监管系统收集信息的综合能力。建议由市地方金融监管局牵头组织协调，明确相关的数据收集和使用规则，各个相关监管机构和各级金融办按照各自的职能分工，收集数据信息并与市地方金融监管局共享。为应对信息泄露等外生风险，对内而言，各个监管部门应在提高自身监管水平的同时加强人才储备；对外而言，第三方的资质应受到严格审查，对数据的授权范围进行限定，同时建立数据安全防护机制。在地方金融分业监管细则的基础上，依托数据要素构建金融风险监测预警模型，建立风险评估体系，对网络舆情数据、新金融业态交易数据、涉及诉讼或者仲裁的数据等进行全面系统的挖掘分析，同时实现对地方金融业态的日常智能化监管及对企业的"一企一界面"全息画像。提高对地方金融风险的精准识别和动态预警能力，将地方金融风险隐患化解在萌芽状态。

北京市政府监管部门应该确保有关投资者的利益，因此，对金融科技行业监管机制的完善，以及对属地金融风险的防范与化解势在必行。在具体的监管实践中，北京市坚持的原则是一切金融活动持牌经营，金融科技活动要依法依规纳入监管，企业名称中若含有"金融信息""金融科技"等字样，必须经由金融管理部门同意。加快建设北京金融科技与专业服务创新示范区，积极探索"沙盒机制"和"金融风险管理实验区"，进一步完善监管金融科技的相应的沟通路径和协同体系，加快建立金融科技监管国际合作机制，在提升区域金融科技监管水平的同时更好地防范金融风险。北京市地方金融监督管理局应牵头组织金融科技风险防控工作，对金融科技业态风险要组织定期研判。充分发挥北京市金融风险防控体系和工作机制的作用，落实各方的金融科技风险防控责任。市属十六行政区以及经济技术开发区按照"谁引进、谁负责"的原则，落实各金融科技园区、平台、孵化器、楼宇物业、企业的属地责任，建立金融科技风险报告制度，加强对入驻企业的风险评估，及时处置金融科技风险事件，坚决打击假借金融科技名义的违法违规金融活动。建议北京市地方金融监督管理局充分利用各类媒体宣传，依托现有线上线下渠道，持续开展"金融知识普及月""金融知识进万家""百千万宣教工程""蜜蜂计划"等活动，结合社区、学校、企业、金融机构营业网点，加强金融知识宣教，培育合格的金融消费者，使其投资行为更加趋向理性，从源头上避免金融风险的产生。面对金融纠纷，相关解决机制要做到多层次、多元化，要充分合理利用司法、第三方调解、仲裁、全国消费者热线等多种途径加以化解。

**参考文献**

［1］北京市统计局：《北京统计年鉴》（2016~2022）。

［2］北京市统计局：《北京市2022年国民经济和社会发展统计公报》。

［3］北京市地方金融监督管理局：《北京市地方金融监督管理条例》，2021年4月16日。

［4］国务院令第737号：《防范和处置非法集资条例》，2021年5月1日。

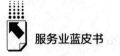
［5］马玲:《央行发文规范地方金融监管行为》,《金融时报》,2022 年 1 月 5 日,第 1 版。

［6］徐贝贝:《防范化解重大金融风险成果显著》,《金融时报》,2022 年 2 月 16 日,第 1 版。

［7］王君晖:《央行:明确地方金融监管职责加强央地协调配合》,《证券时报》,2022 年 1 月 5 日,第 A08 版。

［8］刘琪:《进一步防范化解系统性金融风险　央行发布宏观审慎政策指引》,《证券日报》,2022 年 1 月 1 日,第 A02 版。

［9］冯敏、陈坪、丁国芳:《地方性金融监管研究》,《合作经济与科技》2022 年第 1 期。

［10］王爱萍、胡海峰:《新发展阶段我国金融风险的新特点、新挑战及防范对策》,《人文杂志》2021 年第 12 期。

# B.4
# 北京科技服务业发展报告
# （2022~2023）

贺　艳*

**摘　要：** 科技服务业作为北京市十大高精尖产业之一，取得了长足的发展。产业政策体系逐步健全，科技资源要素供给不断增加，科技产出成果丰硕，科技服务业机构数量稳步增加，行业业态日益丰富，技术市场交易活跃，科技服务业的辐射带动作用强，成为第三产业的支柱产业。但是，科技服务机构的专业化水平不高、市场化机制有待完善、区域发展失衡等问题制约着科技服务业的进一步发展。因此，需要通过一系列措施促进科技服务业的转型升级和结构优化，带动北京市实现经济高质量发展，推动国际科技创新中心建设。具体措施包括：打造自主科技创新品牌，培育国际知名企业；强化顶层设计，完善市场化运营管理机制；发挥辐射带动作用，打造京津冀协同创新共同体；以"两区"建设为契机，扩大对外开放。

**关键词：** 科技服务业　科技服务机构　科技创新　北京

## 一　科技服务业的内涵

科技服务业是随着现代社会分工和产业融合而诞生的全新的产业门类，通过借助现代化的科学研究分析方法，向社会提供信息、资讯、渠道等要

---

* 贺艳，经济学博士，中共北京市委党校经济学教研部副教授，研究方向为理论经济学、科技创新。

素。作为智力服务提供方，科技服务业的主要服务内容是技术和知识等智力要素，服务对象是社会各个行业，不仅包括传统行业，还包括新兴行业。科技服务业的业务范围广泛，涉及多个领域，具体来说包括科技金融、研发服务、工程技术、创业孵化、科技推广与技术转移、知识产权等。

1992年，国家科委印发《关于加快发展科技咨询、科技信息和技术服务业的意见》，提出要以科技服务业的发展为契机，加快第三产业的发展，带动国民经济迈上新台阶。这是首次在官方正式文件中出现"科技服务业"的相关表述，文件提出科技服务业就是与科技进步相关的各种服务产业，但并未对科技服务业的范围做出明确的界定。2002年，国家统计局重新修订了《国民经济行业分类》，首次将科技服务业纳入统计范围，设置科学研究、技术服务和地质勘查业（代码M）3个行业门类，共包括研究和试验发展、专业技术服务业、科技交流和推广服务业、地质勘查业4个行业大类。2011年，国家统计局将科学研究、技术服务和地质勘查业更名为科学研究和技术服务业，并对其统计口径进行了微调。2017年，国家统计局再次对《国民经济行业分类》进行了调整，根据《国民经济行业分类（GB/T 4754—2017)》，科学研究和技术服务业共包括研究和试验发展、专业技术服务业、科技推广和应用服务业3个行业大类，自然科学研究和试验发展、气象服务等19个行业中类，遥感测绘服务、土地规划服务等48个行业小类。在此次调整中，知识产权服务由租赁和商业服务业调整至科学研究和技术服务业，与技术推广服务、科技中介服务、众创空间服务等并列，都属于科技推广和应用服务业。基于数据可得性，本报告所称的科技服务业以及所引用的相关数据均指《国民经济行业分类》中的科学研究和技术服务业（M类）。

## 二　北京市科技服务业发展的现状和特点

### （一）科技服务业蓬勃发展，促进创新创业生态系统日益完善

北京市科技服务业呈现良好的发展态势，促进创新创业生态系统的不断

完善，成为支撑科技创新和产业发展的重要引擎。北京市科技服务业的发展始于20世纪80年代，经过几十年的发展，科技服务机构的整体规模和业务水平有了很大的提升，科技服务业获得了长足发展（见图1）。2021年，北京市科技服务业产值达到3198.2亿元，占地区生产总值的比重为7.94%，占第三产业产值的比重接近10%（见表1）。科技服务业作为第三产业的基础性和先导性产业，在推动产业结构转型升级、促进创新型经济发展、实现经济高质量发展等方面发挥着越来越重要的作用。自2001年至2021年，北京市科技服务业的生产总值增长了15倍多，年均增长率达15%，占地区生产总值的比重、占第三产业产值的比重已经实现连续多年增长，行业发展趋

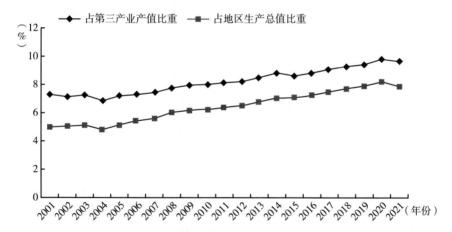

**图1　2001~2021年北京市科技服务业产值占地区生产总值和第三产业产值的比重**

资料来源：《北京统计年鉴（2022）》。

**表1　北京市科技服务业产值及占比情况**

单位：亿元，%

| 年份 | 科技服务业产值 | 占第三产业产值比重 | 占地区生产总值比重 |
|---|---|---|---|
| 2001 | 195.2 | 7.36 | 5.06 |
| 2002 | 230.4 | 7.18 | 5.09 |
| 2003 | 273.1 | 7.33 | 5.18 |
| 2004 | 305.3 | 6.95 | 4.88 |

| 年份 | 科技服务业产值 | 占第三产业产值比重 | 占地区生产总值比重 |
| --- | --- | --- | --- |
| 2005 | 373.3 | 7.24 | 5.22 |
| 2006 | 459.7 | 7.38 | 5.48 |
| 2007 | 591.8 | 7.48 | 5.68 |
| 2008 | 720.3 | 7.85 | 6.10 |
| 2009 | 808.2 | 8.04 | 6.26 |
| 2010 | 940.2 | 8.10 | 6.28 |
| 2011 | 1106.6 | 8.20 | 6.44 |
| 2012 | 1245.9 | 8.29 | 6.55 |
| 2013 | 1442 | 8.58 | 6.82 |
| 2014 | 1628.9 | 8.88 | 7.11 |
| 2015 | 1765.4 | 8.73 | 7.12 |
| 2016 | 1980 | 8.90 | 7.32 |
| 2017 | 2260.5 | 9.15 | 7.56 |
| 2018 | 2578.3 | 9.37 | 7.79 |
| 2019 | 2823.3 | 9.52 | 7.97 |
| 2020 | 2973.9 | 9.88 | 8.27 |
| 2021 | 3198.2 | 9.72 | 7.94 |

资料来源:《北京统计年鉴（2022）》。

势总体较好,在促进科技成果转化以及产业结构升级等方面发挥着日益重要的作用,成为科技创新支撑产业发展的重要助力。

从科技服务业的内部构成和细分领域来看,科技服务业的几个重点领域,特别是科技推广和应用服务业表现突出,行业发展势头强劲,成为科技服务业的支柱行业,使科技服务业的行业结构得到明显优化,对推动经济高质量发展、构建“高精尖”经济结构做出了突出贡献。北京市科技服务业法人单位的经营状况见表2,包括研究和试验发展、专业技术服务业、科技推广和应用服务业3个子行业的经营状况。其中,研究和试验发展实现较快增长,发展的速度和质量都有了明显的提升。在新技术、新业态的推动下,企业纷纷增加在5G、人工智能等前沿领域的研发经费投入,研究和试验发展取得长足进步。相较于2013年,2018年法人单位数增长50.47%,资产增长49.26%，营业收入增长43.48%。专业技术服务业体量庞大，资产和营业收入所占比重最高。伴随中关村国家自主创新示范区以及北京经济技术开发区等创新高地的建设和发展，专业技术服务业的发展空间进一步扩大，专业水平有了明显提升。2018年，专业技术服务业资产占行业总资产的比重达到47.51%，营业收入占比高达60.41%。科技推广和应用服务业的发展速度最快，随着云计算、大数据、物联网、人工智能等新兴技术的发展，新兴技术产业化和市场化的时机日益成熟，对科技推广和应用服务业的需求逐渐增长，在需求的拉动作用下，科技推广和应用服务业得到了飞速发展。相较于2013年，2018年法人单位数增长了1.46倍，资产增长了1.85倍，营业收入增长了72.67%，增长速度均快于行业平均水平，成为科技服务业成长最快的子行业。

表2　科技服务业法人单位经营状况（按行业大类）

单位：家，亿元

| 行业 | | 2013年 | | | 2018年 | | |
|---|---|---|---|---|---|---|---|
| | | 单位数 | 资产总计 | 营业收入 | 单位数 | 资产总计 | 营业收入 |
| 科技服务业 | 研究和试验发展 | 4303 | 2831.70 | 406.41 | 6475 | 4226.64 | 583.11 |
| | 专业技术服务业 | 24683 | 12039.94 | 3728.30 | 45880 | 17926.00 | 5274.84 |
| | 科技推广和应用服务业 | 40703 | 5460.94 | 1663.86 | 100183 | 15577.58 | 2873.07 |
| | 总计 | 69689 | 20332.58 | 5798.56 | 152538 | 37730.22 | 8731.02 |

资料来源：《北京市第三次全国经济普查主要数据公报》《北京市第四次全国经济普查主要数据公报》。

## （二）支持科技服务业发展的政策体系健全

各级政府出台各类扶持政策，积极营造有利于科技服务业发展的制度和政策环境，弥补相关法律的空白，为科技服务业的发展提供配套措施。

在国家层面，2014年，国务院出台《国务院关于加快科技服务业发展的若干意见》，指出加快科技服务业的发展对于推动科技创新和科技成果转化、促进科技与经济的深度融合、实施创新驱动发展战略、实现经济提质增效具有重要意义，要通过健全市场机制、强化基础支撑、完善财税政策、拓宽资金渠道、加强人才培养、深化开放合作、推动示范作用等举措为科技服务业的发展营造良好的政策环境。值得一提的是，2020年，国务院先后批复了《深化北京市新一轮服务业扩大开放综合试点建设国家服务业扩大开放综合示范区工作方案》《中国（北京）自由贸易试验区总体方案》，"两区"建设成为北京发展的新机遇。在"两区"建设的背景下，税收优惠落户中关村、"一站式"服务吸引高端人才、"管家服务"机制引来优质金融资源、私募股权基金份额转让完善"募投管退"生态体系、"金融法院"深化金融改革等多项配套措施逐步落实，宽松的环境、稳定的支持对北京市科技服务业把握发展机遇、扩大对外开放、提升自主创新能力具有重要意义。

在市域层面，据不完全统计，2010年以来，北京市发布与科技服务业相关的各类政策文件共67项①，从资金支持、人才引进、政策优惠等方面支持各类科技服务机构的发展。2017年，《北京市加快科技创新发展新一代信息技术产业的指导意见》发布，科技服务业被确定为北京市重点发展的"十大高精尖产业"之一。同年，发布了《北京市加快科技创新发展科技服务业的指导意见》。区级政府也不断出台各项政策文件，完善各类配套措施，破除政策壁垒，优化科技服务业发展的政策环境，以科技服务业为抓手促进产业结构优化升级，以科技创新驱动经济高质量发展，提高北京作为国际科技创新中心的影响力、辐射力、带动力。

### （三）支撑科技服务业发展的要素供给不断增加，科技创新成果丰硕

资金、人才等要素的投入强度不断加大，使科技服务业的产业规模日益扩大，并取得了丰硕的科技创新成果。在资金方面，截至2020年末，北京市的资金总量超过10万亿元，显示出北京强大的资金吸附和调动能力，也成为北京市科技服务业发展的物质基础。强大的资金吸附和调动能力帮助企业在成长发展的全周期破解资金难题，为初创型科技企业提供启动资金，为

---

① 根据北京市政府门户网站整理。

企业的创新活动提供经费支持，使其专注技术创新和产品研发，促进产业迭代升级。统计数据显示，2001~2021年，北京市 R&D 经费内部支出由171.1696亿元增长至2629.3208亿元，增长了14倍（见表3）。近年来，北京科研经费投入强度不断加大。2001~2021年，北京市科研经费投入强度始终远高于上海、广东两地（见表4和图2），在全国居首位。同时，北京市政府非常重视科技服务业的发展，设立科技服务业促进专项资金，加大对科技服务业发展的财政支持力度，同时鼓励社会资本进入，形成多元化的资金支持体系，为科技服务业的发展提供充足的资金保障。在人力资源方面，北京历来就是高层次人才的荟萃之地，从普通高等学校的分布状况来看，北京是全国人力资源最丰富的地区。全国月度劳动力调查数据显示，2019年，在北京市的总就业人口中，受教育程度在大学本科及以上的人数占比达到40.7%。2011~2021年，北京市科技服务业从业人员数从280.4万人增长至439.1万人（见表5），增长显著，科技服务业在吸纳人口就业方面发挥了重要作用。作为智力密集型产业，科技服务业与传统的人力资源密集型产业有着根本的区别，科技服务业的发展对"高精尖"人才有着迫切的需求，北京市众多高等院校和科研院所为科技服务业的发展提供了一支专业、高效、稳定的人才队伍。第七次全国人口普查数据显示，截至2020年11月，北京市每10万人中拥有大学以上受教育程度的人口数达到41980人，15岁以上人口的平均受教育年限是12.64年[①]，居全国首位，高素质的人才为北京市科技服务业的发展提供了丰富的人才储备资源。

高度聚集的资金、人力资源促进了科技服务业的发展，同时也带来了丰硕的科技成果产出，北京市科技成果登记数（见表6）、国内专利申请量和授权量均居全国前列。2001~2021年，北京市国内专利申请量由12174件增长至283134件，年均增长17%，国内专利授权量由6246件增长至198778件，年均增长18.89%（见表7）。

---

① 尹德挺、胡玉萍、吴军主编《北京人口发展研究报告（2021）》，社会科学文献出版社，2021。

表3 2001~2021年北京市 R&D 经费投入情况

| 年份 | R&D 经费内部支出（万元） | 科研经费投入强度（%） | R&D 人员折合全时当量（人年） |
|---|---|---|---|
| 2001 | 1711696 | 4.54 | 95255 |
| 2002 | 2195402 | 4.99 | 114919 |
| 2003 | 2562518 | 5.02 | 110358 |
| 2004 | 3169064 | 5.14 | 152132 |
| 2005 | 3795450 | 5.31 | 177765 |
| 2006 | 4329878 | 5.21 | 168875 |
| 2007 | 5270591 | 5.23 | 204668 |
| 2008 | 6200983 | 5.44 | 200080 |
| 2009 | 6686351 | 5.38 | 191779 |
| 2010 | 8218234 | 5.69 | 193718 |
| 2011 | 9366440 | 5.63 | 217255 |
| 2012 | 10633640 | 5.79 | 235493 |
| 2013 | 11850469 | 5.83 | 242175 |
| 2014 | 12687953 | 5.78 | 245384 |
| 2015 | 13840231 | 5.84 | 245728 |
| 2016 | 14845762 | 5.78 | 253337 |
| 2017 | 15796512 | 5.64 | 269835 |
| 2018 | 18707701 | 6.17 | 267338 |
| 2019 | 22335870 | 6.31 | 313986 |
| 2020 | 23265793 | 6.44 | 336280 |
| 2021 | 26293208 | 6.53 | 338297 |

资料来源：《北京统计年鉴（2022）》。

表4 2001~2021年北京、上海、广东科研经费投入强度对比

单位：%

| 年份 | 北京 | 上海 | 广东 |
|---|---|---|---|
| 2001 | 4.54 | 1.68 | 1.15 |
| 2002 | 4.99 | 1.77 | 1.09 |
| 2003 | 5.02 | 1.89 | 0.99 |
| 2004 | 5.14 | 2.10 | 1.00 |
| 2005 | 5.31 | 2.32 | 0.92 |
| 2006 | 5.21 | 2.44 | 0.84 |
| 2007 | 5.23 | 2.39 | 1.41 |
| 2008 | 5.44 | 2.49 | 1.56 |

续表

| 年份 | 北京 | 上海 | 广东 |
|------|------|------|------|
| 2009 | 5.38 | 2.69 | 1.87 |
| 2010 | 5.69 | 2.69 | 1.79 |
| 2011 | 5.63 | 2.99 | 1.92 |
| 2012 | 5.79 | 3.19 | 1.94 |
| 2013 | 5.83 | 3.35 | 1.90 |
| 2014 | 5.78 | 3.41 | 2.00 |
| 2015 | 5.84 | 3.48 | 2.10 |
| 2016 | 5.78 | 3.51 | 2.31 |
| 2017 | 5.64 | 3.66 | 2.48 |
| 2018 | 6.17 | 3.77 | 2.63 |
| 2019 | 6.31 | 4.00 | 2.87 |
| 2020 | 6.44 | 4.17 | 3.14 |
| 2021 | 6.53 | 4.21 | 3.22 |

资料来源:《中国科技统计年鉴（2022）》。

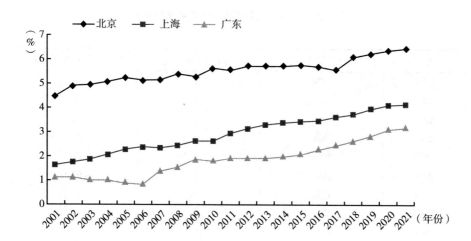

**图2 2001~2021年北京、上海、广东科研经费投入强度对比**

资料来源:《中国科技统计年鉴（2022）》。

表5　2011~2021年北京市科技服务业从业人员数量及人口受教育程度

| 年份 | 从业人员数<br>（万人） | 大专及以上<br>人口所占<br>比重（%） |
|---|---|---|
| 2011 | 280.4 | 33.94 |
| 2012 | 287.7 | 37.35 |
| 2013 | 308.5 | 41.21 |
| 2014 | 337.4 | 38.15 |
| 2015 | 374.5 | 42.34 |
| 2016 | 415.3 | 45.46 |
| 2017 | 438.6 | 47.61 |
| 2018 | 431.1 | 48.65 |
| 2019 | 467.9 | 50.49 |
| 2020 | 428.0 | — |
| 2021 | 439.1 | 49.14 |

资料来源：《北京统计年鉴（2022）》。

表6　2001~2019年北京市科技成果及获奖情况

单位：项

| 年份 | 科技成果登记数 | 国家技术发明奖 | 国家科学技术进步奖 |
|---|---|---|---|
| 2001 | 326 | 1 | 38 |
| 2002 | 275 | 5 | 48 |
| 2003 | 468 | 5 | 52 |
| 2004 | 976 | 6 | 43 |
| 2005 | 1018 | 8 | 52 |
| 2006 | 1002 | 12 | 64 |
| 2007 | 1010 | 9 | 44 |
| 2008 | 1016 | 13 | 42 |
| 2009 | 1023 | 11 | 54 |
| 2010 | 1030 | 11 | 53 |
| 2011 | 1035 | 5 | 56 |
| 2012 | 1040 | 22 | 53 |
| 2013 | 1043 | 19 | 38 |
| 2014 | 1042 | 15 | 49 |

| 年份 | 科技成果登记数 | 国家技术发明奖 | 国家科学技术进步奖 |
|------|------|------|------|
| 2015 | 1045 | 17 | 42 |
| 2016 | 728 | 10 | 47 |
| 2017 | 844 | 23 | 40 |
| 2018 | 863 | 16 | 40 |
| 2019 | 766 | 11 | 42 |

资料来源：《北京统计年鉴（2022）》。

### 表7 2001~2021年北京市国内专利申请和授权状况

单位：件

| 年份 | 国内专利申请量 | 国内专利授权量 | 发明数量 | 实用新型数量 | 外观设计数量 |
|------|------|------|------|------|------|
| 2001 | 12174 | 6246 | 946 | 3600 | 1700 |
| 2002 | 13842 | 6345 | 1061 | 3721 | 1563 |
| 2003 | 17003 | 8248 | 2261 | 4244 | 1743 |
| 2004 | 18402 | 9005 | 3216 | 3956 | 1833 |
| 2005 | 22572 | 10100 | 3476 | 4498 | 2126 |
| 2006 | 26555 | 11238 | 3864 | 5490 | 1884 |
| 2007 | 31680 | 14954 | 4824 | 7364 | 2766 |
| 2008 | 43508 | 17747 | 6478 | 8776 | 2493 |
| 2009 | 50236 | 22921 | 9157 | 10141 | 3623 |
| 2010 | 57296 | 33511 | 11209 | 16579 | 5723 |
| 2011 | 77955 | 40888 | 15880 | 19628 | 5380 |
| 2012 | 92305 | 50511 | 20140 | 24672 | 5699 |
| 2013 | 123336 | 62671 | 20695 | 36301 | 5675 |
| 2014 | 138111 | 74661 | 23237 | 44071 | 7353 |
| 2015 | 156312 | 94031 | 35308 | 45773 | 12950 |
| 2016 | 177497 | 102323 | 41425 | 45376 | 15522 |
| 2017 | 185928 | 106948 | 46091 | 46011 | 14846 |
| 2018 | 211212 | 123496 | 46978 | 59219 | 17299 |
| 2019 | 226113 | 131716 | 53127 | 58393 | 20196 |
| 2020 | 257009 | 162824 | 146348 | 86099 | 24562 |
| 2021 | 283134 | 198778 | 79210 | 96078 | 23490 |

资料来源：《北京统计年鉴（2022）》。

### （四）科技服务业产业门类齐全，行业业态日益丰富

北京市科技服务业的发展起步较早，最早以设计和咨询公司的形态出现。后来，随着改革开放的深入，科技服务业的行业形态不断拓展，行业分类进一步细化，内部结构日益完善。21世纪以来，随着科教兴国和人才强国战略的提出，政府日益重视高新技术产业的发展，行业门类不断细化，专业性不断增强，产业的附加值和行业竞争力得到极大提升。

第四次全国经济普查数据显示，截至2018年，北京市共有科技服务业法人单位152538家，其中，研究和试验发展单位6475家，专业技术服务单位45880家，科技推广和应用服务单位100183家。法人单位涉及所有的行业门类，形成了相对健全的科技服务业产业体系。围绕创新活动的全链条，研发、设计、融资等环节从创新活动中分化出来，发展成为独立的行业。新业态的出现使科技服务业的行业分类逐步细化，内涵不断充实，服务的专业化水平也得到了提升。

### （五）技术市场交易活跃，科技服务业服务半径广、辐射带动力强

从技术市场总体的交易情况来看，北京市技术交易活跃，技术交易市场规模日益扩大。2021年，北京市共签订各类技术合同93563项，同比增长10.79%；技术合同成交总额为7005.7亿元，同比增长10.92%，技术合同成交额占全国的比重达到18.78%（见表8）。2001~2021年，北京市技术合同成交数整体呈增长趋势（见图3），年均增长7%以上。2001~2021年，北京市技术合同成交额高速增长（见图4），年均增长率为19.73%，高于北京市地区生产总值的增长速度。北京市技术合同成交额占全国的比重始终居首位，说明北京市技术市场体量庞大，仍然是全国最大的技术交易中心，具有明显的示范带动作用，在促进科研成果转化为现实生产力方面起到了重要作用。

表8　2001~2021年北京市技术合同成交数及成交金额

| 年份 | 技术合同成交数(项) | 技术合同成交额(亿元) | 成交额占比(%) |
| --- | --- | --- | --- |
| 2001 | 23921 | 191.0 | 24.40 |
| 2002 | 27037 | 221.1 | 25.01 |
| 2003 | 32173 | 265.5 | 24.48 |
| 2004 | 35478 | 331.8 | 24.87 |
| 2005 | 37505 | 434.4 | 28.00 |
| 2006 | 51575 | 697.3 | 38.35 |
| 2007 | 50972 | 882.6 | 39.64 |
| 2008 | 52742 | 1027.2 | 38.54 |
| 2009 | 49938 | 1236.2 | 40.68 |
| 2010 | 50847 | 1579.5 | 40.43 |
| 2011 | 53552 | 1890.3 | 39.68 |
| 2012 | 59969 | 2458.5 | 38.19 |
| 2013 | 62743 | 2851.2 | 38.17 |
| 2014 | 67278 | 3136.0 | 36.56 |
| 2015 | 72272 | 3452.6 | 35.10 |
| 2016 | 74965 | 3940.8 | 34.55 |
| 2017 | 81266 | 4485.3 | 33.41 |
| 2018 | 82486 | 4957.8 | 28.01 |
| 2019 | 83171 | 5695.3 | 25.43 |
| 2020 | 84451 | 6316.2 | 22.36 |
| 2021 | 93563 | 7005.7 | 18.78 |

资料来源:《中国统计年鉴（2022）》。

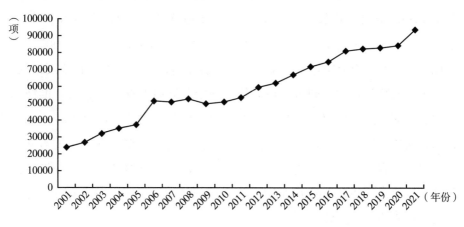

图3　2001~2021年北京市技术合同成交数

资料来源:《北京统计年鉴（2022）》。

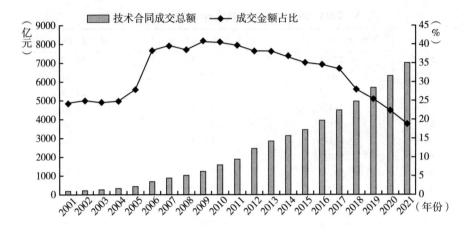

**图4　2001~2021年北京市技术合同成交额及占全国的比重**

资料来源：《北京统计年鉴（2022）》。

从技术合同的流向来看，北京市流向外省（市、区）的技术合同成交额所占比重最大，增长速度最快。同时，技术合同出口额也呈增长态势，充分发挥了首都科技服务业的引领和辐射带动作用。2005~2021年，北京市流向外省（市、区）的技术合同成交额由194.2亿元增长至4347.7亿元，增长了21倍，年均增长21.44%；流向本市的技术合同成交额由156.1亿元增长至1814.2亿元，增长了11倍，年均增长16.57%；技术合同出口额由84亿元增长至843.8亿元，增长了9倍，年均增长15.51%（见表9和图5）。由此可见，北京市流向外省（市、区）的技术合同成交额的增长速度最快。近年来，北京市技术合同流向格局趋于稳定，流向外省（市、区）的技术合同成交额所占比例超过半数，技术合同出口额所占比例超过10%。北京市的科研成果发展目标也不再局限于本市范围之内，在满足本地的需求之外，也为外省（市、区）尤其是天津、河北的产业升级和产业结构转变提供技术支撑，发挥着辐射带动作用，并且不断向国外进行渗透和拓展，在国际科创中心建设中成效显著。

表9 2005~2021 年北京市技术合同流向及占比

单位：亿元，%

| 年份 | 流向本市 | 比重 | 流向外省(市、区) | 比重 | 技术出口 | 比重 |
|---|---|---|---|---|---|---|
| 2005 | 156.1 | 36 | 194.2 | 45 | 84.0 | 19 |
| 2006 | 271.4 | 39 | 325.3 | 47 | 100.7 | 14 |
| 2007 | 264.2 | 30 | 407.4 | 46 | 210.9 | 24 |
| 2008 | 304.9 | 30 | 487.0 | 47 | 235.3 | 23 |
| 2009 | 365.7 | 30 | 498.2 | 40 | 372.3 | 30 |
| 2010 | 340.2 | 22 | 654.8 | 41 | 584.6 | 37 |
| 2011 | 471.3 | 25 | 635.9 | 34 | 783.1 | 41 |
| 2012 | 655.6 | 27 | 1385.0 | 56 | 417.9 | 17 |
| 2013 | 581.7 | 20 | 1615.9 | 57 | 653.6 | 23 |
| 2014 | 717.2 | 23 | 1722.0 | 55 | 696.8 | 22 |
| 2015 | 625.0 | 18 | 1878.7 | 54 | 948.8 | 27 |
| 2016 | 1131.3 | 29 | 1997.2 | 51 | 812.3 | 21 |
| 2017 | 1193.9 | 27 | 2327.3 | 52 | 964.1 | 21 |
| 2018 | 1219.5 | 25 | 3014.9 | 61 | 723.4 | 15 |
| 2019 | 2077.7 | 36 | 2866.9 | 50 | 750.7 | 13 |
| 2020 | 1721.7 | 27 | 3718.5 | 59 | 875.9 | 14 |
| 2021 | 1814.2 | 25 | 4347.7 | 62 | 843.8 | 12 |

资料来源：《北京统计年鉴（2022）》。

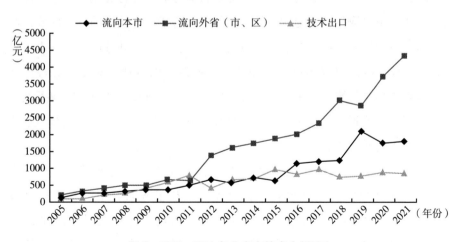

图5 2005~2021 年北京市技术合同流向

资料来源：《北京统计年鉴（2022）》。

# 三 北京市科技服务业发展存在的问题

## （一）科技服务机构的专业素质和整体服务水平有待提高

北京市科技服务机构对产业发展的支撑力不足，面临专业化服务供给与集成化服务需求的矛盾。目前，北京市科技服务机构呈现"小而零散"的状态，具有竞争力和专业特色的服务机构比较少，各家科技服务机构之间不能互通，缺乏合力，难以形成完整、健全的科技服务链条，不能为需求方提供全流程、全方位的科技服务。

一方面，北京市科技服务业缺少龙头企业，行业发展带动力不强。根据第四次全国经济普查数据，2018年北京市共有科技服务机构152538家，其中规模以上科技服务机构3106家，仅占2.04%。北京市科技服务机构总体规模偏小、发育迟缓，导致涉及领域有限，服务水平不高，难以满足现实需求。目前，从全市范围来看，北京市成规模的、具有品牌知名度的科技服务机构有中科院创新孵化投资有限责任公司、启迪科技服务有限公司以及北京紫光科技服务集团有限公司等，作为依托大学发展起来的科技服务机构，这类公司在科研资源、产业资源、品牌影响力等方面处于行业领先水平，在各自的产业领域也取得了一定的成绩，但是它们位于产业链条的不同环节，业务覆盖的范围有限，难以在细分领域提供专业化服务，并且由于相互之间缺乏沟通合作，因此难以提供"一站式、全链条"的科技产业服务。科技服务行业以小型科技服务机构为主，受规模的限制，科技服务机构的业务范围难以扩展，只能提供某一专业领域的科技服务，面临专业化服务供给与集成化服务需求之间的矛盾。

另一方面，现有科技服务企业所提供的服务专业性不足。目前，北京市科技服务机构普遍规模较小，业务结构和服务内容单一，所提供服务的专业化程度不高。另外，基层科技服务机构中人员的学历水平以本科以下学历为主，缺少硕士研究生、博士研究生等高学历人才，这就导致一些科技服务企业仅能开展科技项目咨询、业务申报等简单业务，其服务手段和服务内容比较单一，专业化程度不足，行业整体规模和经济效益难以提升。

### （二）科技服务业的市场化机制亟待完善

北京市科技服务机构的运行和管理机制较为落后，不能适应市场化发展趋势。从历史的角度来看，科技服务行业是在由计划经济向市场经济转轨的过程中发展起来的，绝大部分科技服务机构是从政府的二级单位中演化出来的，与政府有天然的、密不可分的联系，且目前市场中业务规模比较大的几家科技服务机构都是依托政府力量成长起来的。从现实的角度来看，第四次全国经济普查数据显示，北京市共有内资科技服务法人单位150018家，其中私有性质的法人单位131824家，占比高达87.87%，但其资产仅占内资科技服务法人单位资产总数的26.06%，公有性质的法人单位数虽只占12.13%，但其资产占比高达73.94%（见表10）。私有性质的科技服务企业数量众多，规模较小，力量分散，公有性质的科技服务企业数量较少，体量庞大，在当前的科技服务市场中仍然占据主导地位。这类机构大部分是适应政府发展科技服务业的需求而建立的，在业务上也依赖于政府的职能部门，其运行和管理机制受政府行政力量的束缚，缺乏市场意识、竞争意识和服务意识，缺乏开拓市场和发展业务的积极性和主动性，难以满足科技成果产业化的市场需求。

### （三）发展失衡长期存在，各区科技服务业发展水平差距大

北京市各区科技服务业发展水平悬殊。长期以来，北京市各区经济发展不平衡的问题一直存在，2021年，北京市各区中，地区生产总值最高的海淀区达到9501.74亿元，而最低的延庆则仅有204.74亿元（见表11），仅为海淀区的1/46，经济发展的不平衡突出表现为各个产业发展水平的差距，科技服务业就是一个典型。城区科技服务业发展水平高，郊区科技服务业发展基础薄弱，发展水平远远落后。以中关村国家自主创新示范区为载体，海淀区作为全市科技服务行业的主要聚集地，其法人单位数量、资产总数、营

表10 2018年北京市科技服务业法人单位情况

| 企业性质 | | 法人单位数<br>（家） | 资产总计<br>（千元） | 负债合计<br>（千元） | 营业收入<br>（千元） | 营业利润<br>（千元） |
|---|---|---|---|---|---|---|
| 内资科技<br>服务企业 | 国有企业 | 382 | 95040571 | 47170807 | 22957224 | 2084455 |
| | 集体企业 | 716 | 9126159 | 7122152 | 1429677 | 15694 |
| | 股份合作企业 | 857 | 3708698 | 2178849 | 1713724 | 21860 |
| | 国有联营企业 | 7 | 441736 | 145686 | 178756 | −6844 |
| | 集体联营企业 | 27 | 142088 | 99207 | 42878 | 3520 |
| | 国有与集体联营企业 | 1 | — | — | — | — |
| | 其他联营企业 | 5 | 79274 | 67576 | 35247 | 151 |
| | 国有独资公司 | 185 | 570970387 | 152910476 | 61109670 | 15521186 |
| | 其他有限责任公司 | 15268 | 1150837683 | 624560114 | 337804652 | 8157655 |
| | 股份有限公司 | 746 | 753609302 | 410175471 | 116140210 | 17729756 |
| | 私营独资企业 | 2483 | 2376788 | 1268747 | 883172 | 190464 |
| | 私营合伙企业 | 2090 | 10813018 | 1925426 | 1883403 | 538946 |
| | 私营有限责任公司 | 126354 | 827204818 | 525770699 | 245256036 | −18006023 |
| | 私营股份有限公司 | 772 | 68801053 | 37337711 | 20619310 | 1481815 |
| | 其他私营企业 | 125 | 1538256 | 499377 | 367926 | −38492 |
| 总计 | | 150018 | 3494690523 | 1811233273 | 810422734 | 27693850 |

资料来源：《北京经济普查年鉴（2018）》。

表11 北京市各区主要年份生产总值

单位：亿元

| 各区 | 2010年 | 2015年 | 2016年 | 2017年 | 2018年 | 2019年 | 2020年 | 2021年 |
|---|---|---|---|---|---|---|---|---|
| 东城区 | 1291.59 | 2099.19 | 2280.07 | 2508.30 | 2727.05 | 2910.39 | 2937.03 | 3193.05 |
| 西城区 | 2086.35 | 3553.15 | 3881.78 | 4265.67 | 4692.28 | 5007.33 | 5002.72 | 5408.11 |
| 朝阳区 | 2944.04 | 5072.97 | 5516.20 | 6079.90 | 6668.24 | 7116.39 | 7037.12 | 7617.81 |
| 丰台区 | 770.45 | 1283.65 | 1399.07 | 1557.94 | 1710.90 | 1829.63 | 1848.46 | 2009.74 |
| 石景山区 | 321.73 | 532.28 | 592.89 | 667.32 | 748.81 | 807.96 | 862.58 | 959.88 |
| 海淀区 | 3097.90 | 5359.71 | 5907.99 | 6594.27 | 7369.05 | 7954.56 | 8492.01 | 9501.74 |
| 门头沟区 | 95.85 | 171.04 | 188.40 | 208.45 | 232.39 | 249.27 | 249.08 | 268.78 |
| 房山区 | 374.40 | 568.42 | 614.27 | 681.68 | 766.96 | 810.99 | 750.18 | 818.35 |

续表

| 各区 | 2010 年 | 2015 年 | 2016 年 | 2017 年 | 2018 年 | 2019 年 | 2020 年 | 2021 年 |
|---|---|---|---|---|---|---|---|---|
| 通州区 | 394.78 | 689.68 | 761.43 | 852.21 | 986.70 | 1059.30 | 1110.47 | 1206.35 |
| 顺义区 | 878.39 | 1471.53 | 1600.72 | 1715.87 | 1875.95 | 1993.00 | 1849.25 | 2076.77 |
| 昌平区 | 417.58 | 755.05 | 815.36 | 906.27 | 997.93 | 1082.51 | 1151.82 | 1286.98 |
| 大兴区 | 368.50 | 614.20 | 678.71 | 759.48 | 846.62 | 907.62 | 931.04 | 1461.84 |
| 怀柔区 | 160.69 | 281.27 | 304.88 | 336.01 | 374.96 | 399.90 | 399.11 | 432.61 |
| 平谷区 | 119.76 | 214.29 | 233.09 | 252.51 | 276.30 | 293.57 | 321.88 | 359.28 |
| 密云区 | 142.69 | 234.89 | 254.97 | 287.82 | 317.50 | 341.02 | 333.42 | 360.31 |
| 延庆区 | 73.81 | 127.40 | 139.52 | 158.58 | 179.25 | 195.33 | 195.69 | 204.74 |
| 北京经济技术开发区 | 782.58 | 1295.21 | 1409.59 | 1572.84 | 1793.51 | 1932.84 | 2040.32 | 2666.01 |
| 全市 | 14964.02 | 24779.10 | 27041.20 | 29883.00 | 33105.97 | 35445.13 | 35943.25 | 40269.55 |

注：地区生产总值分区数据之和不等于全市数据，因为各区中扣除了划归市一级核算的部分。
资料来源：《北京区域统计年鉴（2022）》。

业收入、营业利润等指标在全市均位列第一，科技服务业发展的聚集效应明显，而各郊区地理位置较偏远，经济发展水平相对落后，科技服务业的发展基础"先天不足"。

按照北京市总体城市规划设计，北京市各行政区域被划分为四大功能分区——首都功能核心区、城市功能拓展区、城市发展新区、生态涵养新区。首都功能核心区包括东城区和西城区，城市功能拓展区包括朝阳区、海淀区、丰台区、石景山区，城市发展新区包括通州、顺义、大兴、昌平、房山5个区和北京经济技术开发，生态涵养新区包括门头沟、平谷、怀柔、密云、延庆5个区。从科技服务企业的数量来看，2018年，北京市共有科技服务企业152538家，其中朝阳区38857家，海淀区45950家，两个区的科技服务企业数量就占到全市的半数以上，城市功能拓展区共占70%左右，城市发展新区占15%左右，生态涵养新区占10%左右，首都功能核心区占5%左右（见图6）。从科技服务业的产值来看，海淀区科技服务业的发展一枝独秀，2021年海淀区科技服务业产值超过1000亿元，占比接近40%，朝阳区科技服务业产值为628.703亿元，占比接近20%，城市功能拓展区产值占比接近70%，首都功能核心区产值占比约为20%，城市发展新区产值占比约为10%，生态涵养新区科技服务业产值较低，基本可忽略不计（见表12）。从企业数量和产值来看，北京市科技服务业形成了稳定的"七二一"格局，城市功能拓展区占七成，首都功能核心区占二成，城市发展新区占一成，生态涵养新区基本可忽略不计。2021年北京市各区科技服务业经营状况见表13。

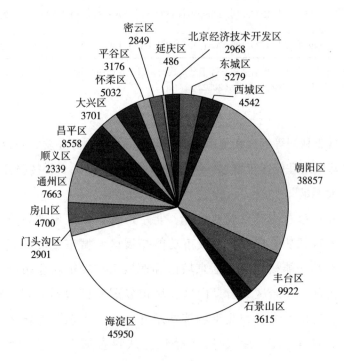

**图6　2018年北京市各区科技服务企业数量**

资料来源：《北京经济普查年鉴（2018）》。

表 12　北京市各区科技服务业产值和增长速度

单位：万元，%

| 各区 | 2021 年 | 2020 年 | 增长速度 |
|---|---|---|---|
| 东城区 | 3361138 | 3152668 | 3.5 |
| 西城区 | 2924499 | 2737729 | 3.7 |
| 朝阳区 | 6287030 | 5871200 | 4 |
| 丰台区 | 2704317 | 2355940 | 11.5 |
| 石景山区 | 538380 | 479883 | 9 |
| 海淀区 | 11830685 | 11162852 | 2.1 |
| 门头沟区 | 124746 | 118737 | 2 |
| 房山区 | 340251 | 339339 | -2.6 |
| 通州区 | 320883 | 292315 | 6.6 |
| 顺义区 | 500600 | 454212 | 7 |
| 昌平区 | 1204953 | 1066220 | 9.7 |
| 大兴区 | 496218 | 445020 | 6.1 |
| 怀柔区 | 258007 | 185498 | 35.1 |
| 平谷区 | 126971 | 116644 | 5.7 |
| 密云区 | 82038 | 81775 | -2.6 |
| 延庆区 | 54582 | 50360 | 5.3 |
| 北京经济技术开发区 | 738941 | 644925 | 11.3 |
| 全市 | 31982000 | 29739200 | 2.3 |

注：地区生产总值按当年价格计算，增长速度按不变价格计算（剔除价格影响）。
资料来源：《北京区域统计年鉴（2022）》。

表 13　2018 年北京市各区科技服务业经营状况

单位：千元

| 各区 | 资产总计 | 负债合计 | 营业收入 | 营业利润 |
|---|---|---|---|---|
| 东城区 | 126160642 | 73403973 | 37282119 | 1053322 |
| 西城区 | 1026747227 | 403285181 | 106860806 | 22292215 |
| 朝阳区 | 841262262 | 491233750 | 198186228 | -8025898 |
| 丰台区 | 145533068 | 78814411 | 54963198 | 2590293 |
| 石景山区 | 62615118 | 43726150 | 25949871 | 153843 |
| 海淀区 | 994181229 | 554827721 | 321648854 | 12374176 |
| 门头沟区 | 16997297 | 16892431 | 3717306 | -239296 |

续表

| 各区 | 资产总计 | 负债合计 | 营业收入 | 营业利润 |
|---|---|---|---|---|
| 房山区 | 14087249 | 8797909 | 6345540 | 137576 |
| 通州区 | 23325569 | 15525691 | 9599910 | −514694 |
| 顺义区 | 43581090 | 24807297 | 15117335 | −911902 |
| 昌平区 | 186897676 | 97113094 | 31667406 | −559079 |
| 大兴区 | 52403939 | 36500414 | 14142238 | 289100 |
| 怀柔区 | 22556931 | 15407537 | 4840629 | −464021 |
| 平谷区 | 23525439 | 11771189 | 4148231 | −40177 |
| 密云区 | 8545552 | 5627865 | 3213310 | −382765 |
| 延庆区 | 1774636 | 1057831 | 696579 | 21603 |
| 北京经济技术开发区 | 182827476 | 92633428 | 34722377 | 1387234 |

资料来源:《北京经济普查年鉴（2018）》。

## 四 北京市科技服务业发展的对策

### （一）加强顶层设计，强化政策支持，健全市场化运营管理机制

首先，各职能部门应该加强协调配合，进行统筹规划和部署。市科委、市发改委、市税务局等部门应该加强沟通协调，逐步出台完善的产业发展计划，明确科技服务业发展的目标和方向、重点领域等，进而出台完善的财税、金融帮扶政策，为科技服务业的发展营造良好的政策环境和制度环境。针对集成电路、智能装备等高精尖产业领域，中关村科学城、自贸试验区等重点园区内的科技创新企业，要通过开展联席会议、成立专项小组等方式，形成高效运行的长效工作机制，逐步化解现实中的矛盾，出台并落实相关的支持政策。

其次，建立健全标准化、规范化的统计制度是科技服务业发展的先决条件。2002 年，国家统计局就出台了《国民经济行业分类》，将科技服务业纳入了统计范围。2015 年，国家统计局又出台并修订了《国家科技服务业统

计分类》，对科技服务业的统计口径进行了明确的规定，是目前关于科技服务业统计范围的权威性文件。但是，关于科技服务业的统计范围，这两个文件并没有统一口径。并且，目前官方发布的调查数据仍然以《国民经济行业分类》为准，给现实生活中科技服务行业的统计调查、规范管理、科学预测等工作带来了困难，相关文献对科技服务业的概念界定和统计口径也是无法统一。因此，应该在更高层面明确其概念和统计口径，规范科技服务行业的统计调查制度，由管理机构或行业协会牵头组织开展专项的科技服务业统计调查，提供更加精准、详尽的数据以指导行业发展，为科技服务行业共享数据平台的建立提供基础。

最后，建立现代企业制度，构建普惠性的政策支持体系，提升科技服务行业的市场化水平。一方面，基于科技服务企业发展的需要，在产权、组织架构、管理制度、运营机制等方面进行变革，明晰产权关系，建立适应市场的现代企业运营管理机制，积极参与市场竞争。另一方面，构建普惠性的政策支持体系，对所有企业"一视同仁"，不搞差别对待。以市场化的机制逐步完善政府的产业调控手段，由以行政干预为主过渡到以经济和法律手段为主，不断优化营商环境，建立健全市场化的调控体系，激发企业发展的内生活力和发展动力。建立科技服务业专项资金，运用财政补贴、政府购买、以奖代补、贷款风险补偿等多元化的方式为符合条件的科技项目和科技服务企业提供资金支持，破解资金难题。另外，政府要加强科学技术基础设施建设，牵头搭建区域性创新资源共享平台，营造科技服务新生态。

## （二）打造自主科技创新品牌，培养具有国际影响力的科技服务企业

首先，提升科技服务机构的专业化运营水平，使其服务于经济发展和产业转型升级。科技服务机构要依托北京市丰富的科技创新资源和完善的金融网络体系，进一步"修炼自身"，扩大业务服务范围，提升专业能力，加强与各大科研院所、科技研发企业的沟通交流，依托行业协会等行业自律组

织，不断约束、规范自身经营活动，促进企业之间的合作交流、信息共享和互利共赢，逐步完善科技服务网络体系，推动整个科技服务行业朝着规范化、专业化、规模化的方向发展。科技服务业是从传统产业中分离出来，同时又服务于传统产业的现代服务业，具有极强的辐射力和巨大的引领能力。科技服务业的发展必须在更大范围和更深层次上与传统产业融合起来，既要促进传统产业的转型升级，又要提升科技服务业的专业水平，扩大其经营范围，从而推动经济发展方式转变，实现经济高质量发展。

其次，精准布局，突出重点，培养科技服务业行业领军企业。当前，北京市科技服务业机构呈现"散、乱、小"的状态，缺乏领军型的大品牌、大企业。因此，必须加强对当前经济形势的研判，参考北京市高精尖产业布局重点，按照科技服务企业的资产规模、营业利润、品牌影响力、服务能力和范围、发展潜力等指标进行筛选，梳理科技服务业发展重点企业目录，加大对重点企业的支持力度，培育科技服务业龙头企业。龙头企业的培育要按照区域经济发展的实际情况进行，因地制宜，根据北京市各区科技服务业发展的优势所在，对重点科技服务企业进行合理布局，比如西城区重点发展科技金融、设计服务，海淀区重点发展工程技术、知识产权服务等，促进科技服务业的区域均衡发展。

最后，分类施策，精准发力，为企业需求提供"点对点"式精准服务。针对纳入科技服务业重点企业目录中的机构，可参考生态环境监督执法正面清单管理制度，减少各项监督检查，为企业提供绿色通道，简化办事流程和手续。通过这种方式，既可以提升资源的利用率，提高办事效能，又可以减轻企业的经营负担和压力，提高企业的经营效率和水平。针对行业内的领军企业，协助其办理人才落户、住房申请等手续。对具有发展潜力的初创型企业，要帮助其做好人才引进和资源对接工作。相关管理机构要随时跟进重点科技服务企业的发展动态，让政策走在问题前面，不断增强各项帮扶措施的针对性和有效性，破解制约企业发展的难题，促进企业发展壮大。

## （三）均衡发展，辐射带动，促进京津冀协同创新共同体建设

北京作为首都和国际科技创新中心，科技服务业发展的辐射带动作用明显。特别是天津和河北具有先天的地缘优势，与北京的技术转移和产业协作关系密切，发展科技服务业的条件得天独厚，可承接北京科技成果转移，促进自身科技服务业发展。从北京市技术合同成交的情况来看，2021年北京市流向外省（市、区）的技术合同成交额是4347.7亿元，其中流向天津和河北的技术合同成交额达到350.4亿元，占比接近10%（见图7）。因此，北京应该加强基础研究，提升原始创新能力，加快提升自身科技服务业的综合实力，进而辐射带动天津和河北，打造京津冀协同创新共同体，提升区域整体创新实力和水平。

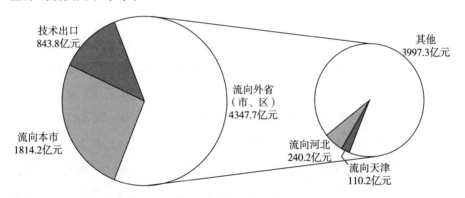

**图7　2021年北京市技术合同流向**

资料来源：《北京统计年鉴（2022）》。

首先，促进北京市各区科技服务业均衡发展，提升科技服务行业综合实力。"打铁还须自身硬"，北京市进一步发挥辐射带动作用、促进京津冀协同发展的前提和基础是补齐自身科技服务业发展区域不均衡的短板，提升科技服务行业整体发展水平。以"一核一主一副、两轴多点一区"的城市空间结构布局为出发点，明确各区之间的功能定位和产业优势，加强优势互补，形成"百花齐放，百家争鸣"的各具特色的产业发展格局。建立各区科技服务企业常态化的互动交流机制，通过组织走访、座谈等活动，加强企

业间的沟通和交流合作，根据产业发展需要，在关键环节和步骤加强合作，建立战略合作伙伴关系，破解发展中的难题，实现共同发展。

其次，推进资金、人才等创新要素在区域内有序、自由流动，使各项资源得到优化配置，打造开放、共享的创新环境。北京市创新资源的要素聚集度要远远高于天津和河北，为构建京津冀协同创新共同体，必须探索完善科技资源市场流动机制，促进人才、资金等关键创新要素的流动交流，打造创新资源共享服务网络。依托国家网络管理平台，搭建区域性合作交流平台，鼓励各大高校、科研机构参与其中，促进重大科研基础设施和大型科研仪器的共享公用，提高科研硬件设施的利用率。同时，政府通过以奖代补、无偿资助等形式加大对共享平台的财政补贴，提高各方参与的积极性。鼓励三地的高等院校、科研机构、科研人才开展跨区域、跨组织、跨专业的合作交流，聚焦关键技术领域开展协同创新。

最后，建立统一开放的技术交易市场，促进北京科技成果在天津和河北落地转化。技术交易市场可以突破技术的地理界线和应用范围的限制，进一步提高技术的附加值和经济效益，提升技术的运用和流通效率，是科技服务产业的基础性组成部分。为打造统一开放的技术交易市场，需要顺应经济发展趋势，重点发展节能环保、生物医药、新能源、新材料、航空航天等战略性新兴产业，改造纺织、食品等传统产业，提升天津、河北两地的产业链配套能力，更好地承接北京市的技术转移和产业转移。同时，需要完善著作权法、商标法、专利法等知识产权保护体系，打造技术转移政策支持体系，为产业转移和技术转移保驾护航。

### （四）以"两区"建设为契机，扩大科技服务业对外开放

随着全方位对外开放的不断深化，科技服务业的国际人才交流、合作研发等已经取得了长足的进步。"两区"建设为现代服务业的发展注入了新的生机与活力，也使科技服务业的发展迎来了新的战略机遇，科技服务业的发展空间进一步扩大，人才、资金等科技资源可以在全球范围内实现自由流动和优化配置，使科技服务业可以利用全球优势资源实现自身发展。

一方面，创新制度安排，进一步发挥首都示范作用。据不完全统计，北京市作为服务业对外开放先行先试的试点城市，"两区"建设累计落地全国突破性项目 42 项、全国标志性项目 61 项、向全国复制推广改革创新经验 34 项，为各地服务业扩大对外开放、提高发展质量提供了可借鉴的经验。未来，北京市要进一步加强制度创新，探索更多可借鉴、可推广、可复制的北京经验，为科技服务业的发展提供"北京样本"。在体制机制创新方面，聚焦知识产权服务、贸易便利化、投资服务、人才服务四个重点领域。加快知识产权保护立法，建设一批知识产权保护机构，为创新主体提供"一站式"精准维权方案；完善知识产权金融服务政策，开发知识产权创新金融产品，促进金融和科技深度融合；健全人才评价体系，加大境外高端人才引进力度，注重人才有效激励。同时，加紧制定改革任务清单，明确时间节点，确保各项改革措施按照路线图、时间表稳步推进。

另一方面，加强国际交流合作，积极融入全球科技创新网络。重视推动政府间科技合作伙伴关系的建立，积极与科技大国、创新强国建立科技合作伙伴关系，通过签署科技协议、备忘录等方式达成合作意向，不断扩大自己的全球"交际圈"。培育国际企业，鼓励有条件的企业"走出去"，通过企业并购或直接投资等方式到国外建立分公司、研发机构，直接利用境外的人才、资金、科研设备等优质资源开展研发活动，实现科技新突破。

**参考文献**

［1］北京市统计局：《北京统计年鉴（2022）》，中国统计出版社，2022。

［2］北京市统计局：《北京区域统计年鉴（2022）》，中国统计出版社，2022。

［3］李志起：《科技服务业支撑北京科创中心建设》，《北京观察》2020 年第 9 期。

［4］杨茜淋、张士运、娄峰：《北京市科技服务业产业拉动作用研究——基于非竞争型投入产出表》，《科技管理研究》2019 年第 14 期。

［5］余茂军、胡功杰、窦瑾：《上海市科技服务业发展重点领域及存在问题》，《时代金融》2019 年第 12 期。

［6］ 黄彦艳、安英红、郑阳、刘曌：《北京西城科技服务业发展向好》，《中国国情国力》2018 年第 12 期。

［7］ 张剑波、戚铭芳、颜明峰、张英俊：《上海市科技服务业发展现状与思路对策研究》，《上海经济》2018 年第 5 期。

［8］ 司马红、李岱松：《打造首都核心区的科技之路——北京市西城区科技服务业发展战略思考》，《前线》2018 年第 6 期。

［9］ 韩鲁南、关峻、包江山、白玉：《北京市科技服务业现状分析及发展趋势研究》，《科技管理研究》2013 年第 8 期。

［10］ 西桂权、类淑霞、曹倩：《北京市科技服务业发展现状及其影响因素研究》，《技术与管理创新》2021 年第 6 期。

［11］ 涂平、杨博文：《成果转化视角下北京市科技中介服务机构政策现状、问题及对策》，《中国科技信息》2021 年第 10 期。

# B.5
# 北京商务服务业发展报告
# （2022～2023）

张　晓　谢天成*

**摘　要：** 商务服务业作为现代服务业的重要组成部分，对市场经济的拉动
作用日益凸显。本报告对商务服务业的相关文献进行了梳理，从
总产值、规模、财务状况、从业人员和特色产业功能区5个方面
对全市商务服务业的现状进行分析，研究表明北京市商务服务业
的国际竞争力有待进一步提升，内部结构有待进一步调整，抵御
风险能力有待提高，人力成本逐步攀升，专业人才供应不足。应
从以下方面入手，加快北京市商务服务业高质量发展：加快企业
转型，增强创新意识；以市场为导向，优化行业内部结构；加强
政策扶持，稳定市场环境；加强人才培育，完善人才引进政策。

**关键词：** 商务服务业　高质量发展　北京

　　商务服务业是指为企业提供服务的行业，是现代服务业中的一部分，包
括企业管理服务、法律服务、咨询与调查、广告、职业中介服务等行业。在
促进专业化分工、进一步提高社会资源配置效率、提升企业竞争力方面，商
务服务业起着重要的促进和推动作用。随着我国国民经济的不断发展和产业
结构的深化改革，服务业的支撑地位逐渐凸显。商务服务业作为服务业中的

---

* 张晓，北京建筑大学城市经济与管理学院硕士研究生，研究方向为技术经济与管理；谢天
成，博士，北京建筑大学城市经济与管理学院副教授，研究方向为城乡规划与管理。

重要组成部分，其发展受到广泛关注。北京市作为我国首都，是我国重要的商务服务中心城市，经济规模和经济实力都处于全国领先的地位。在世界产业经济结构不断优化调整、我国信息化和网络技术逐渐成熟的背景下，北京市商务服务业得到快速发展，在促进北京市形成高端产业布局和提升北京乃至全国的整体产业竞争力方面具有重要意义。

第三产业作为北京市经济的重要支柱行业，发展态势良好。2021年，北京市地区生产总值实现40269.6亿元，其中第三产业产值达32889.6亿元，较上年增加9.28%，占地区生产总值的81.67%。① 由此可见，第三产业的支撑作用显著。2021年，第三产业中产值占比排名前五的行业分别是金融业，信息传输、软件和信息技术服务业，科学研究和技术服务业，批发和零售业，房地产业，合计约占第三产业生产总值的70.21%。② 租赁和商务服务业排名第六，产值占地区生产总值的6.04%③，是北京市经济发展的支柱产业。

# 一　文献综述

随着社会经济的快速发展和产业分工的细化，商务服务业对市场经济的拉动作用日益凸显，逐渐成为学术界研究的重点。从商务服务业的概念内涵来看，国内有学者认为商务服务业是为商贸、商务活动提供服务的产业群，主要是为商业活动的各项交易提供服务，属于生产性服务业，兼具知识密集型的特征④；也有学者认为商务服务业是一种高端服务业，主要是利用信息技术对传统服务业进行提升改造，从而形成的一种移动商务服务⑤；还有学者认为商务服务业等同于商业服务业，它是指商业活动中涉及的交换活动，包括个人、企业和政府的消费活动⑥。从商务服务业的特点来看，国内学者

---

① 《北京统计年鉴（2022）》。
② 根据《北京统计年鉴（2022）》计算。
③ 根据《北京统计年鉴（2022）》计算。
④ 苏夏怡：《现代商务服务业发展研究》，《中国市场》2012年第41期。
⑤ 王冠凤：《关于高端服务业发展研究的文献综述》，《武汉金融》2019年第8期。
⑥ 周红、杨晓蕾、孙露卉：《商务服务业创新研究综述》，《中国商贸》2011年第24期。

普遍认为商务服务业具有高成长性、高人力资本含量、高技术含量、高附加值、顾客导向型的价值增值效应、强集聚性和辐射力等特征①。从商务服务业领域的研究内容来看，学术界对商务服务业的研究重点在于对某省市商务服务业发展现状、所存在的问题以及对策的探索，尤其是电子商务服务业，以及对商务服务业发展水平测度、空间布局等的研究。例如，刘红英等在分析粤北地区电子商务服务业发展现状的基础上，发现粤北地区的电商发展面临诸多问题，如规模较小、品牌塑造不足、产业融合程度低、物流成本高和电商人才匮乏②；马子路等采用核密度估计与圈层分析方法，以武汉市区为研究对象，对其商务服务业的空间格局进行定量分析，并对其影响因素进行探索③；王海波等在剖析宁波先进制造业和商务服务业发展现状的基础上，对二者之间的整体融合度、分行业融合度进行分析，发现从产业与就业结构来看，宁波先进制造业对商务服务业的引力作用不显著④。从研究方法来看，对商务服务业从宏观层面进行定性分析的研究成果居多，而定量分析的研究成果较少。

在有关北京市商务服务业的研究中，有学者认为北京市商务服务业充分利用了首都资源优势，具有服务全球化、业务高端化、产业集群化、创新融合化的特点，对首都经济发展的推动作用明显⑤；也有学者认为北京作为首都，商务服务业的发展具有资源优势，但也存在制约因素，如具有较强国际竞争力的企业数量不足、人力成本逐步攀升、缺少高端人才、行业标准化体系不完备等⑥；还有学者认为北京市商务服务业的企业层次不高是当前存在

① 翟文秀：《山东商务服务业发展问题及对策分析》，《山东省农业管理干部学院学报》2013年第5期。
② 刘红英、钟显龙：《粤北地区农村电子商务服务业发展的战略与对策探析》，《科技和产业》2021年第12期。
③ 马子路、黄亚平：《武汉都市区商务服务业空间格局及影响因素研究》，《现代城市研究》2020年第4期。
④ 王海波、关丽红、杨立娜：《宁波先进制造业与商务服务业融合发展的对策研究》，《宁波经济（三江论坛）》2020年第7期。
⑤ 王乐：《浅谈"十二五"时期北京市商务服务业发展现状》，《商》2016年第12期。
⑥ 闫淑玲：《北京商务服务业发展现状与趋势预测》，《商业经济研究》2019年第18期。

的问题，在今后的发展中，应继续坚持以引资为突破口，提高北京市商务服务业的核心竞争力。[①] 党的十八大以来，北京市推进商务领域的供给侧改革，从提升生活性服务业品质、有效疏解商务领域非首都功能、加快培育商务发展新动能、加快构建开放型经济新体制、营造与国际接轨的营商环境五个方面推出更多体现首都特色、反映时代特征的政策举措。[②] 为了推动商务服务业的进一步发展，实施产业间的融合是一条行之有效的途径。将文化创意产业的创意理念和创新技术，运用在商务服务业的研发、设计、品牌营销等环节中，不仅可以提升商务服务业产业链的文化价值，还可以推动产业转型升级，提高服务效率。[③] 北京市提出加强服务人才培养和技能培训，有序推进商业服务业扩大开放，吸引更多外资知名企业进入北京，发挥知名企业在品牌、管理、服务等方面的优势，推动行业发展，满足市民的多元化消费需求。[④] 考虑到商务服务业的发展离不开金融体系的系统性支持，且二者之间存在长期的均衡关系，因此应该多考虑长期影响而非短期效应，积极引导金融业进一步深化，从多个途径支持商务服务业的健康发展，使之能带动其他产业的发展。[⑤] 北京的商业服务业发展并不均衡，目前北京市已形成了 6 个商务服务业聚集区，这将成为北京市商务服务业和首都经济的新增长点。

综上所述，学术界对北京商务服务业的研究总体上成果较少，且以定性分析居多，定量分析及对商务服务业发展现状和趋势的分析有待进一步加强。

---

① 李宝仁、龚晓菊、马文燕：《北京商务服务业发展的比较优势研究》，《经济研究参考》2014 年第 35 期。

② 王喆、李叶妍、赵雷：《新时代深化北京市商务领域供给侧改革的举措》，《中国经贸导刊》2018 年第 21 期。

③ 刘妍：《北京 CBD 文创产业与商务服务业融合路径研究》，《市场周刊》2016 年第 6 期。

④ 《北京提升商业服务业服务质量》，《政策瞭望》2019 年第 4 期。

⑤ 梁鹏、李志刚、曹丹丹：《北京市商务服务业发展的金融支持实证研究》，《商业时代》2014 年第 23 期。

## 二 北京市商务服务业的发展现状

北京市是一个高度国际化的大都市，有着丰富的商业服务资源和优越的地理位置，非常适宜商务服务业的发展。与此同时，北京市近年来一直努力促进行业结构的优化，并出台了一系列支持政策，对商务服务业的发展起到了很好的促进作用。

### （一）北京市商务服务业的产值分析

从行业增加值来看，2016~2019年，北京市商务服务业的增加值逐年增加，由2079.7亿元增加至2599.3亿元；2020年，受新冠疫情影响，北京市商务服务业的增加值有所下降，为2286.2亿元；到2021年经济回暖，商务服务业的增加值为2437.53亿元（见图1）。从同比增长率来看，2016~2018年，同比增长率均有所提升；2019~2020年，同比增长率由7.4%降到−12.1%，2021年又上升至6.6%。

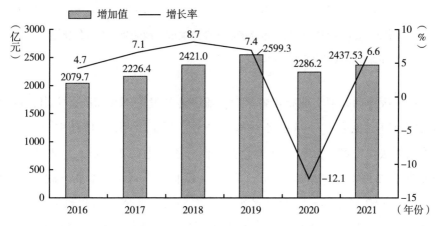

**图1 2016~2021年北京市商务服务业增加值及同比增长率**

资料来源：《北京统计年鉴（2022）》。

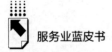

从占比来看，2016~2021年，北京市商务服务业增加值占地区生产总值的比重整体呈降低趋势（见图2）。尤其是2020年，商务服务业增加值减少的同时，占地区生产总值的比重也在下降。到2021年，虽然商务服务业增加值有所回升，但其占比仍在下降。由此可见，商务服务业的发展受到新冠疫情的巨大冲击，需要进一步推动商务服务业转型升级。2021年，就北京市服务业各行业增加值占地区生产总值的比重而言，商务服务业仅次于金融业，信息传输、软件和信息技术服务业，批发和零售业，科学研究和技术服务业，房地产业，位居第六。

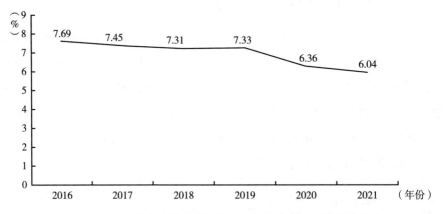

**图2　2016~2021年北京市商务服务业增加值占地区生产总值的比重**

资料来源：《北京统计年鉴（2022）》。

从各区视角来看，北京市各区商务服务业的发展不平衡问题突出，且集聚效应显著（见表1）。从商务服务业增加值来看，朝阳区依托中央商务区集聚大量法律咨询、广告、会展企业，商务服务业发展迅猛，2021年商务服务业增加值高达1027.08亿元，占全市商务服务业增加值的比重为42.14%，位居全市第一。海淀区汇集了为科技企业服务的投资管理企业、咨询公司和知识产权服务机构，2021年商务服务业增加值达306.72亿元，占全市商务服务业增加值的比重为12.58%，位居全市第二。西城区以金融街为核心，吸引了众多为金融企业服务的法律、会计、审计以及投资管理等商务服务企业，2021年商务服务业增加值达297.96亿元，占全市商务服业增加值的比重为 12.22%，位居全市第三。东城区东二环高端服务发展带聚集了大型央企总部，2021 年商务服务业增加值达 221.66 亿元，占全市商务服务业增加值的比重为 9.09%，位居全市第四。朝阳区、海淀区、东城区和西城区四个区的商务服务增加值合计占比达 76.03%，是北京市商务服务业发展的主力军。从增长速度来看，北京以国际消费中心城市建设为引领，不断增强消费对经济发展的基础性作用，实现商务服务业高质量发展，2021 年，北京市商务服务业实现高质量发展，尤其是平谷区、延庆区、门头沟区和北京经济技术开发区增速显著。

**表 1 2021 年北京市各区商务服务业增加值、增长速度及占全市比重**

| 区域 | 增加值（亿元） | 同比增长（%） | 占全市比重（%） |
|---|---|---|---|
| 东城区 | 221.66 | 5.6 | 9.09 |
| 西城区 | 297.96 | 6.1 | 12.22 |
| 朝阳区 | 1027.08 | 9.0 | 42.14 |
| 丰台区 | 173.77 | 7.1 | 7.13 |
| 石景山区 | 34.44 | 0.4 | 1.41 |
| 海淀区 | 306.72 | 8.3 | 12.58 |
| 门头沟区 | 4.74 | 14.0 | 0.19 |
| 房山区 | 25.17 | 2.1 | 1.03 |
| 通州区 | 40.05 | -0.1 | 1.64 |
| 顺义区 | 78.85 | 4.1 | 3.23 |
| 昌平区 | 52.62 | 3.3 | 2.16 |
| 大兴区 | 49.79 | 2.4 | 2.04 |
| 怀柔区 | 22.03 | 0.6 | 0.90 |
| 平谷区 | 13.07 | 29.1 | 0.54 |
| 密云区 | 7.99 | 2.6 | 0.33 |
| 延庆区 | 14.67 | 15.1 | 0.60 |
| 北京经济技术开发区 | 66.92 | 11.2 | 2.75 |

资料来源：《北京区域统计年鉴（2022）》。

从空间来看，由 2013 年和 2018 年北京市经济普查中各区统计情况可知，北京市商务服务业企业主要聚集在朝阳区、海淀区、东城区、西城区和

丰台区，而其他地区相对较少（见表2）。朝阳区的法人单位数量最多，由2013年的39044家增长到2018年的51586家，增加了32.12%，且占全市商务服务业法人单位数量的比例接近30%，可见朝阳区具有巨大的发展潜力。海淀区位居第二，2013年商务服务业法人单位数为23385家，2018年增长到27757家，占全市的15%以上。丰台区位居第三，由2013年的10060家增加到2018年的13301家，占全市的比例略有下降，由2013年的7.82%下降到2018年的7.25%。接下来是东城区和西城区，2013年东城区和西城区的商务服务业法人单位数分别为11143家和11297家，占全市的比例分别为8.66%和8.78%。2018年，非首都功能疏解初见成效，东城区和西城区商务服务业法人单位数均有所降低，分别为10005家和9217家，占全市的比例分别为5.45%和5.02%。

**表2 2013年和2018年北京市各区商务服务业法人单位数及所占比例**

| 各区 | 2013年 | | 2018年 | |
|---|---|---|---|---|
| | 法人单位数（家） | 所占比例（%） | 法人单位数（家） | 所占比例（%） |
| 东城区 | 11143 | 8.66 | 10005 | 5.45 |
| 西城区 | 11297 | 8.78 | 9217 | 5.02 |
| 朝阳区 | 39044 | 30.34 | 51586 | 28.12 |
| 丰台区 | 10060 | 7.82 | 13301 | 7.25 |
| 石景山区 | 3759 | 2.92 | 5942 | 3.24 |
| 海淀区 | 23385 | 18.17 | 27757 | 15.13 |
| 门头沟区 | 1495 | 1.16 | 3550 | 1.94 |
| 房山区 | 3824 | 2.97 | 7272 | 3.96 |
| 通州区 | 5635 | 4.38 | 8813 | 4.80 |
| 顺义区 | 2792 | 2.17 | 5475 | 2.98 |
| 昌平区 | 5416 | 4.21 | 7385 | 4.03 |
| 大兴区 | 3326 | 2.58 | 7176 | 3.91 |
| 北京经济技术开发区 | — | — | 2630 | 1.43 |
| 怀柔区 | 2763 | 2.15 | 9503 | 5.18 |

| 各区 | 2013 年 | | 2018 年 | |
| --- | --- | --- | --- | --- |
| | 法人单位数（家） | 所占比例(%) | 法人单位数（家） | 所占比例(%) |
| 平谷区 | 1443 | 1.12 | 6174 | 3.37 |
| 密云区 | 2782 | 2.16 | 5693 | 3.10 |
| 延庆区 | 512 | 0.40 | 1952 | 1.06 |

资料来源：《北京经济普查年鉴（2013)》《北京经济普查年鉴（2018)》。

### （二）北京市商务服务业的规模分析

从规模以上法人单位数来看，2016~2021 年（除 2018 年）北京市商务服务业规模以上法人单位数分别为 5361 家、5301 家、5950 家、5308 家和 5374 家（见表 3）。"十三五"规划实施以来，北京市商务服务业规模以上法人单位数在 2019 年达到最高值。随后受新冠疫情影响，2020 年商务服务业规模以上法人单位数大幅下降，2021 年有所回升，但增幅较小。自 2016 年以来，北京市商务服务业规模以上法人单位数占第三产业规模以上法人单位数的比重逐年降低。由此可见，虽然北京市商务服务业已经具有一定的规模，但是仍面临发展瓶颈。

表 3 2016~2021 年北京市商务服务业规模以上法人单位数及
占第三产业规模以上法人单位数的比重

| 年份 | 规模以上法人单位数（家） | 占第三产业规模以上法人单位数的比重(%) |
| --- | --- | --- |
| 2016 | 5361 | 16.09 |
| 2017 | 5301 | 15.57 |
| 2018 | — | — |
| 2019 | 5950 | 14.97 |
| 2020 | 5308 | 13.39 |
| 2021 | 5374 | 13.33 |

资料来源：《北京统计年鉴》（2017~2022)。

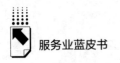
### （三）北京市商务服务业的财务状况分析

从资产负债情况来看，2016～2021 年，北京市商务服务业总资产呈逐年增加趋势（见表4）。2021 年北京市商务服务业资产总计达 136569.6 亿元，相比 2016 年增长 27.5%，同比增长 10.5%，占第三产业资产合计的 6.8%。2021 年北京市商务服务业固定资产达 4262.5 亿元，相比 2016 年增长 83.4%，同比增长 21.9%，占第三产业固定资产的 81.2%。由此可见，北京市商务服务业的发展势头强劲。

从营收情况来看，2016～2021 年，北京市商务服务业的营业收入呈波动上升趋势。2016 年为 8833.1 亿元，2017 年略有下降，到 2019 年增加至 9731.2 亿元，2020 年大幅下降，与 2016 年水平相当。可能原因是，受新冠疫情影响，北京市消费市场的发展走向、市场格局、业态模式、消费认知、消费习惯等发生了重大改变，可能导致相关经营主体减少，故营业收入降低。到 2021 年市场经济回暖，商务服务业的营业收入大幅增加，企业赢利能力不断增强。

表4　2016～2021 年北京市商务服务业资产合计、固定资产与营业收入情况

单位：亿元

| 年份 | 资产合计 | 固定资产 | 营业收入 |
| --- | --- | --- | --- |
| 2016 | 107108.8 | 2323.6 | 8833.1 |
| 2017 | 111023.4 | 2076.7 | 8649.9 |
| 2018 | — | — | — |
| 2019 | 115569.8 | 3307.0 | 9731.2 |
| 2020 | 123647.7 | 3495.2 | 8949.6 |
| 2021 | 136569.6 | 4262.5 | 10039.1 |

资料来源：《北京统计年鉴》（2017～2022）。

### （四）北京市商务服务业的从业人员分析

按从业人员数量来看，受法人单位数波动的影响，北京市商务服务业从

业人员数量同样存在波动性（见表5）。2016~2019年，北京市商务服务业吸纳就业能力有所提高，从业人员数量逐年增加。但2020年新冠疫情暴发给市场经济带来巨大冲击，部分商务服务业处于停滞状态，企业为降低成本进行裁员，导致商务服务业从业人员数大幅下降。从商务服务业从业人员数占比来看，商务服务业从业人员数占第三产业中所有行业的第一位。由此可知，北京市商务服务业在北京市人员就业方面做出重要贡献。

表5　2016~2021年北京市商务服务业和第三产业从业人员数

单位：万人

| 年份 | 商务服务业从业人员数 | 第三产业从业人员数 |
|---|---|---|
| 2016 | 98.1 | 635.5 |
| 2017 | 104.5 | 665.6 |
| 2018 | — | — |
| 2019 | 106.3 | 680.3 |
| 2020 | 101.9 | 673.9 |
| 2021 | 104.0 | 680.6 |

资料来源：《北京统计年鉴》（2017~2022）。

### （五）北京市特色产业功能区商务服务业现状分析

在产业聚集方面，北京市形成了中关村国家自主创新示范区、金融街、中央商务区、北京经济技术开发区、首都机场临空经济示范区和奥林匹克中心区六大特色产业功能区。根据北京市历年区域统计年鉴，中央商务区和首都机场临空经济示范区的商务服务业发展具有较大的波动性（见表6）。从规模以上法人单位数量来看，2016~2021年，中央商务区和首都机场临空经济示范区的规模以上法人单位数量整体呈上升趋势，表明北京市高端产业功能区配套服务体系进一步完善，产业承载能力进一步增强。从利润总额来看，中央商务区和首都机场临空经济示范区的利润总额有大幅波动，尤其是2020年，商务服务业受到强烈冲击。2020年，中央商务区的利润总额为62.0亿元，同比下降31.34%；首都机场临空经济示范区受到的影响更为严重，利润总额为-30.5亿元，到2021年仍未扭亏为盈。由此可见，北京商务服务业的抗风险能力有待进一步提升。

表6　2016~2021年北京市部分特色产业功能区商务
服务业规模以上法人单位数和利润总额情况

| 年份 | 中央商务区 | | 首都机场临空经济示范区 | |
|---|---|---|---|---|
| | 法人单位数（家） | 利润总额（亿元） | 法人单位数（家） | 利润总额（亿元） |
| 2016 | 577 | 131.7 | 59 | 36.8 |
| 2017 | 564 | 77.3 | 66 | 51.2 |
| 2018 | — | — | — | — |
| 2019 | 658 | 90.3 | 88 | 44.6 |
| 2020 | 688 | 62.0 | 94 | -30.5 |
| 2021 | 684 | 88.9 | 96 | -28.4 |

资料来源：《北京区域统计年鉴》（2017~2022）。

# 三　北京市商务服务业发展的现存问题

## （一）具有较强国际竞争力的企业数量不足

2021年，北京市规模以上商务服务业法人单位共有5374家，用工人数104万人，利润总额达4285.4亿元，在第三产业各行业利润总额中排名第二。但排名第一的金融业的利润总额达18506.2亿元，两者之间仍有较大差距，表明北京市商务服务业的产业效率有待提升。2021年，北京市规模以上商务服务业的应缴税金为462.9亿元，对第三产业的税收贡献率仅为7.12%，表明北京市商务服务业的税收贡献率较低。

## （二）商务服务业的内部结构有待进一步调整

从商务服务业内部细分行业来看，包括总部管理、投资与资产管理等在内的组织管理服务行业，其单位数占比仅为21.12%，但贡献了

23.23%的营业收入和98.18%的利润总额（见表7），表明面对总部经济的商务服务在全市商务服务业中占主导地位。而包括会计、审计及税务服务在内的咨询与调查行业，其法人单位数占比达到37.30%，但仅贡献了15.09%的营业收入和−0.98%的利润总额，表明咨询与调查行业普遍规模较小、利润率低。此外，以互联网广告服务为主的广告行业，其法人单位数占比为11.19%，贡献了24.52%的营业收入，但利润总额仅占0.92%。以劳务派遣服务为主的人力资源服务、以律师及相关法律服务为主的法律服务、以安全系统监控服务为主的安全保护服务和以文化会展服务为主的会议、展览及相关服务等新兴行业的法人单位数占比较小，发展空间巨大。

表7 2018年北京市规模以上商务服务业（含租赁业）内部细分行业结构

单位：%

| 细分行业 | 法人单位数占比 | 营业收入占比 | 利润总额占比 |
| --- | --- | --- | --- |
| 租赁业 | 6.59 | 4.26 | −1.33 |
| 机械设备租赁 | 6.15 | 4.04 | −0.82 |
| 文化设备和用品出租 | 0.39 | 0.19 | −0.43 |
| 日用品出租 | 0.05 | 0.03 | −0.07 |
| 商务服务业 | 93.41 | 95.74 | 101.33 |
| 组织管理服务 | 21.12 | 23.23 | 98.18 |
| 综合管理服务 | 0.98 | 2.48 | 1.59 |
| 法律服务 | 1.41 | 2.05 | 1.36 |
| 咨询与调查 | 37.30 | 15.09 | −0.98 |
| 广告 | 11.19 | 24.52 | 0.92 |
| 人力资源服务 | 3.46 | 10.03 | 0.10 |
| 安全保护服务 | 0.59 | 2.25 | 0.12 |
| 会议、展览及相关服务 | 9.26 | 4.06 | 0.25 |
| 其他商务服务 | 8.10 | 12.03 | −0.21 |
| 合计 | 100.00 | 100.00 | 100.00 |

资料来源：《北京经济普查年鉴（2018）》。

### （三）商务服务业抵御风险的能力有待提高

"十三五"规划实施以来，北京商务服务业稳步发展，但新冠疫情突袭，给我国经济带来严重冲击，作为现代服务业之一的商务服务业，其发展也受到打击。从北京市商务服务业增加值来看，2020年北京市商务服务业增加值有所下降，同比增长-12.1%；从各区来看，北京市仅有5个区的商务服务业增加值实现正向增长，有12个区的商务服务业增加值为负；从营收角度来看，2020年北京市规模以上商务服务业的营业收入大幅下降。虽然2021年经济有所回暖，但是仍不可忽略北京市商务服务业的体系建设和抗风险能力的提升。

### （四）人力成本逐步攀升，专业人才供应不足

从就业人数来看，北京市商务服务业从业人员数量整体呈增长趋势。2021年，北京市商务服务业从业人员数达到104万人。而且近年来工资水平不断上涨，致使人力成本逐步攀升。商务服务业属于知识密集型行业，已经聚集了一定规模的高素质人才。但是与外资企业相比，在薪资待遇、工作环境等方面，本土商务服务业企业仍缺乏吸引力。新冠疫情期间，商务服务业部分行业几乎处于停滞状态，从而带来一定数量的闲置劳动力。另一方面，因为户口、房价和子女教育等条件制约，专业人才的生活成本较高，在一定程度上导致了商务服务业专业人才的流失。

## 四 推进北京市商务服务业发展的对策建议

北京市准确把握新发展阶段，贯彻新发展理念，推动现代服务业快速发展，率先形成"双80%"服务经济发展格局。在加快构建双循环新发展格局的时代背景下，"两区"建设不断迈进，中国（北京）自由贸易试验区建设提上日程，与国际经贸规则的接轨持续提速，为北京集聚和利用全球资源创造有利条件，同时为商务服务业的发展提供新契机。

## （一）加快企业转型，增强创新意识

坚持首都"四个中心"的城市战略定位，围绕民生七有要求和五性需求，扎实推进经济高质量发展，加快服务业转型升级。以建设国际商务新中心为目标，聚集高端要素与创新资源；以扩大消费、培育新增长点为转型的根本动力，激发商业发展内生动力；以推动项目建设、融合创新发展为转型升级的主要途径，加快形成总部经济、城市设计、智库经济的聚集效应，有效提升商务服务业的发展品质，实现商务服务业的数字化赋能，打造高端商务服务业体系，优化消费结构，全面提升产业竞争力。推动数字化、智能化融入商业转型，鼓励商业企业运用新形式，开启线上"云模式"。推动跨境电商综合实验区建设，支持开展跨境电商保税备货业务，提高电子商务物流通关能力。

## （二）以市场为导向，优化行业内部结构

把握世界新一轮科技革命和产业革命的重大机遇，推动互联网、大数据和人工智能与商务服务业的融合，培育新的经济增长点；立足北京市商务服务业发展现状，实施商务服务开放提质行动，以专业化、品牌化和国际化为导向，推动更高水平开放，吸引高级服务机构集聚，提升总部企业对全球资源的配置力，加快推动专业服务业国际开放；针对北京市商务服务业各区之间发展不平衡问题，因地制宜，构建新的产业体系，落实京津冀协同发展战略，采取切实可行的措施平衡商务服务业发展。

## （三）加强政策扶持，稳定市场环境

与其他行业相比，商务服务业与一个城市的产业结构、区位优势、开放和市场化程度、基础设施建设以及服务贸易发达程度等因素有着非常紧密的联系。因此，完善的市场机制和有序公平的环境对商务服务业的发展具有至关重要的作用。北京市应该对商务服务业展开细分，并根据每个细分行业的特点，从政策拨款、税收优惠、科技扶持等方面给予政策倾斜。充分发挥政

府在商务服务业发展中的引领作用，充分发挥政府在稳增长、促改革、调结构、防风险、保稳定等方面的关键作用，从而促进北京市商务服务业的信息化发展。通过开放创新等举措，立足打造自由贸易试验区，实施"产业开放+园区开放"等更加灵活的开放模式，促进服务业和服务贸易国际竞争力的提升。

### （四）加强人才培育，完善人才引进政策

随着信息技术的快速发展及向其他领域的延伸，商务服务业的范围不断扩大，服务的可交易性不断增强。先进技术在商务服务业的发展进程中起着举足轻重的作用。因此，培养专业化高质量人才尤为重要。一要充分发挥首都人才资源基数大、高层次人才多的优势，加强专业化人才培养和高端服务业人才引进，将人才培养工作纳入首都专业技术人才中长期规划并抓好落实。二要围绕高端商务服务业领域，实施校企联合培养，充分发挥高校人才培养主阵地的作用，对高等院校应用型专业培养目标进行符合市场需求的重新定位；同时加强对毕业生的帮扶，稳定北京市机关事业单位招收应届高校毕业生的规模。三要加强职业技能培训，提升从业人员素质。坚持"服务就业、高端引领、内涵发展"的原则，组建专家队伍，建立研发基地，提升职业培训基础能力。四要完善人才引进政策。围绕建设高水平人才高地，构建人才综合改革试验区，鼓励人才在创新创业创优中大显身手，营造氛围成就人才，真正使高层次人才引得进、留得住、干得好。

**参考文献**

［1］姜长云：《构建优质高效的服务业新体系》，《江淮论坛》2023年第2期。
［2］陈基纯：《粤港澳大湾区现代服务业竞争力评价、分类与协同发展建议》，《特区经济》2022年第4期。
［3］李千千：《河南省现代服务业高质量发展研究》，《农场经济管理》2022年第2期。

［4］谭洪波：《双循环下中央商务区服务业对内开放的意义与路径》，《江西社会科学》2021 年第 9 期。

［5］戴慧：《对服务业高质量发展研究——基于北京市服务业发展问题的思考与建议》，《价格理论与实践》2019 年第 8 期。

［6］秦亚玲、郝春新：《京津冀协同发展下张家口现代服务业发展对策研究》，《经济研究导刊》2017 年第 22 期。

# B.6
# 北京文化创意业发展报告
# （2022~2023）

陆园园[*]

**摘　要：** 文化创意业作为北京经济的重要支柱产业、增强人民获得感的幸福产业，已成为助推北京高质量发展的重要引擎，在构建"高精尖"经济结构、推进全国文化中心建设方面发挥了重要支撑作用。2021年，北京文化创意业体系不断健全，文化产品供给质量稳步提升，文化消费市场总体趋向活跃，文化市场主体的发展活力进一步增强，文化创意业的规模持续发展壮大。目前，北京文化创意业的发展迈入新阶段，发展质量更高；政策举措形成新体系，企业实力更强；文化融合释放新活力，发展动能更足；文化市场屡现新爆点，文化获得感更多；老旧厂房构筑新地标，空间支撑力增强。未来北京文化创意业发展将继续坚持全球视野、首善标准和首都优势，以创新驱动高质量发展为主线，坚持守正创新，做好顶层设计，强化融合互促，培育新兴业态，加快建设市场竞争力强、创新驱动力足、文化辐射力广的文化产业发展引领区。

**关键词：** 文化创意业　创新驱动　高质量发展　北京

---

[*] 陆园园，管理学博士，北京市高端服务业发展研究基地研究员，中共北京市委党校经济学教研部教授，研究方向为战略管理、创新等。

文化创意业是北京的重要支柱产业，既是全国文化中心建设的重要组成部分，又是满足人民美好生活需要的重要途径和文化强国建设的重要支撑。北京市聚焦全国文化中心、文化产业发展引领区建设，不断推动文化创意业高质量发展取得新成效。2019~2021年，北京文化创意业的综合实力持续增强，产业结构持续优化，市场主体快速成长，产业集聚水平日益提升，文化新业态不断涌现，区域协作和国际交流日趋频繁，发展环境持续改善，产业发展总体上呈现稳中有进、进中有新、新中有强的良好态势。文化创意业作为首都经济的重要支柱产业、增强人民获得感的幸福产业，已成为助推北京高质量发展的重要引擎，在构建"高精尖"经济结构、推进全国文化中心建设方面发挥了重要支撑作用。

# 一　北京文化创意业的形势和定位

## （一）北京文化创意业的新形势

全国文化中心建设全力推进。北京市第十二次党代会以来，全国文化中心建设加速发展，成立了推进全国文化中心建设领导小组，明确建设全国文化中心要重点抓好"一核一城三带两区"，即以培育和弘扬社会主义核心价值观为引领，以历史文化名城保护为根基，以大运河文化带、长城文化带、西山永定河文化带为抓手，推动公共文化服务体系示范区和文化创意产业发展引领区建设。2020年4月，《北京市推进全国文化中心建设中长期规划（2019~2035年）》正式发布。时任市委书记蔡奇同志指出："要认真传承和发展以古都文化、红色文化、京味文化、创新文化为代表的首都文化，做好首都文化这篇大文章，提升北京文化产业竞争力、辐射力和影响力，为推进全国文化中心建设做出更大贡献。"

### 1. 在减量发展中实现高质量发展

2016年，北京市出台《北京市文化创意产业发展指导目录（2016年版）》；2018年，北京市发布《关于推进文化创意产业创新发展的意见》。

千年古都正在深刻转型，北京成为全国第一个减量发展的城市，近年来，北京主要利用存量资源谋发展，努力做到文化创意业的高质量发展、创新发展、绿色发展和可持续发展。

**2. 加快构建"高精尖"经济结构**

加快构建"高精尖"经济结构，大力发展高端产业、高端环节，提高可持续发展水平，是北京建设国际一流的和谐宜居之都的重要支撑。加快实施"文化+""互联网+""人工智能+"战略，推动互联网、人工智能、大数据、物联网、虚拟现实等新技术在文化创意业各领域的深度应用，大力培育高产出、高附加值、高辐射力的新兴业态，推动文化创意业跨界融合发展，成为首都"高精尖"经济结构的新引擎和增长极。

**3. 文化创意业的供给侧结构性改革不断深化**

促进文化产品和服务供需的精准对接，加大有效供给和中高端供给。以内容创新为核心，为群众提供多层次、多样化的文创产品和服务，既满足大众喜闻乐见的文化需求，又满足小众个性化的文化需求，不断增强人民群众的文化获得感、幸福感。

**4. 文化创意业呈现"新小微特融"的特征**

"新"是指新经济、新动能、新业态；"小"是指小企业；"微"是指微方式，包括微博、微信、微电影、微动漫、微视频等微媒体和微营销方式；"特"是指特定群体，如"90后""00后"群体的生活方式；"融"是指融思维，即跨界、融合思维。随着经济文化化、文化经济化，文化不断地向经济活动渗透，已成为影响新经济发展和地区竞争力的关键因素。

### （二）北京文化创意业的新定位

北京文化创意业既要成为首都"高精尖"经济结构的增长极，又要在全国发挥更多的创新引领作用，成为"九中心、九都"。"九中心"是指全国数字创意中心、全国网络文化中心、全国版权创造中心、全国文化金融创新中心、全国文化科技融合中心、全国文化要素配置中心、全国对外文化贸易中心、跨国文化企业总部聚集中心和全国文化创意人才荟萃中心；"九都"是指全球影视之都、全球传媒之都、全球演艺之都、全球音乐之都、全球动漫游戏电竞之都、全球设计之都、全球会展之都、全球艺术品交易之都和全球时尚之都。

《关于推进文化创意产业创新发展的意见》明确提出，构建由"两大主攻方向"和"九大重点领域"组成的文创"高精尖"内容体系。其中，两大主攻方向分别是指"数字创意"和"内容版权"，九大重点领域是指创意设计、媒体融合、广播影视、出版发行、动漫游戏、演艺娱乐、文博非遗、艺术品交易和文创智库。

## 二　北京文化创意业的发展现状

### （一）产业发展迈入新阶段，发展质量更高

北京立足首都城市战略定位，剥掉"白菜帮"，集中发展"白菜心"，推动文化创意业实现质量变革、效率变革、动力变革。一是规模持续增长。2021 年，北京规模以上文化产业法人单位为 5539 家，比上年增加 368 家；实现营业收入 17563.8 亿元，同比增长 17.5%，在全国占比为 14.75%，2020 年和 2021 年两年平均增长 8.9%，超过 2019 年的增幅 8.2%；实现利润总额 1429.4 亿元，同比增长 47.5%；吸纳从业人员 64 万人，同比增长 4.8%；规模以上文化企业人均实现营业收入 299 万元，较上年增加 32.8 万元。二是结构持续优化。2021 年，文化核心领域收入占北京规模以上文化产业总营业收入的九成以上，凸显优势行业的主导地位；文化核心领域收入合计 15848.3 亿元，同比增长 17.8%。其中，文化娱乐休闲服务和内容创作生产分别同比增长 38.5% 和 30.8%；新闻信息服务、文化传播渠道分别同比增长 21.5% 和 12.5%；创意设计服务和文化投资运营服务对文化产业增长的贡献率分别为 6.2% 和 11.1%。文化相关领域利润总额增幅明显，同比增长 37.3%。其中，文化辅助生产和中介服务收入为 761.7 亿元，同比增长 11.4%；文化装备生产为 120.3 亿元，同比增长 8.3%；文化消费终端生产

为833.6亿元，同比增长18.4%。① 三是质量持续提升。在中国人民大学和新华社发布的中国省市文化产业发展指数、文化消费指数及文化产业高质量发展指数排名中，北京已连续7年保持第一。四是韧性持续增强。2021年，北京市现代文化创意业体系不断健全，文化产品供给质量稳步提升，文化消费市场总体趋向活跃，文化市场主体的发展活力进一步增强，文化创意业的规模持续壮大。

### （二）政策举措形成新体系，企业实力更强

北京围绕文化创意业的高质量发展，不断加强顶层设计，建立健全"1+N+X"的文化经济政策体系。该政策体系有三个突出特点。一是顶层设计高屋建瓴。聚焦顶层设计加强规划体系建设，出台《关于推进文化创意产业创新发展的意见》《北京市文化产业发展引领区建设中长期规划（2019~2035年）》《文化产业高质量发展三年行动计划（2020~2022年）》，形成远、中、近相结合的规划体系，为新时期北京文化创意业的目标定位、实施路径明确路线图。二是政策创新亮点频出。一方面，注重政策内容创新，聚焦新领域新业态、新发展新动能，发布促进文化科技融合、文化旅游融合、文化金融融合及影视产业、游戏产业、音乐产业等新兴领域发展的专项政策。另一方面，注重政策系统创新，强调打造全链条政策闭环。例如，在市场主体培育方面，北京精心服务不同类型文化企业发展，围绕全生命周期强化精准施策，利用"服务包"支持龙头企业，利用"投贷奖"支持成长型企业，利用"房租通"支持小微初创企业，打造良好的创新生态。三是精准施策务求实效。应对风险挑战加强政策供给，市委宣传部会同16个市级相关部门及时制定出台《关于应对新冠肺炎疫情影响促进文化企业健康发展的若干措施》（"北京文化28条"），有效应对新冠疫情冲击，并围绕网络视听、文艺演出、广播电视等行业出台12项配套政策，逐步构建起

---

① 北京市统计局、国家统计局北京调查总队：《北京市2021年国民经济和社会发展统计公报》，2022。

适应疫情防控常态化的文化经济政策体系。一方面，聚焦企业需求，紧紧抓住"现金流"这一文化企业的生命线，加大财政资金和金融支持力度，为企业提供关键一招；另一方面，化危为机，积极培育新增长点，举办"电竞北京"，大力发展智慧文旅、网络教育、网络游戏、电竞产业等"文化+网络"新兴业态，为文化企业实现新发展提供重要路径。

### （三）文化融合释放新活力，发展动能更足

北京坚持融合创新，大力实施"文化+"战略，积极培育文化新业态、新模式，为全市文化创意业发展注入新动能。一是"文化+科技"为产业迭代装上"加速器"。利用5G、大数据、AR、VR等新技术积极打造文化新产品、新体验，推动5G+8K体育赛事转播、国际云转播公司组建、超高清电视技术创新应用实验室建设、智慧广电重点实验室认定。持续推进国家级文化和科技融合示范基地建设，基地数量始终位居全国第一。"十三五"期末，全市规模以上"文化+科技"型企业实现营业收入占全市的比重超过一半。二是"文化+金融"为产业腾飞插上"金翅膀"。建立健全"投贷奖"支持体系，设立"文创板"公司，推动华夏银行、北京银行、北京农商银行等设立文化创意业专营机构，推出"京彩文园""运河帆影""京杭通惠"等文化金融产品，建立投融资沙龙、上市培育基地等全链条服务机制，积极创建国家文化与金融合作示范区，形成"优政策、搭平台、建体系、强服务"的文化金融融合北京模式。"十三五"期间全市文化创意业新增贷款金额和户数均超过"十二五"期间的两倍，越来越多的社会资本为文化创意业发展提供助力。三是"文化+旅游"为诗与远方开启新篇章。坚持宜融则融、能融尽融，以文塑旅、以旅彰文，顺利完成文化和旅游部门的机构改革，推出"漫步北京""北京礼物""畅游京郊""最美乡村民宿"等系列文旅精品，融合发展成为北京文化旅游的鲜明特征。四是"文化+体育"融合发展取得新进展。积极布局电竞等文化体育融合新业态，打造"电竞北京"品牌活动，电竞行业资源要素加快集聚，营造新业态发展的良好环境，为产业发展塑造新场景。

### （四）文化市场屡现新爆点，文化获得感更多

北京坚持社会效益优先、社会效益和经济效益相统一，健全文化市场体系，不断增强文化创意业对双循环格局的支撑作用，市民文化获得感和幸福感日益增强，北京文化产品和服务的国际影响力持续提升。一是文化场所丰富多元。实施文化产业园区公共服务资金、影院建设补贴、演出惠民低价票、实体书店补贴等政策，引导社会资本积极打造业态多元、体验丰富的文化场所。"十三五"期末，全市设有演出场所经营单位 161 个；设有电影院 266 家，全国票房排名前十的影院中北京占 7 家；设有实体书店 1938 家，每万人拥有书店数 0.9 家，言几又、全民畅读、钟书阁、Pageone、春风习习等最美书店已成为首都亮丽的文化窗口。二是文化市场繁荣发展。文化要素不断汇聚，2020 年作品著作权登记量为 100.5 万件，约占全国的 30.3%，居全国首位。① 文艺精品不断涌现，建立文化精品重点项目征集、评审、扶持、发布机制，图书《北上》、歌曲《不忘初心》、电视剧《大江大河》、评剧《母亲》等 18 部作品荣获"五个一"工程奖，京产影片《战狼 2》《哪吒之魔童降世》《流浪地球》登顶中国影史票房纪录前三名，《上新了·故宫》《遇见天坛》《我在颐和园等你》等一批优质节目受到观众追捧。三是市场主体不断壮大。"十三五"期末，北京新三板挂牌文化企业占全国的 1/3，文化领域独角兽企业占全国一半以上，入选"全国文化企业 30 强"及提名企业数量、国家文化出口重点企业数量均居全国首位。四是品牌影响力不断扩大。北京文博会、北京国际设计周、北京国际电影节、北京惠民文化消费季、北京国际图书节、北京国际音乐节、电竞北京等文化品牌活动精彩纷呈，成为文化交流和市民享受文化生活的重要平台。

### （五）老旧厂房构筑新地标，空间支撑力增强

北京推动文化软实力与城市空间布局有机结合，促进老旧厂房腾笼换

---

① 北京市统计局、国家统计局北京调查总队：《北京市 2020 年国民经济和社会发展统计公报》，2021。

鸟、转型升级，不断提升文化创意业的规模化、集约化、专业化水平。一是重规范、促发展。文化产业园区蓬勃发展，制定实施市级文化产业园区认定管理办法，形成市级示范园区、示范园区（提名）、市级园区三类市级园区管理体系，"十三五"末共认定 98 家北京市级文化产业园区。二是重文化、促保护。老旧厂房加快转型升级，制定实施保护利用老旧厂房拓展文化空间的一系列政策，激发首都的存量资源活力，推动工业遗存与现代文化创意业互融共生，涌现出隆福寺、北京坊、郎园 Vintage、首钢文化产业园等城市文化新地标。城市新型文化空间建设加快推进，重点提升文化产业园区的公共服务水平，推动园区设置城市书房、演艺空间、艺术中心等公共文化空间，形成了一批百姓身边的"文化会客厅"，打造了木木美术馆、PageOne 书店、虞舍演艺空间等"网红打卡地"。京津冀文化产业协同发展取得新进展，积极落实京津冀文化和旅游协同发展战略合作框架协议，深入推动演艺、影视、非遗传承保护、旅游等领域的合作。三是重服务、促提升。实施市级文化产业园区"服务包"，搭建市级园区综合服务平台，推动智慧园区建设，形成市区两级线上线下服务园区发展的工作网络，文化产业园区的发展势能进一步提升。

# 三 推进北京文化创意业发展的思路和举措

## （一）北京文化创意业发展的新思路

### 1. 指导思想

坚持以习近平新时代中国特色社会主义思想为指导，深入贯彻习近平总书记对北京的重要讲话精神，围绕"四个中心"的功能定位，立足新发展阶段，贯彻新发展理念，构建新发展格局，以推动文化创意业高质量发展为主题，以深化供给侧结构性改革为主线，以改革创新为根本动力，以满足人民日益增长的美好生活需要为根本目的，不断健全现代文化创意业体系和文化市场体系，着力提升科技创新对文化创意业发展的支撑作用，加快推动文化创意业与相关产业深度融合发展，把首都文化资源优势转化为发展优势，加快建设市场竞争力强、创新驱动力足、辐射带动力广的文化产业发展引领区，助力首都经济社会发展取得新的成就，为建设全国文化中心和具有国际竞争力的创新创意城市做出更大贡献。

**2. 发展原则**

一是坚持人民至上、共建共享。坚持文化发展为了人民、文化发展依靠人民、文化发展成果由人民共享，着力提升文化创意业发展质量，不断满足人民日益增长的美好生活需要。二是坚持价值引领、双效统一。以社会主义核心价值观为引领，牢牢把握社会主义先进文化的前进方向，坚持把社会效益放在首位、社会效益和经济效益相统一，健全文化精品创作生产机制，扩大高品质文化产品和服务的有效供给。三是坚持创新驱动、质量变革。聚焦文化创意业的高端方向、高端领域、高端环节，深入实施文化创意业数字化战略，深入推动文化科技融合发展，让科技为文化赋能，推动文化创意业业态创新、结构升级、链条优化和效益提升，构建具有国际竞争力的现代文化创意业体系。四是坚持产业协同、集约高效。坚持全市一盘棋，统筹区域文化创意业发展，优化产业发展格局和空间布局。推进"文化+"战略，加强文化创意业与相关产业协同发展，让文化为产业赋能，为国民经济和社会发展注入文化活力。五是坚持开放合作、塑造品牌。用好"两区"政策，加强文化创意业的国际合作，发展对外文化贸易，积极开拓海外文化市场，提升北京文化创意业的品牌影响力和国际竞争力，提高国际传播能力和国家文化软实力。

**3. 发展目标**

一是发展质量更高。文化与科技深度融合，科技为文化赋能、文化为产业赋能，新兴业态不断涌现，传统行业的发展活力持续增强，文化创意业的数字化、网络化、智能化特征更加明显，初步构建起具有首都特色和国际竞争力的现代文化创意业体系，文化创意业的发展质量进一步提升、发展动力进一步增强、发展效率进一步提高。二是文化获得感更多。更多思想性、艺术性、观赏性相统一的精品力作不断涌现，人民群众多层次、个性化的文化消费需求得到更好满足，城乡居民的文化消费参与度更高，共建共享品质生活，助力共同富裕。三是综合实力更强。打造一批具有国际影响力的文化产品和服务，形成一批标志性的北京文化品牌，文化创意业对北京国民经济和社会发展的综合带动能力大幅提升，文化创意业的国际影响力进一步提高。四是产业载体更优。文化产业园区的发展更加规范有序，新型城市文化空间更具活力，文化企业的竞争力更强，文化创意业的发展布局更加合理，城市和区域的创意氛围更加浓厚，文化创意业的规模化、集约化、专业化水平进一步提高。五是营商环境更好。文化市场环境更加健康有序，文化经济政策体系更加完善，文化创意业的投融资体系更加健全，文化创意业人才大量涌现，文化的创新创造活力进一步被激发。

## （二）北京文化创意业发展的新举措

### 1.构建现代文化创意业体系

发挥全市文化资源优势，聚焦创意设计、影视、演艺、音乐、游戏、艺术品交易等重点领域，加快推动文化创意业高质量发展，提高文化创意业对相关产业的带动能力，构建具有国际竞争力的现代文化创意业体系。一是建设国际一流设计名城。发挥首都文化底蕴深厚、设计资源丰富的优势，依托张家湾设计小镇等载体，打造一批各具特色的设计产业集群。做大做强龙头设计企业，支持设计、广告、传媒、会展等企业建立创意设计发展中心。制定北京设计名城建设行动计划，加强与联合国教科文组织创意城市网络中"设计之都"的交流合作。二是完善现代影视产业体系。打造具有世界影响力的影视高地，加强对影视精品创作生产的扶持保障，推出更多在国内外具有广泛美誉度的精品力作，吸引国内外优秀影视作品在京首映。发挥北京在影视创意策划、创作生产、宣传发行、传播交流等产业环节的优势，打造制作体系健全、技术领先、资源集聚、精品荟萃的影视产业体系。三是塑造全球知名演艺品牌。发挥宣传文化引导基金、北京文化艺术基金的引导作用，传承保护传统剧目，推动原创精品的创作生产、原创戏剧的策划创作。支持数字艺术、交互体验、观演互动、智能演艺、舞美灯光等领域的研发创新和

装备提升，推出沉浸式、互动式等新型演艺业态。加强演艺品牌建设，打造"大戏看北京"的文化名片。

2. 推动文化、科技深度融合

深入推进数字技术在文化创意业领域的创新转化，促进文化创意业"上云用数赋智"，推动文化、科技的融合与高质量发展。一是推进国家级文化科技融合示范基地培育和建设。加强分级分类管理，精准施策，构建龙头企业引领、专精特新企业不断涌现的数字文化企业生态体系。全面梳理大数据、5G+8K、VR、AR、人工智能、区块链、元宇宙等领域的企业名单，形成重点企业名录库，认定一批市级文化科技融合示范基地，培育一批具有技术创新性和高成长性的文化科技融合企业。二是补齐文化科技融合发展短板。梳理文化领域关键技术与核心装备"卡脖子"清单，加强自主研发攻关。着重加强智能化的文化遗产保护与传承、数字化采集、文化体验、公共文化服务等高端文化装备的研制应用。提升数字文化可穿戴设备、智能硬件、沉浸式体验平台、应用软件的技术水平，加快文化装备关键技术、重要工艺、应用模式等方面的标准规范制定与推广。三是完善数字文化创新生态。推动国家文化大数据体系建设，推动文化企业和公共文化机构逐步构建从数据采集、存储到数据标注、关联再到数据解构、重构和智能计算全链条服务。畅通文化数据流动，更好地发挥平台配置资源的作用。探索建立文化数据的界定、确权、交易和治理模式，积极发展文化大数据加工、分析、应用等增值服务。

3. 推动产业园区和企业高质量发展

优化文化创意业的空间布局，加强统筹领导，完善产业生态，提升创新发展水平，优化服务环境，提高管理能力，扩大园区影响力，着力提高文化产业园区和文化企业的发展质量。一是推动文化产业园区高质量发展。用好北京市级文化产业园区认定管理机制，加强对文化产业园区规划和发展的指导。聚焦文化科技融合、文化内容创新、文化消费等领域，有针对性地加强对园区的政策扶持。支持园区建设公共文化空间，面向公众提供阅读、讲座、展览、演艺等各类文化活动，培育文化消费新业态，积极打造具有特色的文化消费新场景，为人民群众提供高质量的文化产品和服务，打造一批特色文化空间。在城市更新和城乡建设中加强老旧厂房保护利用和历史文化保护传承。二是提高文化企业的竞争力。持续实施"十百千"文化企业培育工程，在"文化+科技""文化+旅游"等重点领域培育一批千亿级、百亿级和十亿级文化企业，形成一批具有核心竞争力与国际影响力的文化创意业企业集团。引导中小微文化企业朝"专业化、特色化、创新型"方向发展，在提供个性化、多样化、高品质文化产品和服务方面形成比较优势。提升文化经济政策平台等市级平台的服务效能，发挥好各市级文化创意业园区的服务平台作用，全链条服务中小微文化企业发展。

北京作为全国文化中心，必须在建设社会主义文化强国的伟大征程中发挥引领和示范作用，持续推进文化创意业高质量发展。当前，北京文化创意业发展正面临着难得的战略机遇，应立足新发展阶段，贯彻新发展理念，构建新发展格局，进一步抓住机遇、管控风险，准确把握全球文化创意业发展态势，立足文化创意业发展的新阶段、新特征，助力全国文化中心建设和首都经济社会建设。

## 参考文献

［1］北京市文化改革和发展领导小组办公室：《北京市"十四五"时期文化产业发展规划》，2022。

［2］北京市统计局、国家统计局北京调查总队：《北京市 2021 年国民经济和社会发展统计公报》，2022。

［3］《〈北京市"十四五"时期文化和旅游发展规划〉解读》，《北京日报》，2021 年10 月 29 日。

［4］北京市统计局、国家统计局北京调查总队：《北京市 2020 年国民经济和社会发展统计公报》，2021。

［5］北京市人民政府：《北京市国民经济和社会发展第十四个五年规划和二〇三五年远景目标纲要》，2021。

［6］北京市人民政府：《北京市推进全国文化中心建设中长期规划（2019～2035年）》，2020。

# 专题篇
## Special Topics Section

# B.7
# "一带一路"倡议下北京高端
# 服务业国际化发展研究

刘李红[*]

**摘　要：** 在服务业国际化的背景下，"一带一路"沿线国家对服务业具有巨大需求，而目前中国参与"一带一路"建设的企业普遍面临法律、金融、人才等方面的瓶颈，北京高端服务业在"一带一路"沿线国家具有非常广阔的发展前景。目前，北京市高端服务业参与"一带一路"建设还存在程度较低等问题，北京需要紧抓"一带一路"发展机遇，充分利用高端服务业的发展优势，从强化竞争优势、融入全球链条、打通发展瓶颈三方面着手，拓展北京市高端服务业国际化市场，解决中国企业参与"一带一路"建设的难点，助力"一带一路"沿线国家的工业化、信息化发展，整体提升北京市服务业的对外开放水平。

* 刘李红，经济学博士，中共北京市委党校经济学教研部讲师，主要研究领域为城市经济学、宏观经济学。

**关键词：** 高端服务业 "一带一路" 国际化 北京

# 一 服务业国际化与助力"一带一路"建设的必要性

服务业国际化是全球经济发展的普遍规律，一国服务业的发展大致可以分为成长、自由化和国际化三个阶段。近年来，随着制造业服务化和数字经济的发展，服务贸易正逐渐成为国际贸易的重心。如图 1 所示，从增速来看，2012~2019 年，全球服务进出口额增速总体上快于货物进出口额增速。与全球服务贸易的发展趋势相类似，2012~2019 年，中国服务进出口额增速总体快于货物进出口额增速，尽管 2020 年受新冠疫情影响，中国服务进出口额降幅较大，但在 2021 年快速回升（见图 2）。随着信息技术的创新与应用发展，以信息技术为载体的零接触、跨时空、高效益虚拟贸易的占比和地位将稳步提升，与高度依赖交通运输的传统贸易并存。据统计，2020 年，数

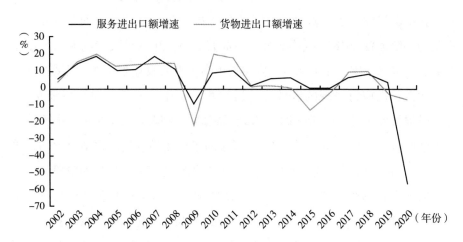

**图 1 2002~2020 年全球货物和服务进出口额增速变化**

资料来源：《国际统计年鉴》（2003~2021）。

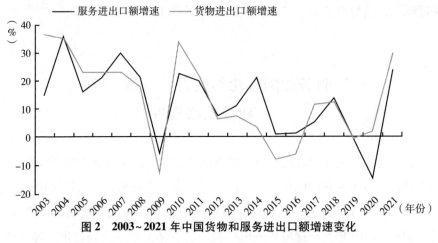

**图2 2003~2021年中国货物和服务进出口额增速变化**

资料来源:《中国统计年鉴》(2004~2022)。

字贸易占服务贸易的比重已上升至61.1%①,数字贸易降低了贸易成本,提高了贸易效率,极大地拓展了服务贸易的边界。

尽管服务贸易国际化的长期趋势不可阻挡,但在短期内服务贸易国际化在一定程度上受到贸易保护主义的限制。经合组织测评的服务贸易限制水平指数显示,2019年服务贸易的限制水平较2018年增长30%,而服务贸易自由化的速度也较2018年减缓60%。在此背景下,中国既要参与并引导制定服务贸易国际规则,在全球范围内推进更高水平的服务业开放,又要抓住全球产业链、供应链呈现的区域化发展趋势,抓住"一带一路"发展机遇,提高中国服务业在"一带一路"沿线国家的开放程度。2016年,中国社科院工经所对"一带一路"沿线65个国家的工业化进程进行评估,评估结果表明,"一带一路"沿线国家中处于前工业化时期、工业化初期阶段、工业化中期阶段的国家占48%。2017年,由中国电子信息行业联合会与电子工业出版社联合发布的《"一带一路"国家工业和信息化发展指数》报告中提到目前"一带一路"沿线各国工业和信息化发展指数等级为潜力型和薄弱型的占80%。"一带一路"沿线国家多处于工业化和信息化起步阶段,对传

---

① 刘慧、张一鸣:《数字贸易占服务贸易比重上升到61.1%》,中国经济新闻网,2021年9月8日。

统服务业和新兴服务业都有强大需求。随着信息技术的发展，以互联网、大数据、跨境电商为代表的新型服务贸易，正成为"一带一路"沿线国家新的经济增长点。中国与"一带一路"沿线国家在电信、计算机和信息服务等领域的合作大有潜力，未来有望通过服务贸易发展拉动货物贸易和投资的提升，实现"双赢""多赢"。事实上，自 2013 年"一带一路"倡议被提出后，中国服务业不断助力"一带一路"建设。如表 1 所示，中国在商业服务、通信服务、信息技术服务、分销服务、旅游与旅行相关服务、教育服务、金融服务、健康与社会服务等领域助力"一带一路"沿线国家发展，取得了显著成就。2021 年 9 月，习近平在中国国际服务贸易交易会全球服务贸易峰会上强调，中国要扩大合作空间，同世界共享中国技术发展成果。未来，中国要把服务贸易合作更深层次地融入"一带一路"倡议中的各个方面、环节和领域，顺应数字化、网络化、智能化发展趋势，加速中国服务业在"一带一路"的布局，助推"一带一路"建设高质量发展，加快构建新发展格局，提升中国在全球产业链、供应链、价值链中的地位。

**表 1 中国服务业助力"一带一路"建设现状**

| 服务业类型 | 时间 | 事项 |
|---|---|---|
| 商业服务 | 2018 年 | 成都为"一带一路"建设探索涉外法律服务新模式 |
| | 2019 年 | 京港两地会计师事务所服务"一带一路"建设合作协议签约 |
| | 2019 年 | "一带一路"律师联盟成立 |
| | 2020 年 | 中国自主研发"一带一路"城市天气预报上线 |
| 通信服务 | 2007 年至今 | 中国电信运营商筑就"一带一路"信息高速路 |
| | 2018 年至今 | 中国企业在"一带一路"布局手机产业链 |
| | 2018 年至今 | 中国媒体助推"一带一路"建设 |
| 信息技术服务 | 2020 年 | 《"一带一路"数字贸易指数发展报告（2020）》发布 |
| | 2020 年 | 智慧港口"中国方案"欲走向"一带一路" |
| | 2020 年 | 中国开拓"一带一路"数字智能产业合作新空间 |
| | 2021 年 | 安徽与 40 余国（地区）合作建 89 个国际科技合作基地 |
| 分销服务 | 2020 年 | 天津港集团海陆多式联运提速加力服务"一带一路" |
| | 2020 年 | 原产地证书助宁夏企业掘金"一带一路" |
| | 2002 年 | 四川开启农产品"一带一路"产销云对接会，助力农产品出口"一带一路"沿线国家 |

续表

| 服务业类型 | 时间 | 事项 |
|---|---|---|
| 旅游与旅行相关服务 | 2019 年 | "一带一路"推进形成旅游合作新机制 |
| | 2019 年 | 中外旅行商共商"一带一路"沿线国家的旅游合作 |
| | 2019 年 | "丝路驿站"首批合作城市启动 |
| | 2019 年 | 上海等城市共建文旅联合推广网络,促进"一带一路"文化和旅游交流 |
| | 2020 年 | 文化和旅游部开展 2020 年"一带一路"国际合作重点项目征集与扶持 |
| 教育服务 | 2010 年 | 成立了商务部首批授权的国际商务官员研修基地之一——上海商学院商务部国际商务官员研修基地 |
| | 2018 年 | 启动"一带一路"电力能源高管人才发展计划 |
| | 2019 年 | 教育部与四省市签署《推进共建"一带一路"教育行动国际合作备忘录》 |
| | 2019 年 | 长江大学"一带一路"国际教育产学研实践基地揭牌 |
| | 2019 年 | 中国-西班牙经贸交流与教育合作暨经贸目的地国赋能计划启动 |
| | 2020 年 | 燕山大学东北亚古丝路文明研究中心揭牌 |
| | 2020 年 | 宁夏大学宣布与"一带一路"沿线国家联合培养人才 |
| | 2022 年 | 中国东西省区联合为"一带一路"沿线国家开展医疗知识培训 |
| 建筑及相关工程服务 | 2019 年 | 原产地证书助力中国高端装备制造产品畅行"一带一路" |
| | 2021 年 | "一带一路"中老铁路工程国际联合实验室在沪揭牌 |
| 环境服务 | 2019 年 | "一带一路"绿色发展国际联盟在京成立 |
| | 2019 年 | "一带一路"生态环保大数据服务平台 App 正式启动 |
| | 2020 年 | 中外携手打造"一带一路"绿色发展领域高端国际智库 |
| | 2022 年 | 《关于推进共建"一带一路"绿色发展的意见》发布 |
| 金融服务 | 2017 年 | "一带一路"银行间常态化合作机制(BRBR)建立 |
| | 2019 年 | 银联国际携手多国金融机构共推"一带一路"沿线支付服务 |
| | 2019 年 | 中国信保和渣打银行协力为共建"一带一路"提供高质量金融支持 |
| | 2019 年 | 中国与 9 国会计准则机构发起《"一带一路"国家关于加强会计准则合作的倡议》 |
| | 2019 年 | 丝路基金为"一带一路"探索了行之有效的投融资合作模式 |
| | 2019 年 | 亚金协"一带一路"金融合作委员会成立 |
| | 2019 年 | "一带一路"绿色投资原则第一次全体会议召开 |
| | 2019 年 | 中国-东盟金融服务平台启动 |

续表

| 服务业类型 | 时间 | 事项 |
|---|---|---|
| 运输服务 | 2019 年 | 中欧班列南疆集散中心建设战略合作协议签约 |
| | 2019 年 | "一带一路"沿线 6 个综保区签订合作备忘录 |
| | 2019 年 | "一带一路"陆海联动发展联盟成立 |
| | 2019 年 | "六廊六路多国多港"合作格局基本成形 |
| | 2019 年 | 长三角统筹推动中欧班列高质量发展助力"一带一路"国际枢纽建设 |
| | 2020 年 | 长三角正式开行至东盟中欧班列 |
| | 2021 年 | "一带一路"国际多式联运智慧物流枢纽平台上线 |
| 娱乐、文化与体育服务 | 2019 年 | 甘肃成立文交国际版权中心 |
| | 2019 年 | 电影合作助力"一带一路"人文交流 |
| | 2019 年 | 《"一带一路"国际出版合作发展报告(第一卷)》发布 |
| | 2019 年 | 博物馆应成为"一带一路"沿线重要文化通道 |
| | 2020 年 | 2020 年"一带一路"艺术上海国际博览会开幕 |
| 健康与社会服务 | 2019 年 | 新疆"丝绸之路经济带"医疗服务中心为周边国家患者提供医疗服务 |
| | 2019 年 | 中医药服务日益融入"一带一路"国家医疗体系 |
| | 2021 年 | 第四届"一带一路"中医药发展论坛 |
| | 2022 年 | 中国东西省区联合为"一带一路"沿线国家开展医疗知识培训 |

资料来源:中国服务贸易指南网。

## 二 参与"一带一路"建设企业面临的风险挑战

《2020 中国民营企业 500 强调研分析报告》中提到中国民营企业 500 强在开拓海外市场时普遍面临人才短缺问题、投融资风险、法律诉讼风险与监管和数据安全风险,严重影响了中国企业"走出去"的积极性。

### (一)人才短缺问题

目前参与建设"一带一路"的企业普遍面临人才供给不足问题,主要体现在小语种复合型高端人才短缺,增加了中国企业参与"一带一路"建

设的风险，尤其是在数字贸易占服务贸易半壁江山的背景下，缺乏能够从事数字贸易的人才，将影响中国高端服务出口企业的收益和发展前景。

### （二）投融资风险

"一带一路"项目的投融资风险主要体现在以下几方面。一是政府风险无法分散。目前中国"一带一路"项目以政府投资为主，但是项目普遍存在投资周期长、工程技术复杂、回收周期长等问题。此外，"一带一路"沿线不少国家自身存在严重的债务风险问题，增加了政府投资风险。二是风险识别困难。由于"一带一路"沿线国家经济社会发展差异较大，信用等级不同，难以建立一套通用的风险识别系统。三是投资准入限制。有些"一带一路"沿线国家对国外投资设置了较高的准入门槛和法律门槛，影响中资金融机构的投资积极性。四是投融资周期长。由于项目涉及征地拆迁、生态评估、移民等问题，项目预期投资回收周期长，进而影响项目融资。此外，"一带一路"建设项目融资还面临审批时间长的问题，一个项目从开始融资，到实现融资，整个周期至少需要 1 年的时间。在新冠疫情期间，参与"一带一路"建设的中国企业普遍面临在建项目履约难等问题，叠加各参与国的金融交易法和金融监管法差异较大，以及沿线国家沉重的债务负担和社会资本参与性不强等风险，项目可能面临资金断裂的风险。[①]

### （三）法律诉讼风险

中国参与"一带一路"建设的企业面临的法律诉讼风险主要包括市场准入法律风险、环境保护法律风险、知识产权法律风险、劳务法律风险等。市场准入法律风险是指"一带一路"沿线国家出于保护本国经济利益的考虑，对中国企业的投资比例、准入领域等进行限制。环境保护法律风险是指中国参与"一带一路"建设企业未能充分考虑到沿线国家的环保标准，进

---

① 尹庆伟：《"一带一路"建设投融资模式的风险及规制策略》，《对外经贸实务》2020 年第 3 期。

而引发的侵权诉讼风险。知识产权法律风险是指中国参与"一带一路"建设企业因不熟悉沿线国家的知识产权制度，以及知识产权国际保护规则等，进而导致的中国企业触犯他国知识产权制度或者中国企业知识产权被侵犯等风险。劳务法律风险是指中国参与"一带一路"建设企业在雇用沿线国家本地员工的过程中，因不熟悉沿线国家的劳动保护法律政策，进而面临的诉讼、处罚等法律风险。导致以上这些法律风险的原因一是中国企业对外部法治环境认识欠缺以及企业内部法律风险防范与化解制度不完善，二是中国海外投资保护法律制度不健全。

### （四）监管和数据安全风险

《数字贸易发展与合作报告（2021）》数据显示，2020年，中国数字服务贸易规模占服务贸易总额的44.5%。中国计划在"十四五"时期，推进数字服务出口基地建设和打造数字贸易示范区，以此加强和"一带一路"沿线国家的合作。然而，"一带一路"沿线国家多属于"互联网发展中国家"，中国要和"一带一路"沿线国家进行数字贸易合作，将面临监管风险和数据安全风险。监管风险是指在跨境电商迅速发展的背景下，小批量、高频率的碎片化货物贸易以及随之而来的大量数字信息，给中国以及"一带一路"沿线国家传统货物监管部门和数字产业监管部门带来的巨大的风险。数据安全风险是指随着跨境数据的流动变得更加频繁，个人信息、商业信息等数据被泄露的风险。

## 三　北京高端服务业助力"一带一路"建设现状

### （一）北京服务贸易规模逐年扩大

如图3所示，2007~2018年，北京市服务贸易进出口总额、进口额、出口额基本呈现平稳增长态势，2010~2017年，进口额增速快于进出口总额增速和出口额增速，2017年后，出口额增速快于进出口总额增速和进口额增速。

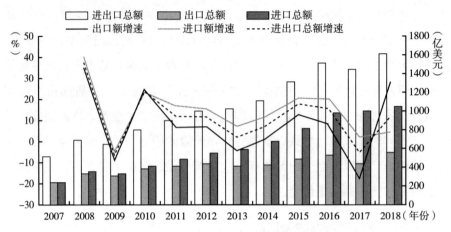

**图3 2007~2018年北京市服务贸易规模和增速**

注：统计年鉴中2018年之后的服务贸易进出口额数据缺失，下图同。

资料来源：《北京统计年鉴（2022）》。

### （二）高端服务贸易占比较低

总体来看，北京市高端服务贸易占比较低。在进口额占比方面，2018年北京市运输、旅行行业进口额占比居前两位，分别为30%和40%；在出口额占比方面，2018年北京市其他商业服务，电信、计算机和信息服务以及建筑行业的出口额占比居前三位，分别为29%、22%和21%；在进出口总额占比方面，2018年北京市旅行、运输和其他商业服务行业的进出口总额占比居前三位，分别为28%、23%和15%（见图4）。2018年，北京市金融服务，电信、计算机和信息服务等高端服务行业呈现贸易顺差，保险服务、知识产权使用费等高端服务行业呈现贸易逆差，运输和旅行行业的贸易逆差更为显著（见图5）。

### （三）北京参与"一带一路"建设的程度有待提升

《"一带一路"大数据报告（2016）》对中国31个省（市、区）参与"一带一路"建设的情况及实施效果进行了综合测评，结果显示，广东、浙

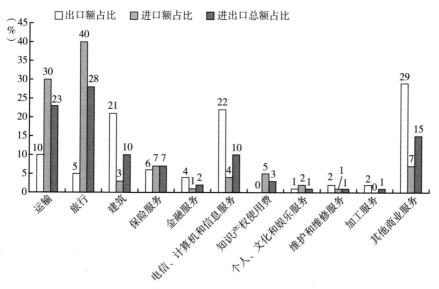

**图4　2018年北京市各服务行业进口额、出口额、进出口总额占比**

资料来源：《北京统计年鉴（2022）》。

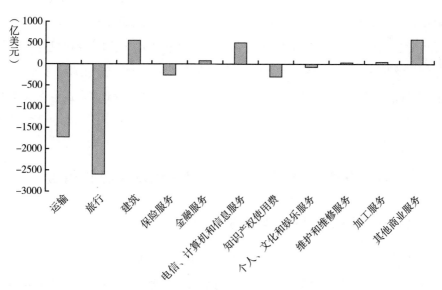

**图5　2018年北京市各服务行业贸易顺差情况**

资料来源：《北京统计年鉴（2022）》。

江、上海、天津、福建、江苏、山东、河南、云南、北京的综合得分位列前十。《"一带一路"大数据报告（2018）》的测评结果显示，广东、山东、上海、浙江、江苏、天津、福建、河南、四川、湖北的综合得分位列前十，北京已不在前十之列。北京 500 强民企参与"一带一路"建设的积极性相对不足，目前，从分布地域来看，中国参与"一带一路"建设的 500 强民企主要来自浙江、江苏、山东、广东和上海 5 个东部沿海省市，2019 年参与"一带一路"建设的 191 家中国 500 强民企中，有 141 家分布于上述 5 个东部沿海省市，占当年所有参与"一带一路"建设的中国 500 强民企的 73.82%。

### （四）北京服务业助力"一带一路"发展已取得一定成绩

近年来，北京着眼国际交往中心建设，打造"一带一路"法律服务中心、北京全球经贸合作服务中心网络，通过发挥本地专业服务优势，为保障和促进国际经贸交流、探索中国参与全球经济治理新路做出了积极贡献。[①]例如，在法律服务方面，北京成立了"一带一路"国际商事调解中心，发挥北京市专业服务优势，支持北京的律师事务所与境外司法机构、专业机构、中介组织广泛开展合作，服务覆盖了 80 多个国家的 180 多个城市；在教育服务方面，北京遴选了 40 所院校作为人才培养基地，资助相关国家 1300 多名高层次人才来京留学。

## 四 发达国家高端服务业国际化发展经验借鉴

### （一）健全服务贸易管理体制

美国服务贸易管理机构包括咨询、决策与协调机构，促进机构，以及民间服务机构。咨询、决策与协调机构由总统出口理事会、联邦贸易促进协调委员会、服务出口工作组等构成，主要承担出口促进、数据分析、贸易谈判

---

① 《"北京服务"走向"一带一路"》，《北京日报》，2020 年 8 月 11 日。

及政策研究等职能；促进机构主要包括商务部、美国贸易和开发署与贸易谈判代表办公室，主要承担行业分析、贸易政策拟定、资金支持、谈判协调等职能；民间服务机构包括全美服务行业联合会、各地出口理事会、各服务行业协会等，其职能是提供开拓国际市场的指导和援建。[①] 英国不同服务行业的贸易都有相应的专有机构负责监督管理，比如英国金融服务管理局负责管理英国金融服务业贸易，此外，行业组织对服务贸易也发挥着协调与管理作用，比如金融巡查官向消费者提供免费的咨询服务，以解决他们与金融公司之间的矛盾。与英国类似，德国每个服务行业的贸易都有专门的机构具体管理，德国联邦经济部下设服务机构"联邦外贸信息办公室"（BFAI），BFAI在世界各地拥有由 45 家市场观察员形成的信息网络，这些观察员在本地市场代表 BFAI 与德国公司共同处理相关的问题。[②] 此外，德国各行各业都拥有掌握话语权的协会与组织，负责制定有益于行业发展的政策法规与行业规划。法国的服务贸易管理机构具体包括管理层面的机构、监督层面的机构、行业自律层面的中介组织和专业的统计机构，分别承担制定服务贸易政策、协调跨行业政策、制定行业内规范、统计数据等职能。[③]

## （二）重视人才培育与引进

美国服务业具有全球竞争力的重要原因是其重视高质量人力资本的培育与引进，这使其拥有世界上人数最多、最具优势的科技队伍。美国在高等教育领域的投资支出以及研发经费投入位居世界第一，美国还特别重视继续教育，企业依据自身特色对员工进行各种培训，依照岗位与需求开展不同的继续教育。此外，美国十分重视专利保护，为高质量人才提供了良好的创新环境。[④] 英国非常重视教育与产业相对接，成立了英国教学公司和英国工业与

---

[①] 金满涛：《美国服务贸易发展经验对我国的启示》，《银行家》2018 年第 11 期。

[②] 张莉：《发达国家服务贸易经验及启示》，《中国经贸》2011 年第 2 期。

[③] 杨雪、李浩文、郑言、王菲：《发达国家服务业扩大开放的经验及对我国的启示》，《河南财政税务高等专科学校学报》2020 年第 1 期。

[④] 万千：《提升服务贸易竞争力的经验借鉴与推进路径——基于中美对比分析的视角》，《新视野》2020 年第 3 期。

高等教育委员会，负责搭建高校与产业有效合作的协调平台。日本从人才培育、继续教育、薪资待遇等方面着手，为服务贸易行业培育专业化人才。此外，日本全面实施知识产权保护、注重产品的高科技含量，使日本在竞争激烈的国际服务贸易市场中占据重要地位。韩国的人力资本保障政策包括：制定中期教育方针与规划，由各行业主管部门、有关人员和专家共同拟定"服务业人才培养体制完善计划"；由学校与教育机构落实教学与培训；建立网络平台，将服务业人才信息纳入统一管理。

### （三）优化相关法律法规环境

美国的服务贸易保障法律制度包括 1974 年的《贸易法》、1985 年的《国际投资和服务贸易调查法》、1988 年的《综合贸易法》等综合性法律，以及保障通信业、航空运输业、海运业、金融服务业等各领域发展的专门性行业性法律法规。与美国类似，德国的服务贸易保障法律制度包括一级法律、行业法律以及《服务业统计法》，为科学制定政策与发展规划提供了有效保障。法国作为欧盟成员国，既执行欧盟的贸易政策，其内部又有成熟的贸易法律，且不断结合经济发展实际进行及时修订和补充。

### （四）构建多元化出口促进机制

为促进服务贸易，美国制定了鼓励服务业出口的前瞻性战略，并通过派高级贸易团出访等手段扩大服务业出口。同时，签订《服务贸易总协定》《与贸易有关的知识产权协定》等，消除其他国家的服务贸易壁垒，为缩短谈判时间、快速占领市场、扩大服务业市场规模创造机遇。美国大幅增加与服务业和服务贸易出口相关的公共投资和科技投入，针对重大服务出口项目，美国进出口银行设立"资本项目限制性援助基金"，开展"捆绑式"对外援助，贸易和开发署也提供各种赠款支持，向重大海外项目提供"一揽子"融资。此外，美国还专门面向中小企业提供高效务实的出口促进服务，各进出口银行、出口扶助中心和各州出口促进机构等为中小企业提供出口融资与保险服务。韩国为促进服务业发展和服务出口贸易制定了长久的服务业发展规划，并将服务业分类为具有竞争力的优势行业以及薄弱行业。对具有竞争力的优势行业，制定了具有针对性的支持政策与出口战略；对薄弱行业，出台了具有针对性的扶持促进政策。服务业扶持政策包括完善知识密集型服务有关制度，缩小服务业与制造业之间土地保有税的负担差别，减免有关服务产业用地的开发负担金，改革服务业适用的电费标准体制，极力缩小服务业与制造业的待遇差别。对于本土中小企业，韩国除了设立中小企业产业支援基金外，还对知识发展型服务业提供特别基金扶持，扩大了《中小企业人力资源特别法》中知识密集型服务行业的适用范围，完善了相关信用审查标准。德国为促进服务业发展和服务贸易，一方面，发展出一系列世界先进的服务贸易展会，促进服务业出口；另一方面，对一些关键的服务行业与领域实施严格的准入机制、税收优惠政策、移民政策、金融政策，以促进本土服务行业的发展。

## 五　北京高端服务业助力"一带一路"发展的路径

在服务业国际化的背景下，"一带一路"沿线国家对服务业具有巨大需求，而目前中国参与"一带一路"建设的企业普遍面临法律、金融、人才等方面的瓶颈，北京市需充分利用自身高端服务业优势，从强化竞争优势、融入全球链条、打通发展瓶颈三方面着手，在拓展北京市高端服务业国际化市场的同时，解决中国企业参与"一带一路"建设的难点，助力"一带一路"沿线国家的工业化、信息化发展。

### （一）持续提升北京市服务贸易的国际竞争优势

一是优化北京市服务贸易管理、法律、统计制度体系。健全北京市服务贸易管理组织机构，为各服务行业设立专门的贸易主管部门；强化商务局统筹促进服务出口的协调职能，建立北京市服务贸易各部门联席会议制度，加大各服务行业主管部门间的协调统一力度，促进各行业出口政策形成合力；各服务行业主管部门要加强与行业协会、统计机构的协调，形成政府管理、行业自律、统计监测相结合的多层次服务贸易组织结构。强化服务业高水平开放的法治保障。长期以来，中国服务贸易立法严重滞后且立法层次低，相关政策碎片化、零散化和行业化，影响了中国服务贸易立法的统一性。在国家层面，要制定"服务贸易条例"，具体包括财税支持、投资促进、争端解决机制等方面的内容，确保服务贸易各项政策有法可依。同时，兼顾服务行业的立法空白，制定"国际旅游促进条例""服务外包知识产权保护和信息安全条例"等多项行业法规。在地方层面，要基于国家层面的政策，出台相应的地方性文件。强化统计管理和数据使用。加大各服务行业主管部门、行业协会与统计部门的协调力度，做好服务贸易数据统计工作，夯实服务贸易的工作基础，便于更好地分析数据规律，为服务贸易决策提供保障。

二是建立健全北京市服务贸易促进政策体系。打造多个具有国际知名度的品牌服务贸易展会。加快推动新国展二三期项目、大兴国际机场临空经济区会展中心等大型会展场馆设施建设，借助新国展、大兴国际机场、首钢产业园等平台，打造全球最具影响力的服务贸易展会，使其成为配置要素资源、促进高质量发展的有效平台。制定不同类型的服务业财税、金融支持政策。对服务业按照国际竞争力进行分类，对具有国际竞争优势的服务业加大财税、金融支持力度，包括出口退税、放松信贷融资条件、政府投资等，加大优势领域关键核心高科技的自主创新力度和出口力度；对处于竞争弱势的服务业要加大财税、金融扶持力度，帮助企业不断自主创新以提高竞争力。重视多层次服务人才培育与引进。依据北京市服务贸易需要，适时调整高等院校及职业类院校的相应专业设置；加快形成政府部门、科研院所、高校、企业联合培养人才机制，培育知识和技术密集型服务业高端人才；完善服务贸易人才培训机制，培育更多精通国际规则和国外法律、熟悉国际经营战略和技术发展的复合型人才；完善北京市公共服务环境，吸引更多国外高端专业人才流入。充分发挥行业协会的积极作用。目前，中国行业协会远未发挥出服务贸易促进作用，要充分发挥行业协会的监管、规范、咨询、协调等职能。一方面，要发挥监管职能，规范行业行为，防范不正当竞争；另一方面，要发挥咨询、协调职能，与政府部门积极沟通，为企业服务出口提供保障。

## （二）加速服务业融入全球产业链、供应链

一是深化北京市服务业与全国制造业的融合发展。加速北京市制造业的服务化转型，深入推进制造业与服务业融合协同发展，服务业为制造业迈向价值链中高端提供更加专业的服务支持，在提升制造业产业链整体质量水平的同时，也推动服务业自身向专业化和价值链高端延伸。

二是持续提升北京市服务业开放水平。对标国际营商环境标准，持续优化北京市营商环境，逐步下放行业管理和审批权限，放松金融、教育、医疗等领域的市场准入条件，比如股权、执照权限等。推动服务业扩大开放在自贸试验区示范发展，加大先行先试力度，推动形成产业和园区双轮驱动的开放创新格局。一些在自贸试验区实施成熟的服务业扩大开放政策，可逐步在全市复制推广。

三是加速提升北京市服务业的国际化水平。加快服务外包转型升级，运用云计算、大数据、物联网、人工智能等新一代信息技术，推进服务外包新模式、新业态发展，比如众包、云外包、平台分包等。针对这些服务外包新模式、新业态，要创新服务外包制度体系，实行服务外包高水平通关、贸易自由化发展。持续规划建设各类专业服务出口基地，对标国际，制定服务出口基地的高建设标准，同时要注重同一类专业多个服务出口基地间的错位互补式发展，提高北京市服务业出口质量。

## （三）助力打通"一带一路"建设的服务瓶颈

一是健全涉外法律服务机制。北京是金融法律服务最佳实践地，要充分发挥北京金融法院的作用，为"一带一路"沿线国家提供优质的金融法律服务。研究"一带一路"沿线国家劳动保护方面的法规政策，为参与"一带一路"建设的中国企业提供专业化的法律服务。在已签署的"一带一路"合作协议中，补充有关数字贸易的监管协议和关税协议。率先建立北京市与

"一带一路"沿线国家之间的地方性数字贸易信息保护法、安全法等相关法律法规，完善个人信息保护、商业信息保护、数据跨境流动、安全防护等制度，要求各缔约国依据这些制度建立法律框架来保护数据安全。

二是优化涉外金融合作机制。北京是国家金融政策调控中枢，是国务院金融委、"一行两会"等国家金融决策管理机构所在地，是国家重要金融基础设施平台所在地，也是全国资金汇集地。在"一带一路"金融合作中，北京成为最关键的资金供给、资产管理枢纽。基于"一带一路"沿线投资项目的高风险、高收益特点，设计风险对冲金融产品。基于"一带一路"沿线国家的不同国情，因地制宜地设计不同的融资模式，满足不同类型的融资需求。牵头构建"一带一路"金融合作标准化体系，加强规则对接和标准联通，细化形成"一带一路"金融合作评价标准，提高金融服务的科学性与合理性。规范跨境信用信息披露维度和内容，助力跨境合作方减少信息不对称，增强金融风险防控能力。遵循债务可持续原则，高标准开展项目融资，统筹海外债权管理，构造多元、包容、可持续的融资体系。

三是完善涉外保险制度体系。影响中国企业成功"走出去"的一个很重要的原因是海外投资保险制度不健全。尽管中国出口信用保险公司已开始海外投资保险业务，但中国尚未出台海外投资保险制度。因此，首先，亟须建立北京市海外投资保险制度，在此基础上加大保险领域服务模式与产品的创新力度，加强与以财产险、责任险为主的沿线国家的合作，以分散和降低汇兑限制、支付转移等风险。其次，为满足市场需求，应加大力度创新健康保险产品和服务模式，为"一带一路"沿线国家的经济发展提供强有力的健康保险支持。

四是深化涉外教育培训合作。首先，高校需要调整本科和研究生的教学培养方案，增加"一带一路"建设所需要的专业科目。其次，高校应增设"一带一路"相关小语种专业，培育金融、法律、信息技术等行业的复合型人才。再次，高校可承接并深入研究与"一带一路"倡议密切相关的基础性、应用性和综合性课题，建立"一带一路"研究基础资料数据库，储备"一带一路"高端智囊团。最后，对参与"一带一路"建设的员工，企业应开展海外劳工保护政策培训，让他们充分了解当地的政策法规、风俗习惯等。对"一带一路"沿线国家从事或者有兴趣从事数字贸易相关领域教学和研究的教师和学者、数字贸易企业中高层管理人员，北京市可组织高校、科研院所等机构为其提供专题培训机会。

## 参考文献

［1］尹庆伟：《"一带一路"建设投融资模式的风险及规制策略》，《对外经贸实务》2020 年第 3 期。

［2］周明勇：《"一带一路"背景下中国企业"走出去"法律问题研究》，《现代管理科学》2017 年第 8 期。

［3］叶进芬：《"一带一路"视阈下国内企业法律风险问题研究》，《法制与经济》2017 年第 6 期。

［4］陈燕、王梦姣、余永悦、徐颖：《"一带一路"倡议下我国对外经济合作法律风险研究》，《环球市场》2019 年第 8 期。

［5］金满涛：《美国服务贸易发展经验对我国的启示》，《银行家》2018 年第 11 期。

［6］张莉：《发达国家服务贸易经验及启示》，《中国经贸》2011 年第 2 期。

［7］杨雪、李浩文、郑言、王菲：《发达国家服务业扩大开放的经验及对我国的启示》，《河南财政税务高等专科学校学报》2020 年第 1 期。

［8］石俊芳：《发达经济体服务贸易发展经验分析及对我国启示研究》，《国际服务贸易评论（总第 6 辑）》，中国国际贸易学会，国际贸易编辑部，2012。

［9］万千：《提升服务贸易竞争力的经验借鉴与推进路径——基于中美对比分析的视角》，《新视野》2020 年第 3 期。

［10］丁建臣、周芮帆：《"一带一路"金融合作　高质量发展的路径选择》，《光明日报》，2021 年 4 月 27 日。

# B.8
# 北京节能环保服务业发展研究

薄 凡*

**摘 要：** 节能环保服务业是指以实现高效节能、先进环保和资源综合利用
为目的，提供相应服务的产业。其特点表现为覆盖领域广、运营
服务社会化、数字技术支撑、服务内容多元化等，在当前我国生
态文明建设持续推进和"双碳"行动系统部署下具有广阔的发
展空间。北京市大力推动以合同能源管理为代表的节能环保服务
业，逐步依托第三方服务机构，推动节能环保服务专业化、市场
化。目前北京节能环保服务业仍存在节能环保服务项目融资难、
企业竞争力薄弱、管理标准不统一、环境治理动力不足、服务内
容单一、市场化机制不完善等难题。"十四五"时期在北京高精
尖产业体系布局中，节能环保服务业仍是重要一环，可从创新投
融资方式、完善产业标准体系、打造公共服务平台、培育节能环
保综合服务商、拓展环境服务贸易等方面优化升级。

**关键词：** 节能环保服务业 节能减排 环境保护 北京

经济高质量发展离不开对资源的高效利用和良好生态环境的支撑，特别
是在我国"碳达峰、碳中和"（简称"双碳"）目标导向下，生态文明建
设力度空前，催生了大量节能环保服务需求，为节能环保服务业的发展提供
了广阔空间。我国早在 2013 年就发布了《关于发展环保服务业的指导意

---

\* 薄凡，经济学博士，北京市高端服务业发展研究基地研究员，中共北京市委党校经济学教研
部讲师，研究方向为绿色发展理论与实践、低碳经济等。

见》，为改善环境质量提供治理、评估、认证、监测、投融资等方面的服务支撑。"十四五"期间北京推进绿色生产生活方式全面转型，大力发展节能环保服务业，对北京推动产业升级、夯实服务业发展优势、提升民生福祉、实现"绿色北京"建设目标意义重大。

# 一　节能环保服务业的基本内容和实践进展

## （一）我国节能环保服务业的基本内容

根据 2021 年国家统计局出台的《节能环保清洁产业统计分类》，节能环保清洁产业涵盖节能环保产业、清洁生产产业和清洁能源产业。其中，节能环保产业是指以实现高效节能、先进环保和资源综合利用为目的，提供相应产品或服务的产业。服务对象主要是耗能排污的单位和个人。类似的概念还有"环境服务业"，旨在推动环境基本公共服务均等化，推动经济发展方式转型升级，提高生态环境质量。在我国"双碳"目标的要求下，节能减排、生态修复和环境污染治理协同推进，"节能环保服务业"的说法更能体现兼顾多元环境目标的现实需求。根据我国相关理论研究和政策部署，本报告将节能环保服务业的含义和主要内容总结如下（见表1）。

表 1　节能环保服务业相关政策文件汇总

| 文件 | 主要内容 |
| --- | --- |
| 1990 年国务院环境保护委员会《关于积极发展环境保护产业的若干意见》 | 环境保护产业是国民经济结构中以防治环境污染、改善生态环境、保护自然资源为目的所进行的技术开发、产品生产、商业流通、资源利用、信息服务、工程承包等活动的总称，主要包括环保机械设备制造、自然开发经营、环境工程建设、环境保护服务等方面 |
| 《2000 年全国环境保护相关产业状况公报》 | 与环境相关的服务贸易活动，分为环境技术服务、环境咨询服务、污染治理设施运营管理、废旧资源回收处置、环境贸易与金融服务、环境功能和其他环境服务 |
| 2010 年《国务院关于加快培育和发展战略性新兴产业的决定》 | 推进市场化节能环保服务体系建设 |

续表

| 文件 | 主要内容 |
|---|---|
| 2011年《环境保护部关于环保系统进一步推动环保产业发展的指导意见》 | 环保产业是为社会生产和生活提供环境产品和服务活动,为防治污染、改善生态环境、保护资源提供物质基础和技术保障的产业。大力推进环境服务体系建设,推进环境基础设施服务的社会化运营和特许经营,大力发展环境咨询服务业,鼓励发展提供系统解决方案的综合环境服务业 |
| 2012年《"十二五"节能环保产业发展规划》 | 推动节能环保服务业培育工程。大力发展以合同能源管理为主要模式的节能服务业。建立全方位环保服务体系,积极培育具有系统设计、设备成套、工程施工、调试运行和维护管理一条龙服务能力的总承包公司,大力推进环保设施专业化、社会化运营,扶持环境咨询服务企业 |
| 2012年《环境服务业"十二五"发展规划》 | 环境服务业包括环境工程设计、施工与运营,环境评价、规划、决策、管理等咨询,环境技术研究与开发,环境监测与检测,环境贸易、金融服务,环境信息、教育与培训及其他与环境相关的服务活动 |
| 2012年《环保服务业试点工作方案》 | 试点重点领域包括:改善环境质量与污染介质修复、污染治理、咨询培训与评估、环境认证与符合性评定、环境监测和污染检测、环境投融资和保险等。突出以环保效果为导向的环保综合服务 |
| 2013年《关于发展环保服务业的指导意见》 | 发展环保服务业重点工作包括:规范环境污染治理设施运行服务、建立环保服务业监测统计体系、健全环保技术适用性评价验证服务体系、完善消费品和污染治理产品环保性能认证服务、开展其他环保相关服务和环保服务贸易 |
| 2014年《政府采购环境服务指导意见》 | 政府购买环境服务将一律通过公开招标方式获得,采购对象包括城乡生活废水、垃圾收集、处理,城乡河道水域、公园湖泊水质养护和国家公园、自然保护区养护等环保内容 |
| 2016年《"十三五"节能环保产业发展规划》 | 深入推进节能环保服务模式创新,重点包括节能节水服务、环境污染第三方治理、环境监测和咨询服务、资源循环利用服务。到2020年节能服务业总产值达到6000亿元 |
| 2018年《打赢蓝天保卫战三年行动计划》 | 积极推行节能环保整体解决方案,加快发展合同能源管理、环境污染第三方治理和社会化监测等新业态,培育一批高水平、专业化的节能环保服务公司 |
| 2019年生态环境部《关于同意开展环境综合治理托管服务模式试点的通知》 | 开展环境综合治理托管服务模式试点项目,推进多领域、多要素协同治理,着重提升环境服务质量和效能 |
| 2021年《中共中央国务院关于完整准确全面贯彻新发展理念做好碳达峰碳中和工作的意见》 | 积极扩大绿色低碳产品、节能环保服务、环境服务等进口。深化与各国绿色服务等方面的交流与合作。发展市场化节能方式,推行合同能源管理,推广节能综合服务 |
| 2021年《节能环保清洁产业统计分类》 | 节能环保清洁产业涵盖节能环保产业、清洁生产产业和清洁能源产业 |

资料来源:根据公开资料整理。

按照行业领域划分，节能环保服务业可分为节能服务、环保服务、资源循环利用服务三大领域。其中，典型的节能服务为合同能源管理，节能服务企业以契约形式提供节能管理，用能单位根据节能效益付费，如居民住宅区建筑照明、取暖、污水处理等一体化节能管理。结合我国 2015 年度环境服务业财务统计调查，可进一步归结为五个重点细分领域，即水污染治理服务、大气污染治理服务、环境保护监测服务、固体废物治理服务、危险废物治理服务，主要是针对环境污染类型及其相关配套支撑行业予以分类。

按照服务类型划分，节能环保服务业可分为环保咨询、规划、设计、监测、认证、评价、教育、培训、金融、证券、保险等服务。环保咨询服务主要包括环境影响评估、场地整治、自然资源管理、废弃物管理、环境审计以及环境政策发展等。环保金融服务是指为实现节能环保目标进行的融资活动，包括绿色信贷、绿色证券、环境污染责任保险、排污权交易、资产证券化、环境保护基金、融资担保、融资租赁等项目。①

### （二）我国节能环保服务业的实践进展

我国传统的环境服务业聚焦于节能、生态修复、污染治理等单一工程技术和咨询服务，后来逐渐向决策、咨询、管理、金融等综合型服务转变。

节能环保服务具有公共物品属性，容易在现实中出现服务主体缺位、"搭便车"现象。为了激发社会力量参与、提升环境服务水平，我国自 2012年起设立环保服务业试点，在污染治理、区域环境质量服务、环境监测、环境综合服务园区建设、绿色金融等领域探索服务模式。2019 年进一步针对工业园区、农村等层面开展环境综合治理托管服务模式，突出系统观念、协同治理，着力提高环境服务质量和效益。随着生态环境治理力度加大，对环境服务的需求增多、标准提升，合同环境服务模式、工业污染第三方治理模式、环保"互联网+"模式、环境 PPP 模式、生态环境导向的开发模式等创新模式不断涌现，推动节能环保服务业升级发展。《中国环保产业发展状

---

① 《"十二五"节能环保产业发展规划》，2012。

况报告（2022）》显示，2021年全国环保产业营业收入约为2.22万亿元，其中环境服务业收入占比约为六成[①]，在协同实现生态效益和经济效益上具有强大的生命力。

"十四五"期间，"双碳"工作被纳入生态文明建设整体布局和社会经济发展全局，随着我国节能环保服务业政策和实践工作的不断推进，节能环保服务业的发展呈现新的特点。一是覆盖领域广，节能环保业态向多样化、精细化拓展。节能环保产业包括高效节能产业、先进环保产业、资源循环利用产业、绿色交通车船和设备制造产业4个分支，涉及23个细分行业。与以往专项规划相比，新版分类标准新增绿色交通运输相关产业，体现了节能环保原则贯穿于国民经济运行各环节，统筹控制生产侧、生活侧的能耗和排放。二是社会化、专业化运营服务日益突出，私人购买环境服务的消费意识逐渐增强，私人机构提供环境服务的市场化趋势日益显现。三是从单个项目管理向环境问题系统解决方案转换，综合性环境服务将成为主流，基于项目付费的形式转向基于环境治理效果付费的形式，部分环保企业趋于集团化发展，打造"节能环保产品+服务"的综合环境服务商。四是科技和管理模式创新加速行业更新迭代。节能环保产业与电子信息技术、新材料技术、生物工程技术、高端装备制造业融合，集成应用服务于传统产业转型升级，技术迭代快、专业性强。节能环保需求的升级，要求节能环保服务业在运营和管理模式上不断创新，推动产学研用结合，加快技术更新换代，不断满足多元化、个性化的市场需求。

## 二 北京节能环保服务业的发展历程及特点

北京市自"十一五"时期起大力推动以合同能源管理为代表的节能服务，结合污染防治攻坚、节能减排等任务不断完善环境服务体系，从资金支

---

① 《中国环保产业发展状况报告（2022）》，中国环境保护产业协会，https：//www.china-lason. cn/articles/zbzghb. html，2023年6月25日。

持、机构管理、行业标准等方面完善制度体系建设（见表2）。按照北京市经济和信息化局节能环保产业的统计口径，2019年北京节能环保产业中服务业占比约为83.7%，远高于国家平均水平。① 具体而言，在行业发展趋势上呈现四个阶段性特征。

表2  北京市节能环保服务业相关政策要点

| 文件 | 主要内容 |
| --- | --- |
| 2009年《北京市合同能源管理项目扶持办法（试行）》 | 政府资金支持对象主要是本市公共机构、2万平方米以上的大型公共建筑以及其他年耗能2000吨标准煤以上用能单位实施的合同能源管理项目 |
| 2009年《北京市节能减排专项资金支持合同能源管理项目实施细则（试行）》 | 合同能源管理项目，专指节能效益分享型项目，节能奖励方式为按项目年节能量进行一次性奖励，奖励标准为每节约1吨标准煤补贴500元，单个项目支持资金总额原则上不超过200万元 |
| 2009年《北京市合同能源管理项目节能服务机构管理办法（试行）》 | 建立节能服务机构库 |
| 2010年《北京市合同能源管理项目财政奖励资金管理暂行办法》 | 节能服务公司，是指提供用能状况诊断和节能项目设计、融资、改造、运行管理等服务的专业化公司。财政奖励资金支持的对象是实施节能效益分享型合同能源管理项目的节能服务公司 |
| 2013年《关于进一步推行合同能源管理促进节能服务产业发展的意见》 | 开展能源费用托管型合同能源管理项目试点工作 |
| 2013年《北京市战略性新兴产业专项规划之节能环保产业发展规划（2013~2015）》 | 培育发展专业节能服务业，以节能产品设计、装备生产制造、工程安装、设施运营等业务环节为重点，规范发展技术咨询、节能评估、能源审计、碳交易等服务业态。大力推行合同能源管理，建立全方位环保服务体系，积极培育具有系统设计、设备成套、工程施工、调试运行和维护管理一条龙服务能力的总承包公司，大力推进环保设施专业化、社会化运营，扶持环境咨询服务企业 |
| 2015年《北京市进一步促进能源清洁高效安全发展的实施意见》 | 支持社会资本发展合同能源管理等节能服务产业，建立统一开放、竞争有序的现代能源市场体系 |

---

① 北京市经济和信息化局课题组：《北京节能环保产业制造业与服务业融合发展研究》，《新型工业化》2019年第10期。

| 文件 | 主要内容 |
|---|---|
| 2017 年《北京市加快科技创新发展节能环保产业的指导意见》 | 做强节能环保服务业。包括能源管理综合服务领域、环境污染第三方治理领域、环境保护综合服务领域 |
| 2017 年《加快科技创新发展新一代信息技术等十个高精尖产业的指导意见》 | 做强节能环保服务业。节能服务注重引导企业由单一能源管理向综合能源服务转变。环保服务企业要向一体化服务模式发展,培育环境综合服务提供商。同时,鼓励重点企业、园区开展多种形式的环境污染第三方治理试点 |
| 2017 年《北京绿色制造实施方案》 | 围绕机电设备改造提升、能源替代及高效利用、信息化水平提升、环境深度治理等领域,重点扶持一批资源整合能力强、提供系统解决方案的节能环保业服务机构。培育一批科技创新能力强、具有核心技术和品牌优势的节能环保服务业龙头企业,提升北京节能服务产业竞争力及辐射带动作用。打造节能环保综合服务平台,推动节能环保服务公司与工业企业需求对接。建立北京绿色制造产业联盟,整合节能环保领域上下游资源,推动节能环保产业做大做强 |
| 2021 年《北京市进一步强化节能实施方案》 | 积极开展节能专业培训和咨询服务 |
| 2021 年《北京市"十四五"时期生态环境保护规划》 | 依托国际科技创新中心建设,大力发展新能源、新能源汽车、节能环保等绿色产业。以国家服务业扩大开放综合示范区和自由贸易实验区建设为契机,培育绿色低碳产业和智能化技术服务新业态。力争2025 年绿色能源与节能环保产业实现营业收入 5500 亿元 |
| 2021 年《北京市"十四五"时期高精尖产业发展规划》 | 打造绿色智慧能源产业集群。鼓励节能环保服务由单一领域向水、气、土、废多领域协同和工业源、移动源、生活源等多面源系统解决转变,培育智慧化综合服务商。鼓励服务商应用数字技术促进能效提升、清洁生产、节水治污、循环利用等智慧化,形成"监、治、控"全过程一体化智能管控 |
| 2023 年《关于北京市推动先进制造业和现代服务业深度融合发展的实施意见》 | 推进新能源和节能环保与相关产业绿色融合。鼓励电力能源服务的新型商业运营模式,实现能源智慧化管理。大力发展智慧化节能环保综合服务,形成"监、治、控"全过程一体化智能管控 |

资料来源:根据公开资料整理。

## (一)"十一五"时期推动以合同能源管理为重点的节能服务

北京市从 2008 年起对合同能源管理工作予以政策支持,作为完善节能服务体系、推动节能减排的突破口，针对节能服务机构管理、财政奖励资金管理等出台了一系列帮扶政策。据中国节能协会节能服务产业委员会（EMCA）统计，2018 年北京市节能服务产业总产值约为 715 亿元，约占全国的 15%；北京地区备案的节能服务企业有 941 家，占比为 19.5%，处于全国领先地位。[①]

在资金支持上，对符合国家财政奖励支持政策的项目，在中央财政 240 元/吨标准煤奖励基础上，要求地方配套不低于 60 元/吨标准煤。北京作为首个履行地方配套政策的地区，将配套奖励标准提高到 260 元/吨标准煤，对不具备国家审核条件而在市级备案的企业，由市级财政予以支持。到"十二五"期末，北京市节能服务公司的备案数量和申报数量均居全国首位。

在项目形式上，由初期的节能收益分享型项目，向节能量保证型、能源费用托管型等多种形式拓展。2014 年，北京市开展能源费用托管型合同能源管理项目。

在项目管理上，在北京市发改委和市财政局的监督指导下建立合同能源管理项目节能服务机构库，保证规范化管理。

## （二）"十二五"时期引入第三方推动环境服务专业化、市场化

鉴于环境治理的专业化和高需求，国家在 2014 年提出环境污染第三方治理实施意见，鼓励社会力量参与环境治理，探索更灵活的赢利模式。传统的财政拉动型节能环保服务逐步转向以市场和法律手段为主，有助于提升污染治理效率。北京于 2015 年出台地方性的第三方环境治理实施方案，以市场化、专业化、产业化为导向，培育一批专业环境服务机构，明确环境污染治理责任主体，创新第三方治理实施机制，服务于京津冀生态环境治理改善。探索将部分环境污染直接治理资金，调整为第三方治理项目投资运营补

---

① 北京市发展和改革委员会：《北京市建设全国首家节能服务领域中小微企业融资综合服务平台》，http://fgw.beijing.gov.cn/gzdt/fgzs/xwfb/202004/t20200417_1821681.htm，2019 年 7 月 15 日。

贴或奖励，推行环境污染治理综合服务采购。同时建立健全激励约束机制，一方面，鼓励以绿色信贷向第三方治理机构提供融资服务，并提供政策性融资担保、开展环境污染责任保险等金融服务；另一方面，对于未达标情况，要求第三方治理机构依据合同承担法律责任、补偿相应的经济损失。目前中持水务运营、瑞邦晟达科技、宏达通泰保险经纪、北京雪迪龙科技等企业在工业园区、环保专项治理、综合服务、环境监测等方面开展试点探索。[①]

由多家环境服务企业、科研机构等联合发起成立社会团体，为节能环保产业发展提供服务平台。2012年，中关村国家环境服务业发展联盟成立，将中关村打造为环境服务业制高点；2015年，中关村现代能源环境服务产业联盟成立，旨在服务节能、环保、新能源产业；2015年，在北京市科委、中关村管委会、北京市工商联领导下成立中关村智慧环境产业联盟，定位于为"碳达峰、碳中和"服务的科技创新生态平台。

### （三）"十三五"时期将节能环保产业纳入战略性新兴产业范畴

"十三五"时期国家将节能环保产业纳入战略性新兴产业范畴，鼓励节能环保产业多业态发展，健全环保服务体系，使之成为改善生态环境、促进经济高质量发展的重要支撑。

节能环保制造业和服务业呈现融合发展趋势。根据北京市经济和信息化局节能环保产业统计调查，制造为主、服务为辅的企业多属于资源综合利用企业，服务为主、制造为辅的企业多属于环保企业，制造业、服务业均衡发展的企业主要属于环保和综合性企业。

绿色金融创新盘活节能环保服务中小微企业。节能环保服务类中小微企业普遍存在有效抵押物不足、信用记录不健全等问题，导致融资贵、融资难。2019年，北京市发改委牵头建设北京市节能服务领域中小微企业融资综合服务平台——"绿融宝"微信小程序，探索以绿色金融支撑节能环保

---

① 曹政：《北京引入"第三方"治理环境　服务业和生活领域污染是重点》，中国新闻网，http：//www.gov.cn/xinwen/2015-12/02/content_ 5018845.htm，2015年12月1日。

服务的创新模式。① 平台通过信用贷款、抵押贷款、担保贷款等方式，促进企业和金融机构双向选择，同时提供信用评估和评价等服务，助力企业信用增级。②

### （四）"十四五"时期瞄准产业优化升级提供节能环保综合服务

技术赋能，实施精细化用能管理。2021 年底，北京市发改委等部门出台"节能十条"，以科技和专业服务为依托，进一步强化节能管理。建设北京市节能监测服务平台，在线监测公共机构、工业、建筑、交通、数据中心的能耗，特别是对石化、水泥等高耗能行业加强用能管理，实施更精细化的节能管理措施。2021 年底前完成全市重点用能单位中提供第三方（非自用）数据中心服务的企业（共 26 家）实时电耗数据接入该平台，实现电耗监测、检查、诊断和评估。同时，以普及节能知识、服务居民绿色低碳生活需求为导向，鼓励开展节能专业培训和咨询服务，组织节能专家和专业机构深入企业、社区等场所开展节能诊断和咨询服务。

生活领域的节能环保服务标准日趋细化。北京是超大型城市，相比于生产侧的生态环境治理，居民生活消费侧的资源能源消耗和污染控制成为治理的关键。2021 年，北京发布 53 项首都高质量发展标准体系建设内容，其中社区菜市场经营管理标准、商品交易市场管理标准等聚焦生活领域的节能管理和污染防治，通过信息技术、品牌建设为服务业提档升级赋能，满足居民的高品质消费需求。

培育节能环保综合服务商。"十四五"时期，北京坚持以减量发展为导向，围绕"双碳"、污染防治、节能与环境服务等重点领域，支持龙头企业

---

① 北京市发展和改革委员会：《北京市建设全国首家节能服务领域中小微企业融资综合服务平台》，http://fgw.beijing.gov.cn/gzdt/fgzs/xwfb/202004/t20200417_1821681.htm，2019 年 7 月 15 日。

② 孙杰：《北京金融服务创新 全国首推"绿融宝" 中小微节能企业融资添捷径》，http://www.beijing.gov.cn/fuwu/lqfw/gggs/201907/t20190714_1856772.html，2019 年 7 月 14 日。

牵头组建创新联合体,推动绿色技术创新和应用。① 根据高精尖产业发展规划布局,北京进一步推动智慧化节能环保综合服务。

## 三 北京市节能环保服务业的问题

### (一)节能环保服务项目融资难,企业竞争力薄弱

节能环保服务领域以中小微民营企业为主,普遍面临融资难、融资贵问题。一是节能环保服务项目通常成本较高、投资回收期较长,投融资渠道受限,特别是对政府和金融机构的相关政策缺乏及时跟踪对接,企业前期资金垫付压力大。二是当前融资方式仍以银行贷款为主,而节能环保服务企业以技术和知识密集型为主,缺少贷款抵押品,项目收益的不确定性较高,难以达到银行的融资门槛。银行对节能环保服务项目缺乏专业技术经验,导致信贷管理成本较高,制约了信贷资金向节能环保服务领域的投入。②

### (二)管理标准不统一,环境治理动力不足

服务的评价标准不具体,监管力度较小。中小型节能环保服务运营商的技术及环境管理水平参差不齐,由于监管不到位,第三方检测公司可能存在造假行为,通过虚报节能量和碳排放量等骗取补贴。

北京市能源消费“面广点散”,节能环保项目成本较高、企业动力不足。以合同能源管理为例,据测算,北京市工业领域综合改造单位节能量投资额约为 3000～3600 元,非工业领域综合改造单位节能量投资额约为6500～7500 元,按 2009 年规定的 500 元/吨标准煤的奖励标准,远不足抵补节能改造投资成本。2014 年之后,我国对节能服务企业的财政补贴暂停,

---

① 曹政:《“十四五”期间力推能源和产业结构优化 北京将从源头控制非首都功能增量》,http://www.beijing.gov.cn/ywdt/gzdt/202107/t20210714_ 2435810.html,2021 年 7 月 14 日。
② 李玉坤:《助力节能企业 北京上线融资“神器”》,新华网,https://baijiahao.baidu.com/s?id=1638995421111409244&wfr=spider&for=pc,2019 年 7 月 14 日。

改为"以奖代补"，给予节能服务公司专项奖励，但奖励门槛较高，北京市排放源较为分散，单个项目节能量普遍低于国家规定的工业项目年节能量500 吨标准煤、非工业项目 100 吨标准煤的门槛。

### （三）服务内容单一，市场化机制不完善

节能环保服务业仍呈现政策驱动型特点，投资主体单一。节能环保服务业的资金、技术门槛高，投资周期较长、风险较大，因此社会资本参与环境治理、拓展服务领域的动力不足。环境咨询、环境研究、环境工程可行性评估均是北京节能环保服务领域较为薄弱的环节，影响了环境服务市场化的速度。[①]

北京节能环保服务企业数量较多，但总体市场规模较小且分散，创新能力不强。特别是京内市场规模开发不足，绝大多数服务公司仅涉足某一领域或在特定环节提供节能环保服务，难以满足本市企事业单位对综合节能服务的需求。

## 四 北京市节能环保服务业的发展对策

### （一）强化资金引导，创新节能环保投融资方式

政府、企业、银行联动，创新环保产业融资担保方式。打通贷款通道，合作推出节能环保贷，项目贷款由银行、协会、企业代表等共同审核，在规范运作、严控风险的基础上，为中小型服务企业提供支撑。三方按比例出资创建节能环保风险池资金，以备企业无力偿还贷款时化解风险。

设立政府性节能环保产业引导基金，推行按效付费的政策机制。创建节能环保创业投资基金，通过股权投资的方式引进优秀项目。

---

① 刘薇：《北京市环保产业的发展现状、存在问题及发展趋势》，载梅松主编《北京经济发展报告（2009~2010）》，社会科学文献出版社，2010。

发挥北京的金融中心优势，完善环境金融服务。大力支持保险公司开展环境污染责任保险，拓宽应用行业和领域。借助新三板开展合同能源管理、环境咨询等项目质押贷款融资，以与服务单位签订的合同为依据衡量项目风险、收益情况，提供融资支持。

### （二）完善节能环保产业标准体系

完善节能环保产业标准体系。针对服务板块，制定涵盖环境技术服务、咨询服务、环保设施运营管理服务、资源循环利用服务、环境贸易与金融服务等多个领域的标准体系。强化环境技术评价，推进先进适用技术的示范推广应用。同时夯实数据工作基础，推动节能环保服务业的统计、调查、政策评估工作，对行业发展情况实现及时跟踪管理。

规范节能环保相关机构管理。政府制定节能环保服务公司名录，建立节能环保服务单位的淘汰机制，严格服务质量考核，对相关服务企业实行定期考核、动态管理。规范第三方审核企业管理，严格第三方节能量审核标准、程序及经费管理，加大惩罚力度，严禁作假现象，将违反规定、服务质量低劣的企业拉入黑名单予以淘汰。

### （三）培育公共服务平台，打造智慧节能环保体系

发挥北京作为科技中心的优势，打造智慧节能环保体系。培育建设节能环保公共服务平台，汇集各类环境咨询、市场信息、政策规章、前沿技术和行业报告等，定期发布节能环保服务产业的信息动态，实现资源共享、信息共通，更好地促进供需对接，为有环境治理需求的单位和个人提供最佳解决方案。平台接入专业服务企业和机构，提供咨询、设计、管理、评估等"一站式服务"，充分发挥市场竞争机制的作用，提升节能环保服务品质。

加大对节能环保服务业的政策支持力度，进一步提高节能环保服务业的产值比重。在税收、补贴、用地等方面予以政策倾斜，打造一批有国际竞争

力的环保咨询、服务企事业单位。加速专业人才队伍聚集和培养，加快核心技术的创新、集成与孵化，辐射带动全国节能环保服务产业发展。

### （四）创新节能环保服务模式，强化综合环境服务商职能

抓住"十四五"高精尖产业发展机遇，深入推动节能环保制造业和服务业融合，完善节能环保服务产业链。打造综合环境服务商，提高环境服务效能，鼓励节能环保服务企业向整体式设计、模块化建设、一体化运营、综合服务提供的方向转型，强化综合环境服务商的定位和治理能力。

探索工业绿色转型背景下节能环保服务的商业模式。积极推进环境污染第三方治理、生态金融服务创新、政府环境监测服务、环境绩效合同服务等节能环保服务试点工作。

鼓励以政府购买、PPP 等多种模式，推动节能环保服务市场化、社会化。提高政府购买节能环保服务的质量和效率，加强对用能单位节能情况的监督考核，实施项目履约情况跟踪管理。推进环境监测服务社会化，鼓励社会监测机构提供面向政府、企业及个人的环境监测服务。[①]

### （五）借助"两区"建设的政策红利，推动节能环保服务贸易发展

借助"两区"建设的政策红利，发展现代绿色服务业，推动节能环保服务"走出去"。大力发展节能环保服务贸易，促进专业人才、资金、技术和管理经验的流动。产学研合作，打造节能环保服务业孵化器。完善有关产品和生产工艺的环境标准，严格工程设计、检测认证、产品开发等服务管理机制。

建立节能环保服务业集聚区。推动节能环保服务企业落户自贸区，推动节能环保服务业发展。发挥现有节能环保产业联盟的集聚、监督职能，集聚相关企业和专业机构。发挥环境服务信息平台的交流互通作用，打造面向世界、辐射全国的节能环保先进技术、产品和服务的集散地。

---

① 林冬意：《环境服务业：环保产业的创新方向》，《华东科技》2014 年第 4 期。

## 参考文献

[1] 卢静：《环境服务业试点工作进展与经验分享》，中国环境保护产业协会，http：//www. caepi. org. cn/epasp/website/webgl/webglController/view？xh＝16296 83258281034553856，2021 年 8 月 23 日。

[2] 北京市经济和信息化局课题组：《北京节能环保产业制造业与服务业融合发展研究》，《新型工业化》2019 年第 10 期。

[3] 曹政：《北京引入"第三方"治理环境 服务业和生活领域污染是重点》，中国新闻网，http：//www. gov. cn/xinwen/2015－12/02/content＿5018845. htm，2015 年 12 月 1 日。

[4] 北京市发展和改革委员会：《北京市建设全国首家节能服务领域中小微企业融资综合服务平台》，http：//fgw. beijing. gov. cn/gzdt/fgzs/xwfb/202004/t20200417＿1821681. htm，2019 年 7 月 15 日。

[5] 《北京金融服务创新 全国首推"绿融宝" 中小微节能企业融资添捷径》，http：//www. beijing. gov. cn/fuwu/lqfw/gggs/201907/t20190714＿1856772. html，2019 年 7 月 14 日。

[6] 曹政：《"十四五"期间力推能源和产业结构优化 北京将从源头控制非首都功能增量》，http：//www. beijing. gov. cn/ywdt/gzdt/202107/t20210714＿2435810. html，2021 年 7 月 14 日。

[7] 李玉坤：《助力节能企业 北京上线融资"神器"》，新华网，https：//baijiahao. baidu. com/s？id＝1638995421111409244&wfr＝spider&for＝pc，2019 年 7 月 14 日。

[8] 刘薇：《北京市环保产业的发展现状、存在问题及发展趋势》，载梅松主编《北京经济发展报告（2009~2010）》，社会科学文献出版社，2010。

[9] 林冬意：《环境服务业：环保产业的创新方向》，《华东科技》2014 年第 4 期。

# 案 例 篇

Case Study Section

B.9

# 北京国家级知识产权保护中心
# 建设发展报告

钟 勇*

**摘 要：** 国家级知识产权保护中心是国家知识产权局从 2016 年开始依托地方建设的国家级知识产权保护机构。截至 2021 年底，北京的国家级知识产权保护中心有中国（北京）知识产权保护中心和中国（中关村）知识产权保护中心两家，分别服务于北京市新一代信息技术和高端装备制造产业的企业和机构，以及海淀区及中关村国家自主创新示范区内的新材料产业和生物医药产业的企业和机构，提供"一站式"综合服务，开展专利预审、快速维权、知识产权保护协作及专利导航等工作。两家机构从 2018 年开始运行至今，为保护知识产权做了大量工作，切实解决维权举证难、周期长、成本高等问题，对提高北京市的知识产权保护效率和水平、推动

---

\* 钟勇，经济学博士，中共北京市委党校经济学教研部副教授，北京市高端服务业发展研究基地研究员，研究方向为宏观经济、产业经济以及国企改革等。

北京国际科技创新中心城市建设做出了重要贡献。

**关键词：** 知识产权保护中心 北京 中关村

## 一 北京国家级知识产权保护中心的成立背景

坚持创新在我国现代化建设全局中处于核心地位，科技自立自强是国家发展的战略支撑，强化知识产权创造、保护和运用，是加快建设创新型国家的重要举措。为了鼓励科技创新，有效支撑重点产业发展，共同促进专利保护提质增效，全面实现快速协同保护，2016 年国家知识产权局启动了知识产权快速协同保护工作。结合地方产业特点，国家知识产权局依托地方建设国家级知识产权保护中心，为创新主体、市场主体提供"一站式"知识产权综合服务。截至 2021 年底，全国在建和已运行的国家级知识产权保护中心数量达到 57 家[1]，其中 2021 年新建 17 家，涉及 25 个省（市、区），覆盖了新一代信息技术、高端装备制造、生物医药、新材料、新能源、节能环保、现代化农业、智能制造、机器人及智能硬件、海洋科技等几十个产业。通过集快速审查、快速确权、快速维权于一体的协调联动方式，国家级知识产权保护中心提供"一站式"综合服务，切实解决维权举证难、周期长、成本高等问题。

目前，北京有两家国家级知识产权保护中心：中国（北京）知识产权保护中心和中国（中关村）知识产权保护中心[2]。两家中心都于 2017 年 11 月经国家知识产权局获批同意建设，2018 年启动运行，2019 年相继通过验

---

[1] 国家知识产权局：《中国（大连）、（泰州）、（洛阳）知识产权保护中心获批成立》，https://www.cnipa.gov.cn/art/2021/12/9/art_53_172029.html。

[2] 2022 年国家知识产权局统一更改了各地保护中心的名称，不再加"中国"二字。中国（北京）知识产权保护中心更名为"北京知识产权保护中心"，中国（中关村）知识产权保护中心更名为"中关村知识产权保护中心"。不过，因为本报告介绍的是 2021 年的情况，因此下文依然采用包含"中国"二字的机构名称。

收并正式运行。其中，中国（北京）知识产权保护中心是北京市知识产权局下属的公益一类事业单位，服务全北京市的企业和机构，围绕新一代信息技术和高端装备制造产业，开展专利预审、快速维权、知识产权保护协作及专利导航等工作；中国（中关村）知识产权保护中心是中关村科学城管委会下属的公益一类事业单位，服务对象是海淀区及中关村国家自主创新示范区内的企业和机构，面向新材料产业和生物医药产业开展知识产权快速协同保护工作。两家国家级知识产权保护中心的建立和运行，为提高北京市的知识产权保护效率和水平、推动北京国际科技创新中心城市建设做出了重要贡献。

# 二　中国（北京）知识产权保护中心[①]

## （一）基本情况

中国（北京）知识产权保护中心于 2017 年 11 月经国家知识产权局批复筹建，2018 年 3 月市编办批复同意设立北京市知识产权保护中心。2021 年 4 月，北京市知识产权保护中心与国家知识产权局专利局北京代办处重新组建为北京市知识产权保护中心（国家知识产权局专利局北京代办处）。中国（北京）知识产权保护中心与北京市知识产权保护中心是一个机构、一套人马、两块牌子，机构名称为中国（北京）知识产权保护中心暨北京市知识产权保护中心（以下简称"北京保护中心"）。北京保护中心是北京市知识产权局下属正处级公益一类事业单位，办公地址在北京市海淀区北四环西路 66 号中国技术贸易大厦 A 座 2 层，统一社会信用代码为 12110000MB1750102K，服务平台网站为 http://www.bjippc.cn/。

目前，北京保护中心核定事业编制 60 名。主要承担北京市知识产权保护以及专利预审、优先审查、申请资助、快速维权、导航与运营等方面的事

---

① 本部分内容根据中国（北京）知识产权保护中心提供的材料以及一些公开资料编写。

务性工作；受国家知识产权局委托，承担专利申请文件接收、审核及上报等工作。具体工作有以下内容。①专利预审：提供专利申请预审、专利复审及无效预审、专利权评价报告预审。②专利申请优先审查推荐：开展专利申请优先审查推荐服务。③快速维权：协助开展专利行政保护工作，协助重点企事业单位快速维权，提供专利侵权判定咨询服务；统筹指导行业性、专业性知识产权纠纷人民调解委员会开展纠纷调解。④保护协作：构建"一站式"知识产权纠纷解决机制和产业快速协同保护机制。⑤专利导航：开展产业专利导航分析，跟踪产业专利竞争态势，引导创新主体合理布局。⑥专利代办：受国家知识产权局委托开展各项专利事务代办。⑦商标业务受理：受理商标注册申请；开展商标变更、转让、续展等后续业务；进行注册商标专用权出质登记等。⑧知识产权资助：为注册或登记地为北京市的企事业单位，提供专利、商标等方面的授权补助资金。

## （二）工作开展情况

北京保护中心以服务产业发展为目标，以知识产权快速协同保护为核心，建立产业知识产权快速协同保护工作机制，形成以严格保护、引领创造、促进运用、创新管理、优化服务的产业发展新格局，大幅提升知识产权保护的效率和水平，营造稳定、公平、透明的营商环境，为北京建设国际科技创新中心和加快构建高精尖产业机构提供重要支撑。近年来，北京保护中心先后获得"全国青年文明号""国家知识产权局青年文明号""北京市青年文明号""北京市三八红旗集体"等多项荣誉称号。

1. 开展专利预审工作

2021年1~12月，北京保护中心为1361家企事业单位提供预审备案服务，累计备案企事业单位3057家；预审案件接收量、合格量及授权量均居全国知识产权保护中心首位。接收专利申请预审案件10159件，同比增长137%，其中发明案件9539件，占比为94%。预审合格进入国家知识产权局快速审查通道的专利申请6997件，同比增长132%。获得授权的专利4935件，同比增长228%，平均授权周期为79天。2021年7月，北京保护中心成为全国首批专利复审无效案件多模式审理试点单位，启动专利复审无效案件快速审查工作，开发线上快速审查模块，协助开展 11 件专利无效宣告请求案件的远程审理活动。

### 2. 积极推进快速维权工作

北京保护中心深入对接行政、司法、仲裁、调解、检验鉴定、公证等知识产权保护渠道和环节，进一步完善"一站式"知识产权纠纷解决机制。2021 年 1~12 月，协助办理专利侵权纠纷行政裁决案件 91 件；按照市局统一部署，为 13 个展会提供知识产权保护服务；为京东、美团等电商平台的 826 件专利、商标纠纷出具侵权判定咨询意见；转交市场监管综合执法总队 5 条涉嫌假冒专利线索。发挥知识产权巡回审判庭作用，联合北京市各级法院举办巡回审判旁听活动；与海淀区人民检察院签署《知识产权协同保护合作框架协议》，共同建设"知识产权检察联络站"。落实与北京仲裁委员会签订的《战略合作框架协议》，宣讲商事调解内容，推进知识产权仲裁调解服务。指导北京知识产权侵权纠纷检验鉴定技术支撑联盟举办知识产权鉴定典型案例交流分享等活动，强化知识产权鉴定技术支撑。

### 3. 深化重点领域的专利导航工作

北京保护中心围绕网络安全、自动驾驶、量子信息技术 3 个领域开展专利导航工作，分析各领域知识产权的竞争环境及特点，提出各领域知识产权发展路径建议，并分析重点企业的专利发展情况，为企业提出专利方面的建议。

### 4. 建立知识产权纠纷调解新模式

根据《关于加强知识产权纠纷调解工作的意见》，北京保护中心启动对《北京市加强知识产权纠纷多元调解工作的意见》的修订工作。加强管理与指导，组织召开工作交流会，开展培训，推动调解组织持续开展纠纷调解工作。2021 年 1~12 月，市知识产权局指导管理的知识产权纠纷人民调解委员会共受理纠纷 9893 件，调解结案 5016 件，同比上升 23.2%，调解成功 3368 件，同比上升 30.7%，调解成功率为 67.1%，为权利人提供了便捷、高效、低成本的维权渠道。与市高院签订《关于深化知识产权纠纷多元化

解机制建设 加强诉调对接工作合作备忘录》，优化诉调对接机制；联合北京知识产权法院建立高效解决知识产权纠纷联系人机制，提高案件审判和调解效率。指导设立在"两区"的北京保护中心分中心成立调解室，逐步构建纠纷"排查+预防+宣传"工作模式。在市司法局指导下，制定《知识产权纠纷人民调解员等级评定细则》，有序推进调解员等级评定工作。

**5. 实现商标、专利等业务"一窗通办"**

2021年1月，北京保护中心实现商标注册申请、商标注册后续业务、注册商标专用权出质登记、专利申请受理、专利事务服务等业务"一窗通办"。2021年1~12月，北京保护中心综合窗口共受理各类专利申请10.82万件，向外国申请专利保密审查6.43万件，受理各类专利优先审查1.37万件；出具专利副本证明文件1406件；办理专利实施许可合同备案67项，涉及专利1324件，金额47.39余亿元，专利实施许可合同备案注销4件；办理专利权质押登记137项，涉及专利491件，金额14.66余亿元，专利权质押登记注销42件；费用减缴备案审核3.62万件。办理商标注册申请84件、商标变更申请34件、商标续展申请11件、转让注册商标申请3件、撤回商标注册申请5件。所有业务持续保持零差错。

**6. 建成国内首个注册商标专用权质权登记电子服务系统**

为深入落实国家及北京市关于知识产权质押融资相关工作要求，针对全国商标质押登记办理没有统一电子服务平台，办事群众只能通过电子邮箱等方式与办理窗口联系这一现状，北京保护中心结合前期赴浙江、广东调研的情况，在全国率先开发了注册商标专用权质权登记电子服务系统。系统可实现注册商标专用权质权登记业务在线提交—在线审核—在线反馈结果，进一步提高注册商标专用权质权登记便利化水平，优化办理流程、提升办理效率。现已完成系统建设，并在北京市13个商标受理窗口开展测试工作。

**7. 在"两区"重点区域布局分中心建设**

2021年4月，北京保护中心在中国（北京）自由贸易试验区高端产业片区成立经开区分中心和大兴分中心。两家分中心运行以来，提供预审业务咨询 1000 余次、快速维权咨询 170 余次，举办 30 余期业务宣讲培训，为近 40 家企业提供一对一知识产权服务。经开区分中心 2021 年 7 月获批成为国家知识产权局商标业务受理窗口，受理商标注册、质押等业务 1000 余件，提供商标业务咨询 3000 余次。

# 三 中国（中关村）知识产权保护中心①

## （一）基本情况

中国（中关村）知识产权保护中心（以下简称"中关村保护中心"）是北京市海淀区财政全额拨款事业单位，归口中关村科学城管委会管理，人员编制 20 名，于 2019 年 8 月 22 日正式对外开展业务。中关村保护中心的办公地址位于北京市海淀区成府路 45 号智造大街 A 座，服务平台网站为 https://www.bjhd.gov.cn/ippc/。

中关村保护中心服务的产业领域为生物医药和新材料，服务区域为中关村一区十六园。中关村保护中心内设 5 个机构。①综合管理部：负责文秘、信息、信访、保密、档案、建议、提案、财务和对外接待联络工作；负责本单位行政管理和后勤工作；负责网络和自动化设备运行维护、政务信息统计管理、中心文化建设及宣传等工作。②预审服务一部：负责对新材料等产业领域内的专利申请、专利无效宣告案件请求、专利复审案件请求、专利权评价报告请求进行预审，并负责预审案件的统计分析等工作。③预审服务二部：负责对申报快速预审的企事业单位进行备案，对生物医药等产业领域内的专利申请、专利无效宣告案件请求、专利复审案件请求、专利权评价报告请求进行预审，并负责预审案件的统计分析等工作。④快速维权部：负责协助开展专利纠纷调解，负责专利侵权判定咨询、知识产权举报投诉受理与处理、海外维权、产业知识产权信用体系建设。⑤综合运用部：负责产业专利

---

① 本部分内容根据中国（中关村）知识产权保护中心提供的材料以及一些公开资料编写。

导航、专利分析预警、高价值专利培育运营等相关公共性、综合性对外服务工作。

### （二）工作开展情况

中关村保护中心正式运行以来，按照国家知识产权局的要求以及海淀区知识产权局的工作安排，认真履行主体责任，建立完善各项规章制度，优化业务服务流程，积极建设以"快速审查、快速确权、快速维权"为主要内容的知识产权保护"一站式"服务平台，助推区域经济创新发展。

**1. 开展专利预审，助力企事业单位专利快速授权**

中关村保护中心现有 IPC 分类号 97 个，洛迦诺分类号 20 个。备案企事业单位共 1306 家，其中高校院所 62 家、新材料领域企业 382 家、生物医药领域企业 580 家、代理机构 282 家。

（1）专利审结授权率大幅提高。截至 2021 年 11 月 3 日，共接收预审案件 2080 件，专利预审服务受理 1848 件，专利预审合格 1455 件，专利授权 824 件。专利审结授权率达 86.2%，远远高于全国普通通道约 47% 的平均审结授权率。

（2）专利授权速度明显加快。经中关村保护中心预审合格，进入国家知识产权局"快速通道"的专利案件，授权周期大幅缩短。

（3）预审服务流程逐步优化。中关村保护中心在确保预审质量的基础上，积极优化、整合预审服务流程，强化预审质量管理和周期管控，最大限度地压缩了专利案件在保护中心的周转时间，进一步提高了专利授权效率。目前，中关村保护中心预审案件处理平均时间为 2.47 个工作日。

中关村保护中心开展的专利预审服务受到了新材料、生物医药产业领域企事业单位的欢迎，为激发区域重点产业创新创造活力发挥了积极的作用，如助力科技型企业上市、促进科研院所实现成果转化等。

**2. 探索"一站式"快速维权服务模式，努力推进知识产权协同保护体系建设**

中关村保护中心运行以来，不断探索诉调对接、纠纷调解等多元化纠纷解决机制，推进协同保护体系建设，努力打造知识产权保护"一站式"服务平台。

（1）初步拓展快速维权业务。一是积极对接国家知识产权局专利局复审和无效审理部，建立了专利无效案件的巡回审理常态化工作机制。截至2021年，国家知识产权局专利局复审和无效审理部到中关村保护中心开展口审62场，吸引了来自企业、服务机构的近700人次旁听学习。二是积极建立与司法部门、行政部门、人民调解委员会、行业协会等的知识产权保护合作机制，通过此机制调解侵权纠纷案件572件，结案151件。与海淀区人民法院、海淀区人民检察院、海淀区生物与健康产业协会、海淀区工商联知识产权纠纷人民调解委员会、北京知识产权保护协会签订知识产权协同保护合作协议，并在中关村保护中心设立知识产权检察联络站、知识产权纠纷人民调解工作室。

（2）积极开展知识产权维权援助工作。2021年新建中关村壹号、翠湖云中心、八家产业空间3家知识产权维权援助工作站，与中关村保护中心一起形成了"1+11"的知识产权投诉举报和维权援助公共服务体系；与北京市知识产权维权援助中心合作，在中关村保护中心举办海淀区维权援助工作促进会议，并与工作站联合开展了知识产权保护宣传培训活动；协助北京市知识产权维权援助中心开展北京市国内外知识产权维权援助项目审查工作；接受企业委托，出具专利侵权判定咨询意见书，受到了企业的欢迎。

3. 开展专利运营，打造知识产权综合运用公共服务窗口

（1）开展专利导航、专利预警工作。2019~2021年，开展海淀区新材料产业石墨烯领域、生物医药产业靶向药领域、重大新药创制产业等8个产业领域的专利导航项目研究，举办专利导航成果线上宣讲会，向企事业单位宣传导航研究成果，探索专利导航项目落地措施，并将导航成果上报中关村科学城管委会相关产业处室，为政府部门制定产业政策提供参考。2021年，召开集成电路、空天、智能制造专利导航项目评审会和开题会。同时，开展国内外专利预警补贴工作，有效引领企业提高对专利风险的主动防范意识。

（2）推进知识产权综合运用公共服务。开展海淀区知识产权质押融资、

标准化实施、专利奖配套奖励、知识产权运营办公室建设等知识产权运营工作，助推高质量发展。协助海淀区知识产权局推进海淀区高价值运营培育中心建设，以及协助举办中国·海淀高价值专利培育大赛。2021年，组织161家企业申报北京市知识产权试点示范单位。

4. 加大宣传培训力度，打造海淀区知识产权宣传培训基地

中关村保护中心成立后，成为展示海淀区知识产权工作形象的窗口，积极开展知识产权宣传，举办2021年中关村知识产权论坛、中关村知识产权保护中心开放日、中关村智造大街知识产权现场咨询宣传活动、专利预审系列培训、专利导航实践和专利价值评估培训等活动，2021年各类宣传培训活动共吸引1000余人次参与。

**参考文献**

[1] 国家知识产权局：《中国（大连）、（泰州）、（洛阳）知识产权保护中心获批成立》，https：//www.cnipa.gov.cn/art/2021/12/9/art_ 53_ 172029.html。

[2] 中国（北京）知识产权保护中心：《中国（北京）知识产权保护中心情况介绍》，http：//www.bjippc.cn/info/infodetails.html？id＝INFO3992072f－c272－4014-b5ca-08ebdf736eda&&tag＝us。

[3] 中国（中关村）知识产权保护中心：《保护中心介绍》，https：//www.bjhd.gov.cn/ippc/info/infodetails.html？id＝INFO46ef9ba3-5187-463c-85c1-270c677aa28a。

# B.10
# 从新三板到北交所：北京资本
# 市场的蜕变

李诗洋 *

**摘　要：** 改革开放后我国资本市场获得蓬勃发展，但在北京一直未能
建立一个全国性的证券交易场所。北京证券交易所的设立，
弥补了首都金融体系的要素市场空白，作为市场核心机构，
其对资金流、信息流、人才流、机构流具有集聚效应，因此
具有其他金融机构不可比拟的优势。北京证券交易所的成
立，推进了北京市的产业结构升级和经济发展，改善了北京
市中小企业的融资环境。北京应加大对专精特新企业的动员
力度，鼓励社会各界加大对新三板的投入，对北京证券交易
所和新三板实施各项补贴政策，开通政府服务的"绿色通
道"，进一步深化新三板改革，推进北京证券交易所建设发
展，将北京多层次资本市场打造为服务创新型中小企业的主
阵地，提升北京在全国资本市场中的战略定位和金融核心竞
争力。

**关键词：** 北京证券交易所　新三板改革　资本市场　首都金融

---

＊ 李诗洋，经济学博士，中共北京市委党校经济学教研部副主任、副教授，研究方向为资本市
场、金融安全、金融科技。

# 一　从新三板①到北交所：北京证券交易所从何而来

## （一）北京证券交易所的深厚历史基础

北京证券交易所（简称"北交所"）并非横空出世，而是有其历史渊源和市场运行基础。早在 1918 年，北京就出现了中国人自己创办的第一家证券交易所"北平证券交易所"。当时北洋政府为弥补财政亏空，不惜以高利借取内外债，1918~1939 年，北平证券交易所买卖兴隆，公债投机盛行，由此刺激了北京金融业的发展。抗战期间，北平沦陷，北平证券交易所被迫停业。新中国成立后，为了加强对金融业的管理，疏导游资、繁荣经济，1950 年 2 月，"北京证券交易所"正式开业，初时业务非常活跃，后来由于经纪人的一些违规交易行为，同时随着整个国家对资本主义商业的社会主义改造的不断深入，特别是"三反""五反"运动的开展，1952 年北京证券交易所被关闭。1988 年，设立"北京证券交易所"的建议被提出，但一直没有得到批复。1990 年，"全国证券交易自动报价系统"（STAQ）在北京成立，初期以交易国库券为主，后来法人股交易规模壮大。成立于 1993 年的"中国证券电子交易系统"（NET）也主要交易法人股。这两个交易系统虽然在 1999 年关闭，但其在首都运行的经验为北京积累了全国性证券交易的实践基础。

## （二）从三板到新三板的演变

2001 年 6 月，"代办股份转让系统"成立，该市场并没有实体交易所，主要是通过电子交易系统进行全国主板市场的退市股票买卖和原 STAQ、NET 系统的股份转让，俗称"三板"，也就是"新三板"的前身。2006 年，

---

① 新三板是简称，其经历了从"代办股份转让系统"到"全国中小企业股份转让系统"的演变，对此发展历程报告中有详细介绍。

为了鼓励科技创新型企业的发展，解决其融资难题，科技部和证监会合作引导中关村的高新技术企业进入了三板市场，在北京中关村科技园区建立了新的代办股份转让试点，在此基础上进行科技创新企业的股权融资试点，为与原有的三板市场区分开，中关村代办股份转让试点被称为新三板市场。

2013 年，以新三板市场为基础的全国中小企业股份转让系统正式成立，"新三板"这一称号因其广泛接受性而继续被沿用。此时的新三板市场是国务院批准的第三家全国性质的证券交易场所，主要是为畅通创新、创业和成长型企业的融资渠道而设立。最初，新三板的定位依然为全国性的非上市股份有限公司股权交易平台，主要针对的是中小企业。为更好地发挥金融对经济结构调整和转型升级的支持作用，进一步拓展民间投资渠道，充分发挥全国中小企业股份转让系统的功能，缓解中小企业的融资难题，新三板在制度设计上进行了很多创新性的尝试，具体包含四个方面。一是服务对象新，即主要为创新、创业和成长型的中小企业服务。二是审查机制新，新三板对此做了很多大胆的创新与尝试，包括：股东人数未超过 200 人的申请挂牌，证监会豁免核准；发行后证券持有人累计不超过 200 人的，证监会豁免核准；发行不设发审委，行政程序较少，在很多方面大大地提高了效率。三是投资者新，新三板实行严格的投资者适当性管理，在 2019 年 10 月之前，新三板的合格投资者标准是证券资产需要达到 500 万元，不包括金融资产，非常严格，目标是引入更多的机构投资者，逐步建成以机构投资者为主体的证券交易场所。四是市场制度比较新，比如在准入方面，主板要求持续赢利，新三板要求持续经营能力；成立之初的新三板即实行多元化的交易制度，包括协议转让和做市商制度，后期更是引入了竞价制度。

2015 年 9 月 1 日起正式实施的《场外证券业务备案管理办法》打破了新三板"非上市股份有限公司股权交易平台"的历史定位，在此挂牌（上市）的公司均为公众公司，其股票等证券进行公开转让（交易），意味着新三板挂牌企业等同于沪、深两市的上市企业。新三板作为全国性证券交易所的地位得到巩固，弥补了北京缺乏全国性证券交易所的短板。但是，由于名称的复杂多变性和金融市场的专业性，在当时，企业和广大投资者并没有意

识到这一点。2019 年修订后的《中华人民共和国证券法》将新三板市场列为国务院批准的其他全国性证券交易场所，以与上交所和深交所区分开。

### （三）从新三板全面深化改革到北交所的蜕变

随着 2013 年底新三板在全国范围的正式营业，挂牌企业数量呈现快速增长，2013 年底挂牌企业家数为 363 家，2014 年 1209 家，2015 年 3920 家，已经超过了沪深 A 股数量，2016 年底 10163 家，2017 年接近 12000 家……新三板挂牌企业数量增长迅猛，远超沪深两市的增长速度，但是在短时间内受人员和产地规模限制，新三板的配套服务无法快速与之匹配，存在生长性疼痛。同时，新三板上市公司质量参差不齐，给监管带来挑战，同时也影响投资者的信心。在这种形势下，为打造规范化、法制化的市场环境，新三板着力建立常态化、市场化的退市机制，于 2018 年开始实施严格的强制退市制度，推进企业良性成长和市场长期健康发展，为下一步的深化改革铺平了道路。

2019 年 10 月，应金融供给侧结构性改革要求，证监会正式启动全面深化新三板改革，以提高首都多层次资本市场服务民营创新企业的能力。此次深化新三板改革是在总结近 7 年市场运行经验的基础上，为满足企业差异化需求而实施的全面性、系统性改革。改革坚持服务中小企业发展的初心和市场化、法治化方向，坚持畅通多层次资本市场的有机联系，促进市场功能有效发挥；坚持完善市场基础制度，为挂牌企业提供差异化精准服务，提高信息披露质量，严厉查处违法违规行为，促进企业规范化发展。在发行融资方面，允许符合条件的创新层企业向不特定合格投资者公开发行股票；优化定向发行机制，取消定向发行单次新增股东 35 人的限制，推出挂牌同时发行和面向内部人的自办发行。在交易方面，精选层实施连续竞价交易，创新层集合竞价撮合频次由每天 5 次提高至 25 次，基础层相应的由每天 1 次提高至 5 次，同时保留做市商制度。在投资者准入方面，对各层次挂牌公司实施差异化投资者适当性安排，精选层、创新层、基础层的投资者准入门槛分别为 100 万元、150 万元、200 万元，并引入公募基金等长期资金入市。在落实转板上市方面，精选层公司挂牌满一年，且符合上市条件的企业，可直接申请在科创板、创业板上市。在监管方面，对精选层公司的公司治理和信息披露对标上市公司从严监管，简化基础层公司的信息披露内容和频次要求，调整公司治理要求，形成差异化监管安排并严格实施摘牌制度。

2021 年 9 月 3 日，脱胎于新三板精选层的北京证券交易所正式设立，这标志着中国资本市场中，上海证券交易所、深圳证券交易所、北京证券交易所三足鼎立的格局正式形成，中国的资本市场进入市场化竞争时代。

事实上，随着我国证券市场规模和企业上市需求的不断扩大，打破证券交易市场的原有分工格局已不可避免。实践证明，减少行政干预将会有效加快证券交易机构的去行政化改革，进一步提升直接融资市场的效率。三大交易所鼎立的局面会令未来证券市场的竞争更加市场化，三大交易所的错位发展和有序分工，有助于深化资本市场的监管服务功能，给企业在上市方面更大的自主权，为证券投资者提供更便利和优质的服务。这对中国的资本市场和广大中小企业来说都是一大利好。

## 二 北交所设立：给北京带来了什么

### （一）提升北京在全国资本市场的战略地位

立足新三板精选层的北京证券交易所，不仅弥补了首都金融体系的要素市场空白，并且在承继沪深交易所历史发展经验的基础上，发挥着新生市场的优势，承担着我国证券市场增量改革试验的使命。北京证券交易所总体上平移了新三板精选层各项基础制度，维持了新三板基础层、创新层与北京证券交易所"层层递进"的市场结构，这种制度安排让新三板在全国的资本市场构成中具有与上海证券交易所和深圳证券交易所同等重要的地位。

北京证券交易所成立后，市场资金积极入市，投资者在证券公司咨询和开通新三板交易权限的数量明显增加。北京证券交易所的设立为完善首都多层次资本市场对中小企业的金融支持体系指明了方向。北京证券交易所的成立不是取代原有新三板的功能，而是成为有益补充。目前的新三板已经成为服务创新型中小企业的主阵地，将更好地发挥资本市场的功能、促进科技与资本的融合、支持中小企业创新发展。北京市应抓住机遇，推进北京证券交易所的发展壮大，提高资本市场服务创新型中小企业的能力，畅通首都多层次资本市场的有机联系，提升北京市在全国资本市场的战略地位和金融竞争力。

截至 2021 年年底，新三板挂牌公司有 6835 家（其中创新层 1215 家），北京证券交易所上市公司 88 家。其中，北京市新三板挂牌公司 897 家（创新层 144 家），北京证券交易所上市公司 12 家，在全国均位居前列。从表 1 可以看出，截至 2022 年 3 月，北京市累计共有 62 家企业进入辅导，占全国的 11.7%，其中辅导验收通过 28 家，占全国的 13.2%，已受理 25 家，占全国的 12.3%，各项指标均名列前茅。

表 1　北京证券交易所上市情况（截至 2022 年 3 月）

单位：家

| 序号 | 省(市、区) | 辅导备案家数 | 辅导验收通过家数 | 已受理家数 | 已批准/注册家数 |
|---|---|---|---|---|---|
| 1 | 北京 | 62 | 28 | 25 | 12 |
| 2 | 江苏 | 74 | 29 | 28 | 15 |
| 3 | 广东 | 66 | 28 | 28 | 10 |
| 4 | 浙江 | 60 | 20 | 20 | 4 |
| 5 | 山东 | 35 | 18 | 17 | 9 |
| 6 | 上海 | 30 | 10 | 9 | 4 |
| 7 | 安徽 | 23 | 10 | 10 | 5 |
| 8 | 河南 | 23 | 10 | 10 | 4 |
| 9 | 福建 | 14 | 2 | 2 | 1 |
| 10 | 四川 | 19 | 8 | 8 | 4 |
| 11 | 河北 | 18 | 5 | 5 | 3 |
| 12 | 湖北 | 19 | 6 | 6 | 3 |
| 13 | 辽宁 | 9 | 7 | 6 | 2 |
| 14 | 湖南 | 10 | 4 | 4 | 2 |
| 15 | 陕西 | 8 | 4 | 4 | 2 |
| 16 | 吉林 | 6 | 3 | 3 | 2 |

| 序号 | 省(市、区) | 辅导备案家数 | 辅导验收通过家数 | 已受理家数 | 已批准/注册家数 |
|------|-----------|-------------|-----------------|-----------|----------------|
| 17 | 江西 | 8 | 3 | 3 | 1 |
| 18 | 重庆 | 7 | 3 | 3 | 3 |
| 19 | 甘肃 | 1 | 0 | 0 | 0 |
| 20 | 山西 | 11 | 2 | 2 | 1 |
| 21 | 云南 | 5 | 3 | 3 | 1 |
| 22 | 广西 | 1 | 1 | 1 | 1 |
| 23 | 海南 | 3 | 2 | 2 | 0 |
| 24 | 黑龙江 | 3 | 1 | 1 | 0 |
| 25 | 内蒙古 | 4 | 1 | 1 | 1 |
| 26 | 宁夏 | 3 | 1 | 1 | 1 |
| 27 | 天津 | 6 | 2 | 2 | 0 |
| 28 | 贵州 | 3 | 1 | 0 | 0 |
| 29 | 新疆 | 1 | 0 | 0 | 0 |
| 合计 | | 532 | 212 | 204 | 91 |

资料来源：全国股转公司、北京证券交易所官网、北京证监局官网。

## （二）推进北京市产业结构升级和经济发展

始于 2019 年的新三板市场的深化改革旨在通过融资支持北京市地方经济的发展，规范企业经营，便于政府监督管理，增加北京市地方税收。北京证券交易所的设立则提供了一个良好的契机，其与新三板市场改革的配合有助于为企业的价值投资提供平台，降低股权投资的风险和成本，成为机构投资者退出的新渠道并推动产品创新。从新三板运营 8 年多的平均数据来看，北京市在新三板挂牌的企业里中小企业占比达到 94%，其中高新技术企业占 60% 以上，战略性新兴产业企业占 25% 左右。同时，北京市在新三板挂牌的创新企业不断做大做强。挂牌公司普遍重视研发，近两年平均研发投入强度达到 6% 左右，其中战略新兴产业类挂牌公司的研发强度更高达 6.84%，对创新驱动的拉动作用日益明显。

在北京证券交易所成立之后，北京市的产业结构升级进一步优化，总体

来看，进入北京证券交易所辅导备案的企业超过 80% 为高新技术企业。从表 2 可以看出，截至 2022 年 3 月，北京市进入辅导的 62 家企业中有一半来自海淀区的高新技术企业，其他来自西城区、东城区、朝阳区、丰台区、昌平区、经开区等区的企业也基本为高新技术企业或者是专业化、特色化的制造类企业。

表 2　北京市在北京证券交易所辅导备案的企业情况（截至 2022 年 3 月）

| 区 | 企业数量(家) | 名称 | 是否已验收 |
|---|---|---|---|
| 西城区 | 2 | 国源科技 | 是 |
| | | 醉纯科技 | |
| 东城区 | 2 | 观典防务 | 是 |
| | | 千叶珠宝 | |
| 海淀区 | 31 | 圣博润 | 是 |
| | | 清水爱派 | 是 |
| | | 并行科技 | |
| | | 蓝色星际 | |
| | | 和创科技 | |
| | | 蓝山科技 | 是 |
| | | 爱信股份 | 是 |
| | | 用友金融 | 是 |
| | | 华信永道 | |
| | | 优炫软件 | 是 |
| | | 明石创新 | |
| | | 微传播 | |
| | | 恒达时讯 | |
| | | 快鱼电子 | |
| 海淀区 | 31 | 约顿气膜 | |
| | | 诺君安 | |
| | | 鼎欣科技 | 是 |
| | | 曙光数创 | |
| | | 扬德环能 | 是 |
| | | 恒业世纪 | |
| | | 国基科技 | |
| | | 蓝耘科技 | |

续表

| 区 | 企业数量（家） | 名称 | 是否已验收 |
|---|---|---|---|
| 海淀区 | 31 | 殷图网联 | 是 |
| | | 诺思兰德 | 是 |
| | | 同辉信息 | 是 |
| | | 光环国际 | |
| | | 机科股份 | |
| | | 月新科技 | |
| | | 安锐信息 | |
| | | 中科国信 | |
| | | 腾信软创 | |
| 朝阳区 | 5 | 自在传媒 | |
| | | 宝贝格子 | 是 |
| | | 车讯互联 | |
| | | 中纺标 | |
| | | 爱知之星 | |
| 丰台区 | 6 | 中建信息 | |
| | | 中宇万通 | |
| | | 捷世智通 | 是 |
| | | 中航泰达 | 是 |
| | | 凯腾精工 | 是 |
| | | 华成智云 | 是 |
| 昌平区 | 5 | 同华科技 | 是 |
| | | 亿玛在线 | 是 |
| | | 比酷股份 | |
| | | 颖泰生物 | 是 |
| | | 康比特 | |
| 经开区 | 3 | 华达建业 | |
| | | 星昊医药 | |
| | | 康乐卫士 | 是 |
| 大兴区 | 2 | 三元基因 | 是 |
| | | 维冠机电 | |
| 通州区 | 1 | 凯德石英 | 是 |
| 门头沟区 | 1 | 恒合股份 | 是 |
| 顺义区 | 1 | 明博教育 | |

续表

| 区 | 企业数量（家） | 名称 | 是否已验收 |
|---|---|---|---|
| 房山区 | 1 | 基康仪器 | 是 |
| 平谷区 | 1 | 清大天达 | 是 |
| 石景山区 | 1 | 流金岁月 | 是 |

资料来源：全国股转公司、北京证券交易所官网。

新三板改革的日益深化和北京证券交易所功能的逐步完善，将对推动北京地区产业结构升级、形成创新驱动的经济体系和发展模式、增强城市综合竞争力发挥出更大的作用。

### （三）改善北京市中小企业的融资环境

北京证券交易所的设立和新三板的分层改革为北京市广大中小企业提供了良好的资本市场融资生态。新三板的基础层、创新层会根据企业不同发展阶段提供相应的分层服务，包括改制辅导和持续督导，帮助企业提高规范治理水平；通过定向发行高效便捷地进行股权和债券融资；帮助企业实施股权激励，汇集优秀人才；帮助企业逐步借助资本市场发展壮大。北京证券交易所将新三板的功能从做加法放大到做乘法，极大地提高了企业股权交易的流动性，提升了企业规范度和透明度。这将整体提升北京市企业在全国资本市场的形象和认知度，有利于北京市中小企业的市场拓展。

新成立的北京证券交易所旨在打造服务中小企业创新发展的专业化平台，进一步破除新三板建设的政策障碍，围绕专精特新中小企业发展需求，完善政策支持体系，形成科技、创新和资本的集聚效应。相比以往，北京市创新型中小企业将获得更多的直接融资渠道来满足自身的资金需求，北京证券交易所的设立有助于进一步解决长期以来困扰企业发展的融资难题。

## 三　北交所建设发展：北京要做什么

目前，北京证券交易所的建设发展方兴未艾，新三板深化改革也需要持续推进。北京市应发动各级政府部门和市场的力量，提高市场主体的参与积极性，促进北京证券交易所发展壮大。

### （一）加大对专精特新企业的动员力度，为北京证券交易所储备后备企业

为实现与沪、深交易所的错位发展，北京证券交易所旨在打造服务创新型中小企业的主阵地，北京市应抢抓时机，动员组织专精特新优质企业到新三板挂牌、到北京证券交易所上市。建议北京市地方金融监督管理局和各区金融办组织建立专精特新中小企业资源库，与北京证券交易所和新三板共享名单。对有一定成长性和创新性的初创企业，将其纳入新三板基础层储备企业库，其中符合基本挂牌条件的，动员其到新三板挂牌；尚不符合挂牌条件的，通过北京四板市场（北京市区域股权交易市场）先进行定向培育，满足要求后推动其到新三板挂牌，同时畅通北京四板和新三板之间的转板机制。对于符合北京证券交易所上市条件的市属专精特新企业，积极推动其申请挂牌上市。同时市政府和金融管理部门应鼓励现有的新三板创新层企业到北京证券交易所上市，鼓励优质基础层企业积极申请进入创新层。

### （二）鼓励社会各界加大对新三板的投入

北京证券交易所的设立为本地金融机构带来更多业务机会。从上市规则来看，申请为北京证券交易所的新增上市公司需是在新三板挂牌 12 个月的创新层公司，这极大地提升了新三板的活跃度。应在对本市金融机构进行系统梳理和分类的基础上，搭建北京证券交易所与其他金融机构的信息交流平台，引导交易所与本市商业银行、保险公司、基金公司、信托公司等金融机构对接。各区金融办动员辖区内证券公司积极开展北京证券交易所和新三板投资者开户工作，多渠道、多方式进行投资者教育。鼓励公募基金、政府引导基金、创业投资基金、个人投资者等不同类型的投资者进入交易所和新三板不同层级，为企业发展提供长、中、短期资金支持。北京市可以鼓励注册地在北京的公募基金研发新三板基金产品，并积极参加全国股转公司的技术

系统测试。鼓励政府引导基金、私募基金、信托公司等机构投资者积极参与新三板公开发行股票的询价和申购以及精选层股票交易。

### （三）对北京证券交易所和新三板实施各项补贴政策

随着北京证券交易所的设立和新三板在全国资本市场中战略地位的提升，申请新三板挂牌的企业数量将不断增多。从以往的实践来看，现金补贴政策大大提高了拟挂牌企业的积极性，不失为一种行之有效的举措，建议北京市继续维持原有的对新三板上市企业的现金补贴水准。近年来新三板对北京的税收贡献年均在亿元以上，相比上交所和深交所，新三板的利税规模仍有较大提升空间。北京证券交易所宣布设立以来，新三板的市场活力得到激发，日均成交额增长了2.7倍。① 从长远来看，通过税收优惠提升交易活跃度有助于增加其税收贡献，增加地方财政收入。建议北京市对在北京证券交易所和新三板挂牌的企业采用各种形式的税收补贴。具体的税收激励形式，可以采取挂牌前的企业改制和挂牌中以及挂牌后的企业税收返还等措施。例如，市地税可以向新三板基础层和创新层挂牌企业提供交易环节的税收优惠，从而扩大市场交易规模和提升交易活跃度。

### （四）开通政府服务的"绿色通道"

北京市应充分利用属地优势，对北京证券交易所和新三板市场的日常经营进行适当的政策倾斜。例如，减免基础设施的配套费用，确保新三板市场和新交易场所的拓展以及相关项目的土地使用计划获得优先保证等。帮助解决员工的实际困难，如给予核心骨干、高端人才、应届生更多的落户名额，以及在政策方面提供一些子女入托、入学的便利等。同时，协调北京市各区积极打造新三板和北京证券交易所在北京的第三级基地，号召各区金融相关部门与新三板加强沟通，提供新三板资源培育、投融资渠道对接、路演推介

---

① 北交所副总经理李永春在2021中关村论坛平行论坛之"多层次资本市场助力经济高质量发展论坛"上的发言，https://baijiahao.baidu.com/，2021年9月25日。

展示、上市培训辅导等服务。通过市区两级政府服务，协调解决企业在新三板和北京证券交易所上市过程中遇到的难点和瓶颈问题，加速北京市中小企业在北京证券交易所上市和在新三板挂牌的工作进程。各区金融办在全面推行本区金融服务顾问制度的基础上，可牵头组织在本区开设金融服务超市或金融服务便利店。金融服务超市及金融服务便利店可作为北京证券交易所在北京的第三级基地，打造区域企业成长上市孵化摇篮。基地提供新三板资源培育、中介服务资源整合、投融资渠道对接、路演推介展示、北京证券交易所上市培训辅导、风险监测预警等一体化服务，助力各区做强产业链、做深价值链、做好资本链。

## 参考文献

[1] 程丹：《北交所优化新三板生态　市场流动性将进一步激活》，《证券时报》，2021 年 12 月 2 日，第 A02 版。

[2] 昝秀丽、吴科任：《证监会：深化新三板改革　努力办好北交所》，《中国证券报》，2021 年 11 月 16 日，第 A01 版。

[3] 李诗洋：《新三板划归场内交易，改变资本市场格局》，《国际融资》2015 年第 9 期。

[4] 马婧妤：《持续深化新三板改革　努力办好北交所》，《上海证券报》，2021 年 11 月 16 日，第 1 版。

[5] 孟珂：《进一步丰富北交所和新三板融资产品》，《证券日报》，2022 年 3 月 4 日，第 A03 版。

[6] 吴科任：《精准包容资本赋能，北交所新三板一体发展成绩亮眼》，《中国证券报》，2022 年 3 月 18 日，第 A06 版。

[7] 张弛：《新三板和北交所市场生态持续优化》，《金融时报》，2022 年 2 月 22 日，第 7 版。

# B.11

# 数据挖掘引擎

## ——今日头条的发展经验与未来趋势

贺　艳[*]

**摘　要：** 今日头条作为推荐引擎产品和通用信息平台，致力于连接人与信息，让优质丰富的信息得到高效精准的分发，促使信息创造价值。作为聚合类新闻客户端的典型代表，今日头条积累了不少成功的经验，建立以算法为基础的个性化推荐系统、营造健全的内容生态、建立强大的版权保护和内容监管机制等做法值得借鉴。随着互联网的快速发展，今日头条的业务领域不断扩展，也面临着新的挑战。本报告通过对今日头条发展经验的总结，从完善算法技术、强化用户思维、拓宽赢利渠道几个方面提出优化发展路径。

**关键词：** 今日头条　数据引擎　算法　北京

今日头条是北京字节跳动科技有限公司开发的一款基于数据挖掘的推荐引擎产品，为用户提供精准化、个性化、定制化的新闻资讯，它可以连接内容生产者与消费者，实现内容与用户的精准连接。今日头条自 2012 年 8 月发布第一个版本以来，迅速受到市场的认可，市场占有率飞速攀升，长期占据苹果应用商店新闻类榜首，是国内移动互联网领域成长最快的产品之一。《2020 中国移动互联网年度报告》显示，截至 2020 年 12 月，今日头条用户

---

* 贺艳，经济学博士，中共北京市委党校经济学教研部副教授，研究方向为理论经济学、科技创新。

渗透率达到 67.5%，同比增长 1.7%。今日头条的迅速崛起，对国内互联网 BAT"三足鼎立"的传统格局造成了挑战，"三超多强"的新局面初步形成。

# 一 发展现状

2012 年 3 月，张一鸣创建今日头条，同年 8 月，上线第一个 App 版本，10 月今日头条用户数量就突破了 1000 万人。据 QuestMobile 统计，截至 2022 年 6 月，今日头条 App 月活用户数量达 3.44 亿人。今日头条在众多新闻类 App 中成功突围，成为最具影响力、话题性、成长性的新闻类客户端。

按照运营生态的不同，目前国内主流的新闻资讯类软件可以分为传统新闻媒体类、综合门户网站类、新闻聚合类。传统新闻媒体类有新华社、人民日报等，这类新闻媒体大多拥有新闻采编权，以原创性内容生产为其核心竞争力；综合门户网站类有搜狐新闻、网易新闻、腾讯新闻等，这类新闻资讯类 App 大多是为适应移动互联网时代由传统新闻类门户网站转型而来；新闻聚合类有今日头条等，是一种新型的移动新闻客户端类型，以技术平台为中介进行内容搬运。作为一种典型的聚合类新闻资讯客户端，今日头条有别于传统的新闻媒体，它是新闻的搬运者，而非生产者；其开发者字节跳动公司是一家科技公司，而不是新闻媒体公司。这种聚合类新闻媒体软件既是一个数据挖掘引擎，又是一个大型的数据分发平台，它收集互联网上的各类新闻资讯，再按照不同的用户需求分发给客户，是对传统新闻生产方式的颠覆和革命，实现从"人找新闻"到"新闻找人"的转变，同时也满足了多样化、个性化的用户需求，培养了一大批忠实的用户群体。

自创立以来，今日头条以"你关注的，才是头条"为企业口号和价值观，致力于打造"最懂你的信息平台"，连接人与信息，促进创作和交流，凭借算法优势，后发先至，在激烈的市场竞争中占据优势地位。这一个性化推荐系统在给今日头条赢来鲜花和掌声的同时，也引来了无尽的争议，今日

头条对挖掘到的新闻资讯进行"二次加工"的做法被视作一种侵权行为。2014年,《广州日报》、搜狐新闻等纷纷起诉今日头条侵权,国家知识产权局对今日头条进行立案调查;2015年,现代快报公司起诉今日头条侵权,今日头条被判赔偿对方经济损失10万元。此类侵权案件层出不穷,今日头条陷入了版权纠纷的漩涡之中。在因知识产权问题饱受诟病之后,今日头条开始注重内容生态的营造。一方面,与传统新闻媒体开展合作,购买其内容版权;另一方面,通过头条号打造专业信息发布平台。2015年以来,今日头条相继推出了"千人万元计划""百群万元计划""10亿扶持短视频分发计划",鼓励创作者上传更多优质的原创性内容,今日头条开始由一个内容分发平台向内容生产平台转型。2018年,今日头条将口号改为"信息创造价值",正如其创始人张一鸣所言,这是今日头条对过去"流量思维"的深刻反思,今日头条未来将会致力于传播更有价值的信息,补上过去在平台监管、社会责任等方面的功课。

## 二 典型经验做法

今日头条是一款基于数据挖掘技术的个性化推荐引擎产品,它致力于为用户推荐有价值的、个性化的新闻资讯,成为近年来移动互联网领域成长最快的产品之一。个性化推荐系统是今日头条在激烈的市场竞争中脱颖而出的制胜法宝,健全的内容生态是个性化推荐系统赖以生存的前提,强大的版权保护和内容监管机制则是个性化推荐系统的保障。

### (一)建立以算法为基础的个性化推荐系统

今日头条最大的优势在于依靠海量的数据库信息和强大的算法技术所建立的个性化推荐系统,这一个性化推荐系统不仅体现在可以为用户提供感兴趣的新闻资讯,即不同的用户在同一时间会接收到今日头条不同的推送内容,而且体现在广告的精准推送上。借助这一流量精准投放系统,今日头条的广告平均点击率高于行业平均水平,为字节跳动公司带来了巨额广告收益。如果用户使用微信、微博、QQ 等第三方社交网络账号登录今日头条，它可以在几秒之内收集用户的基本信息，分析用户的兴趣爱好，为用户推送特定的新闻资讯。如果用户以游客身份浏览今日头条，并没有提供可供参考的用户信息，今日头条就会为用户随机推荐信息。一旦用户开始浏览信息，产生评论、收藏、转发等行为，今日头条便会收集此类信息，建立用户个人模型，在用户下一次刷新时根据用户的阅读兴趣为其提供个性化新闻内容。用户使用 App 的频率越高，今日头条绘制的用户画像就会更加完整、清晰，就越能实现新闻资讯的精准推送。在个性化推送方面，除了以用户的阅读倾向、职业、兴趣爱好等个人特征为推荐依据之外，用户所处的地理位置、时间段、网络状况等环境特征也是推荐的重要依据。比如在早上推荐时政类新闻，晚上推荐搞笑类视频；移动网络连接时推送更多文字信息，无线网络连接时推送更多视频、音频信息。另外，今日头条还设置了音乐、财经、影视、情感等 40 多个不同的频道可供用户自由选择，用户选择自己感兴趣的频道，今日头条会围绕这些关键词进行重点推送，极大地提高了用户的点击率。

精准营销、流量变现是困扰各大广告主的营销难题，今日头条凭借智能推荐技术破解了这一难题，实现了广告的精准投放，为公司带来了巨额收益。早在创立之初，今日头条技术团队就对百度的搜索引擎优化策略进行了深入研究，获得了大量百度用户数据，又从各大超级 App、运营商等处获得了大量的用户数据，绘制了较为精准的用户画像。随着今日头条用户的投入使用，其绘制的用户画像更为精准，可以按照用户的性别、职业、兴趣爱好、地域范围等不同特征为其定向投放广告。同时，今日头条也非常重视和广告主的信息共享，广告主只要在今日头条开户，就可以查看广告的实时曝光情况。今日头条会利用关键词筛选每一个广告主特定的目标客户，以店面推广为目标，帮助每家门店创建本地广告，向距离门店一定范围内的目标客户定向投放，同时借助定位工具、服务电话等帮助客户迅速找到最近的门店，大大提高了潜在客户的转化率，也奠定了今日头条在广告投放领域的霸主地位。

### （二）营造健全的内容生态

今日头条在创立初期是作为一个内容分发平台而存在，但是10多年来多次被诉知识产权侵权问题，今日头条开始注重内容生态的营造，由内容分发平台转向内容生产平台。

首先，与传统媒体开展合作。传统媒体提供优质内容，今日头条提供平台和渠道，同时加强对知识产权的保护。版权争议出现后，今日头条积极整改、自我反思，加快了版权合作的步伐，按照"先授权、后使用""未授权、不使用"的原则建立了内容授权使用机制，与数万家传统媒体签订版权合作协议，合作范围覆盖中央、地方、行业新闻媒体，同时包括之前与其有版权纠纷的《广州日报》《21世纪经济报道》等。通过这一方式，今日头条获得了稳定、优质的内容来源，同时传统媒体的内容也得到了广泛的传播，双方实现了共赢。

其次，通过"头条号"打造自媒体平台，鼓励更多原创性内容。"头条号"是今日头条打造的一个专业化信息发布平台，截至2020年8月，"头条号"的账号数量已经突破30万个，其中包括传统新闻媒体、国家机关、自媒体、企业等不同的主体。"头条号"支持内容创作者进行短视频、图文、问答等多种类型的创作，创作者通过内容发布获得用户关注，采取流量变现、"粉丝"变现等方式获取经济收益。相关数据显示，2019年，头条号创作者发布了4.9亿条内容，累计获赞90亿次，累计获得总收入46亿元。①在此基础上，今日头条还推出了"悟空问答"和"微头条"模块，致力于帮助内容创作者获得更高的关注度和曝光度，同时将自身打造成一个超级内容生产平台。

最后，推出"政务头条号"，打造政务信息发布新平台，开启传播新模式。2014年11月，今日头条推出了公共信息发布平台"政务头条号"，广泛邀请政府机构入驻。随着移动互联网的普及，移动端成为人们获取信

---

① 《2019今日头条年度数据报告》，https://www.sohu.com/a/368896127_665157。

息的主要来源，为了更好地服务群众，许多政府部门紧跟时代步伐，在"两微"之外，又开辟了"一端"——今日头条客户端，通过今日头条"政务头条号"搭建政府部门和群众之间沟通的桥梁，推进政务公开，打造阳光政府。不需要以夸张的标题吸引眼球、博关注，政府部门的权威信息就能通过今日头条先进的数据挖掘、机器学习和智能分析技术得到广泛传播、精准推送。目前，已有最高人民检察院、最高人民法院、国务院信息公开办、教育部等中央国家机关以及平安北京、北京发布、上海发布等各级党政机关开通政务头条号，入驻单位覆盖全国 31 个省、自治区和直辖市，今日头条已经成为政务信息发布强有力的支撑平台。在政务信息发布之外，今日头条与政府机构在民生服务、舆情引导、公益活动等方面也开展了密切合作。2016 年，今日头条利用"定向地域推送"技术，发起了一项全国性的公益活动——"头条寻人"，是互联网技术在公益民生领域的一次精彩亮相。

## （三）建立强大的版权保护和内容监管机制

今日头条通过"人工+机器"的方式加强版权保护和内容监管，不断优化内容生态，同时也为个性化推荐系统的正常运行提供了保障。

在版权保护方面，今日头条使用智能技术来抵制侵权行为。今日头条自主研发了 CID 系统，该系统可以精准地监测到平台上所有重复的信息，将抄袭的文本内容排除在外。对于视频内容，每一个上传到系统的视频都会得到一个"内容指纹"文件，系统会将这个文件与系统内其他视频进行详细比对，一旦发现重复内容，就可以让侵权视频立即下架。同时，为了抵制侵权，今日头条也开设了 PC 段、App 端、邮箱三个官方渠道来收集用户反馈和投诉，用户一旦发现有侵权行为，就可以通过这三个官方渠道投诉和举报，平台会第一时间进行核查，事实一经确认，侵权者将会收到删除、禁言、封号、黑名单等不同程度的惩罚。

在内容监管方面，今日头条建立了一套健全的"机器+人工"审核体系，对内容、用户信息、评论等进行全方位审核，打造守法规、重责任、讲

导向的绿色运营体系。首先，进行机器初筛，通过系统的排重功能，删除重复内容，再由机器初步筛选出不违反政策的内容。其次，进行人工审核，通过人工审核的内容将会被推送给用户。用户在阅读新闻资讯的过程中也可以随时举报和投诉，对用户举报的内容将会进行人工复审，确保内容无误。目前，今日头条已经建立总编辑制度、总编室工作制度、信息审查制度、新闻内容编辑管理制度等多项制度以确保信息安全。通过"机制+技术"的双重保障，确保信息安全，营造优质的内容生态。

## 三 优化路径

作为聚合类新闻客户端的典型代表，今日头条可以在激烈的市场竞争中突破重围，有许多成功的经验和做法值得借鉴，同时，也有许多值得反思的地方。版权纠纷、信息茧房、数字鸿沟等新闻伦理失范问题引发多方关注，如何扬长避短、发挥优势、抓住机遇、改变劣势、克服不足成为今日头条未来发展需要重点关注的问题。

### （一）完善算法技术，加强技术创新

今日头条凭借技术优势打造了个性化资讯平台，迅速占领了市场，获得了庞大的顾客群体，一时间，各个资讯平台竞相模仿，推出了自己的个性化推荐系统，今日头条的优势在一定程度上被削弱了。同时，算法推送技术也因为信息茧房、数字鸿沟、版权纠纷等问题而饱受诟病和争议。因此，应不断加强技术创新，优化算法技术，嵌入人文关怀，注重社会责任和职业道德，严格遵守技术伦理规范，让算法为新闻传播赋能。

首先，坚持人机协同，兼顾工具理性和价值理性。算法设计下的新闻推送以流量为中心，针对不同的目标群体推送其感兴趣的新闻内容，平台支配了新闻传播的方向，造成了一定程度上的垄断，导致用户只能接受特定种类的信息，而屏蔽了其他的信息，对社会事务缺乏全面的了解，被困在信息茧房之中，也提高了不同群体之间的壁垒，同时造成低俗信息在网络社会的泛

滥。因此，必须加强人机协同，算法的设计应该体现新闻工作者的职业道德，坚持人的主导作用，发挥专业新闻工作者的"把关人"作用。其次，不断优化算法技术，坚持个性化推荐与多样化内容。为了避免个性化推荐给用户带来信息窄化的影响，需要不断改进算法程序，在保证推送内容精准性的基础之上为用户推送更多多样化的内容，以保证用户阅读的深度和宽度。最后，坚持透明原则，完善算法使用规范。互联网企业依靠算法技术掌握了大量的用户数据，但是对算法程序避而不谈，有违知情同意原则，因此，应该坚持算法透明化原则，公开数据抓取、源代码、程序设计等过程，主动接受社会公众的监督与检查。

## （二）强化用户思维，深挖用户需求

今日头条所打造的个性化推荐系统的出发点就是用户思维，关注用户的需求，站在用户的立场和角度考虑问题，其用户思维贯穿产品设计、组织架构、营销方式等全过程，高效洞察用户需求，以满足用户需求为目标。通过算法推荐，用户可以从海量的信息中获取自己感兴趣的内容，既省去了挑选的烦恼，也满足了阅读的需求。

当下，移动新闻客户端的竞争已经进入白热化阶段，要想在激烈的市场竞争中取得胜利，就必须要坚持用户思维，以用户为中心进行产品设计。对传统新闻媒体来说，要转变传统观念，将用户需求放在首位，在注重内容建设之外也要注重传播渠道的搭建，建立便捷的新闻传播渠道，同时加强用户研究，关注用户的兴趣特征，满足用户的个性化需求。对以今日头条为代表的新型新闻媒体来说，用户思维是其优势所在，也是在未来需要继续坚持的基本原则。新媒体时代仍然是一个"内容为王"的时代，新媒体应该在保持技术优势的基础上，加强对优质内容的挖掘，兼具内容的个性化、多样化、深度化。一方面，新媒体要加强与传统媒体的合作，获取权威、有深度的资讯；另一方面，要鼓励自媒体创作更加多样化、更加接地气的优质内容，新兴媒体在做好内容筛选工作的同时也要利用最新技术，做好知识产权保护工作，尊重原创。

## （三）拓宽赢利渠道，丰富赢利模式

当前，广告收入仍然是今日头条主要的收入来源，虽然今日头条已经在探索付费阅读，但是依然难以摆脱对广告的依赖，其赢利模式比较单一。这种赢利方式在带来收益的同时也带来诸多弊端，造成平台广告泛滥，影响顾客的阅读体验，影响整体内容生态的构建，给企业经营带来了风险和隐患。因此，今日头条应该探索新型赢利方式，拓宽赢利渠道，丰富赢利模式。

拥有庞大的用户群体是今日头条的优势所在，要善用这一优势，积极探索流量变现的新方式。既可以通过提供下载服务、阅读优质内容等方式获取增值服务费，也可以通过开设 VIP 账号，获取 VIP 服务费。同时，也需要不断完善"头条商城"的商业生态，贯通线上线下的服务体系和网络，扩展电子商务业务。加强和数码品牌、汽车品牌等的商务合作，定期在今日头条平台发布新产品，充分发挥今日头条的媒体属性和流量优势，将今日头条打造成一个首发平台，同时利用头条号开展测评，打造新品测评平台，将今日头条打造成一个集新品发布、测评、购买于一体的电子商务平台。在打造商业生态的同时，也要兼顾内容生态，实现内容生态和商业生态的统一，避免因为过度商业化而影响用户的阅读体验。

## 参考文献

［1］彭玥：《时政类 APP 的发展现状研究——以网易新闻和今日头条 APP 为例》，《传媒论坛》2021 年第 4 期。

［2］孙雯雯：《移动新闻客户端商业模式探究——以"今日头条"为例》，《人文天下》2021 年第 1 期。

［3］王晓明、龚焱、梁涛：《今日头条：重新定义互联网行业，颠覆巨头的力量源自何处》，《财富时代》2020 年第 9 期。

［4］王十：《聚合类新媒体平台的传播困境与优化路径——以"今日头条"客户端为例》，《记者摇篮》2020 年第 5 期。

［5］李凤艳：《互联网时代下"今日头条"竞争策略分析》，《经营与管理》2019

年第 8 期。

［6］崔佳：《大数据背景下"今日头条"发展研究》，《新媒体研究》2018 年第1 期。

［7］齐亚朋：《新闻阅读类 APP 的发展模式》，《电子技术与软件工程》2017 年第4 期。

［8］么咏仪、杨建楠：《机器怎样"读懂"用户——专访今日头条副总编辑徐一龙》，《新闻与写作》2016 年第 12 期。

［9］张诚：《今日头条张一鸣：我眼中的未来媒体》，《中国传媒科技》2016 年第1 期。

# 借 鉴 篇

## Lessons & Reference Section

## B.12

# 上海高端服务业发展的
# 基本经验及启示

郭 浩*

**摘 要：** 近年来，上海持续推进产业结构战略性调整，不断扩大高端服务
业规模，优化完善服务业结构和空间布局，有力推动城市能级和
核心竞争力实现提升。本报告从高效、集聚、开放、创新四个方
面梳理分析了上海市高端服务业发展概况，总结了上海市的有益
做法和重要经验：突出融合发展，促进产业链延伸；强化集聚发
展，采取差异化策略；深化改革开放，发挥国际化优势。结合上
海与北京同处于后工业化和城市化高级阶段的发展实际，针对北
京高端服务业发展状况，提出了如下对策建议：促进融合发展，
突出北京特色；发挥集聚效应，推进差异化发展；扩大开放，发
挥引领性作用。

* 郭浩，北京市高端服务业发展研究基地副研究员，研究方向为产业经济学。

**关键词：** 上海　高端服务业　集聚效应　扩大开放　科技创新

近代以来，上海凭借良好的驻港条件和区位优势，成为全国最大的航运中心，外贸和埠际贸易量均居全国之首，极大地推动了工商业发展，1949年以后成为中国重要的工业基地。1978年以来，上海以开放促进改革，以改革推动发展，开始从功能单一的生产型城市向优先发展先进制造业和现代服务业的国际大都市转型。进入21世纪，上海市坚持"三、二、一"产业发展方针，推进产业结构战略性调整，不断扩大服务业规模，优化完善服务业结构和空间布局，推动城市能级和核心竞争力实现进一步提升。在这期间，上海市服务业尤其是高端服务业得到了迅速而全面的发展，逐步成为经济增长的引擎，这个过程既是上海强化服务经济建设的有力见证，也为北京提供了宝贵经验。本报告通过分析上海市高端服务业发展概况和经验，为北京高端服务业发展提供启示思考，促进北京高端服务业规模和国际竞争力实现双提升。

## 一　上海服务业发展概况

一段时间以来，上海着力深化改革开放，推进创新驱动发展，加快经济转型升级，以现代服务业为主体、战略性新兴产业为引领、先进制造业为支撑的现代产业体系加快建立。

一是服务业增加值稳步增长。2003～2021年，上海市服务业增加值从3485.43亿元上升到31665.56亿元，年均增长率为13.04%，高出同期GDP年均增长率2.22个百分点，服务业增加值占全市生产总值的比重从51.23%上升到73.27%，服务业成为经济增长的主动力。[①]

二是服务业结构进一步优化。主要表现为以金融业、信息服务业等为代表

--------

① 《上海统计年鉴（2022）》。

的高端服务业发挥了重要的引领作用。"十三五"期间,上海市高端服务业五大门类规模进一步扩大,商务服务业增加值增长最多,增长113.86%,科技服务业增长107.19%,位居第二,信息服务业和金融业分别增长94.92%和94.11%,文体娱乐业增长48.86%。2021年,高端服务业增加值总计达到16411.14亿元,占上海市服务业增加值的51.83%。其中,金融业增加值达到7973.25亿元,占高端服务业增加值的48.58%;金融业、信息服务业、商务服务业增加值占高端服务业增加值的86.02%,成为上海高端服务业的三大支柱。①

三是服务业为新经济提供动力。上海全面推进城市数字化转型,率先建成5G和固定宽带"双千兆"城市,2022年信息传输、软件和信息技术服务业增加值同比增长6.2%,5G、云计算、大数据等新一代信息技术促进服务业创新发展。2022年,上海市推进建设数字人民币试点和资本市场金融科技创新试点,新增持牌金融机构近300家,跨境人民币业务结算量保持全国领先。跨境电商、离岸贸易、国际分拨、保税维修等外贸新业态、新模式加快发展,千亿级、百亿级商品交易平台各增加5家。② 第五届中国国际进口博览会首次搭建"数字进博"平台,按一年计,意向成交金额达735.2亿美元,比上届增长3.9%。③ 形成便捷就医服务、为老服务一键通和出行即服务（MaaS）等一批数字生活场景,成为首个荣获世界智慧城市大奖的中国城市。可见,数字技术与金融、商贸、教育、医疗、交通运输等服务业深度融合,数字化转型成为企业的新赛道、产业布局的新方向。

## 二　上海高端服务业发展概况

### （一）高效发展

上海高端服务业发展的高效特点,体现在发展速度和发展质效上。

---

① 根据《上海统计年鉴（2022）》提供的数据整理。
② 上海市2023年政府工作报告。
③ 《2022年上海市国民经济和社会发展统计公报》。

保持高速发展，规模实现明显扩大。2021年上海高端服务业增加值同比增长11.21%，超过GDP增长8.1%、工业增加值增长9.4%、服务业增加值增长7.6%的水平（见表1）。从近年增长速度来看，2015~2021年上海高端服务业增加值年均增长速度为12.47%，其中信息服务业和科技服务业最为突出，增加值年均增长速度均超过15%，金融业增加值年均增长11.44%，商务服务业增加值年均增长10.87%（见表2）。2021年上海市金融业增加值占GDP总量的18.45%，同时保持了较高的增长速度，金融业作为高端服务业第一大支柱产业的地位进一步巩固，上海基本建成与我国经济实力以及人民币国际地位相适应的国际金融中心。商务服务业、科技服务业和信息服务业作为新经济、新业态的重要载体也实现了大幅增长，助推上海高端服务业整体提升。

**表1 2015~2021年上海高端服务业增加值增长情况**

单位：%

| 项目 | | 2015年增速 | 2016年增速 | 2017年增速 | 2018年增速 | 2019年增速 | 2020年增速 | 2021年 | |
| --- | --- | --- | --- | --- | --- | --- | --- | --- | --- |
| | | | | | | | | 增速 | 占GDP比例 |
| 高端服务业 | 金融业 | 22.42 | 14.49 | 11.93 | 10.64 | 10.73 | 10.42 | 10.49 | 18.45 |
| | 信息服务业 | 13.35 | 17.81 | 26.88 | 0.80 | 14.13 | 18.68 | 18.87 | 7.85 |
| | 科技服务业 | 6.86 | 13.57 | 21.10 | 24.10 | 13.59 | 9.49 | 10.70 | 4.81 |
| | 商务服务业 | 9.29 | 9.91 | 40.54 | 14.24 | 10.89 | -10.10 | 5.56 | 6.37 |
| | 文体娱乐业 | 14.13 | 16.10 | 1.08 | 4.45 | 6.41 | -13.88 | 6.34 | 0.50 |
| | 合计 | 16.23 | 14.16 | 20.38 | 10.89 | 11.62 | 7.02 | 11.21 | 37.98 |
| 服务业 | | 10.70 | 9.10 | 7.10 | 8.20 | 8.20 | 1.90 | 7.60 | 73.27 |
| 工业 | | 1.10 | 2.20 | 6.70 | 3.50 | 0.50 | 1.10 | 9.40 | 26.49 |
| GDP | | 7.00 | 6.90 | 7.00 | 6.80 | 6.00 | 1.70 | 8.10 | 100.00 |

资料来源：根据《上海统计年鉴（2022）》提供的数据整理。

表2　2015~2021年上海高端服务业增加值年均增长速度

单位：亿元，%

| 项目 | | 2015 年 | 2021 年 | 年均增速 |
|---|---|---|---|---|
| 高端服务业 | 金融业 | 4162. 70 | 7973. 25 | 11. 44 |
| | 信息服务业 | 1398. 59 | 3392. 88 | 15. 92 |
| | 科技服务业 | 884. 84 | 2079. 52 | 15. 31 |
| | 商务服务业 | 1481. 27 | 2750. 66 | 10. 87 |
| | 文体娱乐业 | 179. 85 | 214. 83 | 3. 00 |
| | 合计 | 8107. 25 | 16411. 14 | 12. 47 |
| 服务业 | | 18352. 84 | 31665. 56 | 9. 52 |
| 工业 | | 8408. 65 | 11449. 32 | 5. 28 |
| GDP | | 26887. 02 | 43214. 85 | 8. 23 |

资料来源：根据《上海统计年鉴（2022）》提供的数据整理。

发展质效显著提升，劳动生产率国内领先。根据2015年以来的数据计算，上海市高端服务业劳动生产率高于服务业和全社会劳动生产率，并呈逐年增长趋势（见表3）。按当年价格计算，2019年上海市高端服务业劳动生产率达到42.92万元/人，分别是服务业和全社会劳动生产率的1.48倍和1.55倍，其中金融业的劳动生产率最高，达到167.02万元/人。比较劳动生产率的数据也可证明（见表4），2019年上海市高端服务业劳动生产率与全社会劳动生产率的比值为1.55，表明高端服务业的国民收入远高于平均水平，反映了上海市产业结构转型的成果。

表3　2015~2019年上海高端服务业劳动生产率情况

单位：万元/人

| 项目 | | 2015 年 | 2016 年 | 2017 年 | 2018 年 | 2019 年 |
|---|---|---|---|---|---|---|
| 高端服务业 | 金融业 | 119. 81 | 133. 33 | 148. 26 | 166. 58 | 167. 02 |
| | 信息服务业 | 30. 41 | 34. 74 | 41. 37 | 38. 91 | 36. 78 |
| | 科技服务业 | 19. 91 | 22. 15 | 25. 81 | 30. 58 | 30. 79 |
| | 商务服务业 | 11. 55 | 12. 34 | 16. 74 | 18. 54 | 19. 37 |
| | 文体娱乐业 | 16. 78 | 18. 90 | 18. 24 | 18. 91 | 18. 66 |
| | 合计 | 30. 69 | 34. 09 | 39. 52 | 42. 36 | 42. 92 |

| 项目 | 2015 年 | 2016 年 | 2017 年 | 2018 年 | 2019 年 |
| --- | --- | --- | --- | --- | --- |
| 服务业 | 21.60 | 24.55 | 26.30 | 28.20 | 29.03 |
| 工业 | 17.96 | 18.87 | 21.67 | 24.28 | 27.16 |
| 全社会 | 19.72 | 21.92 | 24.05 | 26.21 | 27.73 |

资料来源：根据《上海统计年鉴（2022)》提供的数据整理。

**表4　2015～2019 年上海高端服务业劳动生产率与全社会、服务业劳动生产率的比值**

| 项目 | 2015 年 | 2016 年 | 2017 年 | 2018 年 | 2019 年 |
| --- | --- | --- | --- | --- | --- |
| 高端服务业比全社会 | 1.56 | 1.56 | 1.64 | 1.62 | 1.55 |
| 高端服务业比服务业 | 1.42 | 1.39 | 1.50 | 1.50 | 1.48 |

资料来源：根据《上海统计年鉴（2022)》提供的数据整理。

## （二）集聚发展

高端服务业具有集聚特性，其发展尤其强调集聚效应，上海高端服务业的发展路径正贴合了这一特性。早在"十一五"时期，上海就提出建设现代服务业集聚区，率先探索中央商务区多极化、分散化发展的路径，于2007 年认定了 20 个集聚区作为重点建设和推进的项目。此后，上海提出要发挥集聚区自身条件和系统差异性，突出各自的业态和功能特色，高端服务业集聚发展格局逐步完善。近年来上海进一步推进高端服务业创新发展示范区建设，形成了一系列品牌效应明显、产业特色鲜明、高端要素集聚、配套功能完善的示范区。上海高端服务业主要以集聚区或示范区的形式集聚发展，从最早认定的浦东-陆家嘴金融贸易区、虹桥涉外商务区、张江高科技创意文化和信息服务业集聚区、宝山钢铁物流商务区等集聚区，到世博园区会展商务集聚区、陈家镇现代服务业集聚区等，再到中国（上海）自由贸易试验区、临港新片区、张江科学城、高端临空服务业集聚区、外高桥新发展服务业创新发展示范区等一批高端服务业集聚区，上海充分发挥了高端服务业的集聚效应和辐射带动作用，逐渐打响"上海服务"品牌，构筑新阶

段上海产业发展战略优势。

其中，徐汇区坚持推进产业结构优化升级，促进产业创新融合集聚发展，积极发展以专业服务业、信息服务业、科研服务业为重点的现代服务业，逐步形成以现代服务业为主体、先进制造业为支撑、高端商贸业为特色、四大集群协同发展的现代新型产业体系，是上海高端服务业集聚发展的典型代表。2021年，徐汇区实现地区生产总值2438.48亿元，较2020年增长8.1%；其中，服务业实现增加值2239.67亿元，同比增长7.6%，占全区GDP总量的91.8%。现代服务业完成营业收入4397.61亿元，同比增长40.2%。从重点行业来看，专业服务业完成营业收入1474.25亿元，占全区现代服务业营业收入的比重最高，达到33.5%；信息服务业完成营业收入1330.39亿元，同比增增速最高，达到70.5%；科研服务业、金融服务业、文化服务业也呈现良好发展势头。[1] 在专业服务业方面，重点围绕企业总部管理、人力资源服务、律师及相关法律服务等行业，推动特色产业和优势企业集群式发展，推进专业服务业在徐家汇、衡复、徐汇滨江地区和漕河泾开发区的多元多点空间布局中集聚发展，新增跨国公司地区总部15家，累计外资总部及研发中心145家，位居中心城区第一。[2] 在信息服务业方面，人工智能产业发展政策体得到完善，人工智能产业服务平台实现落地，人工智能生态培育有效强化，信息技术企业质量、数量均有提升。截至2023年6月底，徐汇区人工智能相关企业超750家，人工智能领域高新技术企业约占全区高新技术企业总数的1/3，人工智能领域科技小巨人企业占全区科技小巨人企业总数的1/5，上市企业10家，独角兽关联企业20余家，已形成从基础、技术、产品到应用的全产业链，在上海乃至全国具有领先优势。[3] 在科研服务业方面，徐汇区不断打通"政产学研金服用"创新全链条，促进人才、企业、技术、资金等国际产业资源汇聚，持续打响"科创绣带"品牌。率先成立"区域型TTO"科技成果转化平台，累计转化51个项目，

---

① 《徐汇统计年鉴（2022）》。
② 徐汇区2023年政府工作报告。
③ 上海市徐汇区人民政府网站。

涉及金额超 5 亿元。2022 年，高新技术企业总量达到 826 家，同比增长超过 5%；入选市科技小巨人（含培育）企业 10 家，累计达 189 家。2022 年，技术合同登记总数为 7263 项，技术合同登记成交金额为 248.14 亿元，全市排名均居第二。成功入选首批国家知识产权强市建设试点城区，上海市知识产权保护中心建成投用，成立市人工智能知识产权发展中心，2022 年全年新增市场主体 5159 户，新增注册商标 14566 件，平均每新增 1 个市场主体对应新增 2.82 件注册商标，每万户市场主体的平均有效商标拥有量达 14491 件，商标活跃度、集聚度保持全市第一。[①] 在金融服务业方面，徐汇区以金城（西岸金融城）、金巷（衡复风貌区）、金楼（徐家汇 ITC）为重点的金融产业布局正在加速形成，2022 年金融服务业实现增加值 305.65 亿元，较上年增长 6.2%，占全区第三产业增加值的比重为 13.6%，金融服务业加速发展。[②] 在文化服务业方面，徐汇区集聚了一批领军型文化企业和文化品牌，2022 年 2 家公司获第十三届"全国文化企业 30 强"称号，5 家企业获 2021~2022 年度国家文化出口重点企业；共有上海市文化创意产业园区 15 个，示范楼宇 4 个，示范空间 5 个。2022 年徐汇区文化服务业及相关产业总营收达 2414.01 亿元，国家文化消费试点城区和文化金融合作试验区建设有力推进。[③]

高端服务业的集聚发展，吸引了大量从业人员和规模以上法人单位，进一步增强了发展的吸引力和辐射力。近年来上海市服务业从业人员数占全社会从业人员数的比重实现较大幅度提高，2003~2019 年，服务业从业人员数占全社会从业人员总数的比例由 51.93% 提升至 72.64%，成为吸纳社会就业的主渠道。高端服务业从业人员比例进一步提高，2019 年占全社会从业人员总数的 25.49%，在就业结构中占据重要地位（见表 5）。2019~2021年，上海规模以上高端服务业企业的营业收入和营业利润有所波动，但占服务业比例始终维持较高水平（见表 6）。

---

① 《徐汇统计年鉴（2022）》。
② 《徐汇统计年鉴（2022）》。
③ 《徐汇统计年鉴（2022）》。

**表5　2015~2019 年上海高端服务业从业人员情况**

单位：万人，%

| 项目 | | 2015 年 | 2016 年 | 2017 年 | 2018 年 | 2019 年 | |
|---|---|---|---|---|---|---|---|
| | | | | | | 总数 | 占全社会从业人员的比例 |
| 高端服务业 | 金融业 | 35.07 | 36.42 | 35.54 | 35.32 | 43.72 | 3.18 |
| | 信息服务业 | 46.26 | 48.60 | 52.47 | 55.84 | 74.96 | 5.45 |
| | 科技服务业 | 44.97 | 45.75 | 48.55 | 50.24 | 61.19 | 4.45 |
| | 商务服务业 | 130.65 | 133.18 | 140.13 | 141.84 | 157.37 | 11.44 |
| | 文体娱乐业 | 10.67 | 11.42 | 11.72 | 11.59 | 13.55 | 0.98 |
| | 合计 | 267.62 | 275.37 | 288.41 | 294.83 | 350.79 | 25.49 |
| 服务业 | | 855.76 | 871.29 | 899.70 | 912.01 | 999.73 | 72.64 |
| 全社会 | | 1361.51 | 1365.24 | 1372.65 | 1375.66 | 1376.20 | 100.00 |

资料来源：根据《上海统计年鉴（2020）》提供的数据整理。

**表6　2019~2021 年上海规模以上高端服务业企业主要经济指标**

单位：亿元，%

| 项目 | | 2019 年 | | 2020 年 | | 2021 年 | |
|---|---|---|---|---|---|---|---|
| | | 营业收入 | 营业利润 | 营业收入 | 营业利润 | 营业收入 | 营业利润 |
| 高端服务业（除金融业） | 信息服务业 | 6598.58 | 785.52 | 8785.97 | 959.31 | 11237.30 | 937.71 |
| | 科技服务业 | 3311.79 | 311.20 | 3678.82 | 257.79 | 5059.14 | 353.72 |
| | 商务服务业 | 11064.80 | 1441.50 | 9440.95 | 1663.1 | 9774.70 | 1591.23 |
| | 文体娱乐业 | 586.94 | 65.74 | 539.44 | 16.75 | 613.72 | 15.15 |
| | 合计 | 21562.11 | 2603.96 | 22445.18 | 2896.95 | 26684.86 | 2897.81 |
| 服务业 | | 35254.36 | 3377.22 | 36967.37 | 3418.50 | 48137.24 | 4450.41 |
| 高端服务业（除金融业）占服务业比例 | | 61.16 | 77.10 | 60.72 | 84.74 | 55.43 | 65.11 |

资料来源：根据《上海统计年鉴（2022）》提供的数据整理。

上海高端服务业的集聚水平，还可以通过哈盖特提出的区位熵①进行评价。2015~2019 年上海市高端服务业区位熵始终保持在 1.6 以上的较高水平（见图 1），证明上海高端服务业的专业化水平相对较高，区位优势明显，对周边的辐射带动作用显著。

可以看出，高端服务业集聚发展成为上海优化产业布局的重要方向，空间集中、产业集聚、资源集合、功能集成的产业集群使上海高端服务业活力迸发，集聚效应显著。为进一步强化集聚发展战略，《上海市服务业发展"十四五"规划》提出了新的目标，强调要依托深化开放、制度优化及科技创新，集聚培育一批具有国际竞争力的企业主体；到 2025 年，累计认定跨国公司地区总部 1000 家左右、贸易型总部 300 家左右，在教育、医疗、文创等重点领域培育一批在线新经济领军企业。

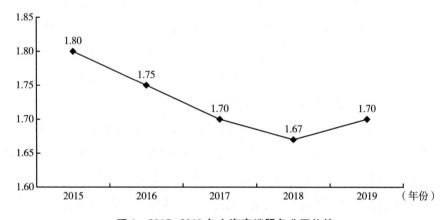

**图1　2015~2019 年上海高端服务业区位熵**

资料来源：根据《中国统计年鉴（2020）》《上海统计年鉴（2020）》提供的数据整理。

---

①　计算公式为：$LQ = \dfrac{L_{ij}}{L_i} \bigg/ \dfrac{L_j}{L_i}$ ，$LQ$ 表示区位熵，$L_{ij}$ 为 $i$ 地区 $j$ 产业的从业人数，$L_i$ 表示 $i$ 地区所有产业的从业人数，$L_j$ 表示在全国范围内 $j$ 产业的从业人数，$L$ 表示全国范围内所有产业的从业人数。$LQ$ 的值越高，表示地区产业集聚水平越高。

### （三）开放发展

高端服务业是上海持续推进改革创新和开放发展的重点领域。为提高服务业竞争优势，推动产业升级，完善与服务经济相配套的体制机制，上海围绕建设更高水平开放型经济体制，建立公开、平等、规范的服务业准入制度，不断加大高端服务业开放力度。特别是 2013 年 9 月 29 日中国首个自贸区——中国（上海）自由贸易试验区（简称上海自贸区）在浦东新区成立后，投资环境持续优化，金融市场进一步开放，贸易服务体系不断完善，重点产业蓬勃发展。作为新时代推进改革开放的一项战略举措，上海自贸区在制度创新、激发市场活力、完善监管体制等诸多方面收获了可复制、可推广的改革成果。

早在 2014 年，《中国（上海）自由贸易试验区产业规划》便提出"积极推进服务业扩大开放，大力发展总部经济和新型贸易业态，加快探索金融服务业全面开放，着力培育国际化、法治化、市场化营商环境"的建设目标，强调培育形成"国际贸易、金融服务、航运服务、专业服务、高端制造五大集群"，其中除航运服务和高端制造以外，均为高端服务业。上海于2015 年出台《进一步推进中国（上海）自由贸易试验区金融开放创新试点加快上海国际金融中心建设方案》，针对推进资本项目可兑换、人民币跨境使用、金融服务业开放和建设面向国际的金融市场做出部署。2016 年出台《上海市推进"互联网+"行动实施意见》，布局"互联网+金融""互联网+电子商务""互联网+文化娱乐""互联网+旅游"等多个促进互联网与高端服务业深度融合专项方案，打造以开放创新为特征的互联网经济新产业，推动高端服务业形成经济发展新动力。同年出台《中国（上海）跨境电子商务综合试验区实施方案》，进一步发挥制度创新优势，推动跨境电子商务在技术标准、业务流程、监管模式和信息化建设等方面先行先试，集聚企业主体，提升跨境电子商务发展水平和能级，促进跨境电子商务出口与进口平衡发展。2018 年出台《中国（上海）自由贸易试验区关于进一步促进融资租赁产业发展的若干措施》，贯彻落实扩大金融服务业对外开放战略，推动融资租赁业制度和政策创新，加快形成上海自贸区融资租赁产业集中、人才集聚、创新活跃、优势显著、发展稳健的态势，进一步提高上海自贸区融资租赁产业发展和服务水平。在上述一系列扩大开放的政策部署下，上海自贸区有效构筑了高端服务业多层次开放优势。2022 年，上海自贸区外商直接投资实际到位金额达 96.72 亿美元，服务业营业收入达 8664.33 亿元[①]，全面深化改革和扩大开放试验田的作用日益凸显。

为进一步提升上海的国际竞争力，打造更加全面、深入、多元化的开放新格局，上海市政府于 2019 年 8 月 13 日发布《上海市新一轮服务业扩大开放若干措施》，提出进一步放宽服务业外资市场的准入限制，减少对外资企业开展业务的限制；扩大跨境服务贸易领域的开放，减少对自然人移动的限制；提升贸易便利化服务水平，发展数字贸易、现代航运服务业、金融服务业等高端服务业。《促进跨国公司地区总部发展的若干意见》也于同日发布，支持在沪地区总部和总部型机构集聚业务、拓展功能、提升能级，促进总部功能发挥。

一系列服务业扩大开放政策的出台，不仅体现了上海对国家新开放政策的贯彻落实，更体现了上海对高端服务业开放发展的思考和探索，这与上海建设"五个中心"、强化全球资源配置、高端产业引领的城市战略定位相符。为全面有效推进上海市服务业扩大开放综合试点工作，加快发展高端服务业，塑造国际合作和竞争新优势，商务部在 2021 年 4 月发布《上海市服务业扩大开放综合试点总体方案》（以下简称《总体方案》），明确了高水平开放重点行业领域，即聚焦科技服务、商务服务、物流运输服务、金融服务、健康医疗服务、教育服务、旅游服务、电信服务八大重点领域，分类放宽服务业准入限制。其中，除物流运输服务和健康医疗服务，其余皆属于高端服务业，说明《总体方案》充分考虑并结合了上海以高端服务业为主导的典型特点。按照《总体方案》工作部署，上海市政府在《上海市服务业发展"十四五"规划》中明确要求未来 5 年采取多项措施进一步推动高端

---

① 《2022 年上海市国民经济和社会发展统计公报》。

服务业开放发展，包括：建设具有全球影响力的国际金融资产交易平台，扩大人民币跨境使用范围；参与构建全球数字贸易规则，探索建设服务于跨境贸易的大型云基础设施，支持商业银行为更多有需求的企业提供便利的跨境金融服务，推进合格境外机构投资者（QFII）和人民币合格境外机构投资者（RQFII）在境内直接开展期货交易业务；进一步放宽执业资格考试对境外专业人才的限制，支持将服务贸易相关事项纳入上海国际贸易"单一窗口"，推进涉外服务专窗建设，建设服务贸易境外促进中心；打造长江港航区块链综合服务平台，实施国际邮轮数据（上海）中心智慧邮轮港项目，实现机场全流程无纸化出行服务。

### （四）创新发展

上海市研究与试验发展经费支出占生产总值比例近年来呈增长趋势，2022年研究与试验发展经费支出占地区生产总值的比例达到4.2%左右。2022年，专利授权量为17.83万件；PCT国际专利申请量为5591件，比上年增长15.8%；每万人口高价值发明专利拥有量达40.9件，较上年增加6.7件。2022年经认定登记的各类技术交易合同为38265件，比上年增长3.4%；合同金额为4003.51亿元，比上年增长45.0%。① 可以看出，上海高端服务业的创新资源集聚力、科技成果转化率、创新创业环境吸引力都得到了显著提升，证明上海高端服务业创新发展的方向是正确的。

一是通过优化创新生态，不断激发创新创业活力。创新要素的集聚和创新活力的迸发，关键在于处理好政府和市场的关系，重点是通过政府创新体制机制，做好平台搭建、公共服务、政策支持等各方面工作，上海在这方面做了大量工作。例如，发布《关于推动我市服务业高质量发展的若干意见》，进一步推动上海服务业质量变革、效率变革、动力变革，打响"上海服务"品牌，强化全球资源配置功能、科技创新策源功能、高端产业引领功能、开放枢纽门户功能，推动经济高质量发展。再如，出台《上海市服

---

① 《2022年上海市国民经济和社会发展统计公报》。

务业发展引导资金使用和管理办法》，推动引导资金用于支持服务业发展中的薄弱环节、关键领域、重点区域和新兴行业的项目建设、业务开展、重大问题研究等，培育服务业"新技术、新业态、新模式、新产业"，促进财政资金发挥引导带动作用，进而改善服务业发展环境，引导社会资金加大对服务业的投入。又如，制定《关于加快推进本市 5G 网络建设和应用的实施意见》，明确提出打造 5G 创新应用示范区和 5G 产业链企业集聚区，充分发挥 5G 高速率、低时延、大连接的技术优势，围绕医疗教育、文化娱乐、体育休闲等不同方面，推进 5G 与工业互联网、大数据、人工智能深度融合，为高端服务业发展提供核心驱动力。上海通过出台一系列政策，逐步完善法律法规、明确政府职责、加大资金支持、强化规范管理，为企业创新和高端服务业的市场运行提供了良好的生态环境。2022 年，全市新增科技小巨人企业和小巨人培育企业 155 家，累计超 2600 家；新认定高新技术企业 9956 家，有效期内高新技术企业数突破 2.2 万家；新认定技术先进型服务企业 186 家，有效期内的 211 家。2022 年共认定高新技术成果转化项目 751 项，其中电子信息、生物医药、新材料、先进制造与自动化等重点领域项目占 84.3%。高新技术企业已成为上海加快科技创新步伐、推动科创中心建设的重要支撑。[①] 在此基础上，上海进一步深化服务业高水平扩大开放，强化金融支持，贯彻落实国家的减税降费政策，研究制定高层次服务业人才集聚培育政策，深度优化营商环境，聚焦要素资源，强化融合配置，为高端服务业的创新发展提供了有力支撑。

二是强调原始创新，不断提升创新策源能力。上海张江高新技术产业开发区建设国家自主创新示范区（以下简称"张江示范区"）就是典型代表。2011 年，国务院批复同意建设张江示范区，支持张江"先行先试，改革创新"。张江示范区经过 4 次空间调整优化，形成了"二十二园"的发展格局，总面积约为 531 平方千米，覆盖全市各区。张江示范区充分发挥创新资源优势，深化改革和制度创新，全面提高自主创新和辐射带动能力，成为上

---

① 《2022 年上海市国民经济和社会发展统计公报》。

海科技创新策源功能的核心承载区。张江科学城作为核心园，累计落地 100 家专业孵化器，投资超过 100 个项目，投资金额达 30 亿元，返投倍数约为 3 倍；已建、在建和规划的国家重大科技基础设施达到 12 个，张江实验室、李政道研究所、上海国际人类表型组研究院等高水平科技创新机构加速集聚，打造形成创新生态圈。不断深化体制机制改革，加强政策制度创新，承接市、区两级下放的 121 项审批事权，建设张江跨境科创监管服务中心，建立全国首个研发用特殊物品进口"白名单"制度，从机制层面推动张江高效运行。创新人才活跃，集聚了超过 2.4 万家企业、49.9 万名从业人员，包括诺贝尔奖获得者、海外院士、中国两院院士、海外高层次人才以及产业领军人才等一批高端人才。张江科学城的创新策源能力日益增强，创新资源加快集聚，产业能级不断提升。2022 年，实现经营总收入 11780 亿元，同比增长 8.3%；全年实现规模以上服务业营业收入 3065.21 亿元，同比增长 2.8%；科技服务业实现营业收入 564 亿元，同比增长 9.9%，占全市的 10.7%；信息服务业实现营业收入 1922 亿元，同比增长 2.7%，占全市的 15.6%。[1] 面向未来，上海提出了把张江示范区建设成为国家高新区创新驱动发展示范区和高质量发展先行区、具有全球重要影响力的高科技园区的发展目标，上海科技创新的引领、示范、支撑作用将得到进一步增强。

三是聚焦产业需求，培育高附加值产业。上海深化先进数字技术的创新应用，推动数字技术与高端服务业深度融合，让数字经济引领服务业转型升级。在信息服务业方面，2022 年增加值为 3788.56 亿元，同比增长 6.2%；在线新经济持续发力，2022 年完成电子商务交易额 3.33 万亿元。[2] 在金融业方面，上海作为中外金融机构最重要的集聚地之一，吸引了各类金融科技机构，2020 年上海金融科技相关企业数量约占全国总数的六成。上海金融科技产业联盟、智能投研技术联盟等平台相继成立，人工智能、区块链等前沿技术在金融领域广泛应用，金融科技生态圈加速形成。2022 年，上海金

---

① 上海市浦东新区委员会宣传部。
② 《2022 年上海市国民经济和社会发展统计公报》。

融市场交易总额达到 2932.98 万亿元，再创历史新高。此外，在数字技术和高端服务业融合发展的促进下，上海公共服务体系不断完善，现代化教育水平进一步提升，养老服务体系基本形成，"健康上海行动"深入实施，现代公共文化服务体系率先基本形成，充分体现了高端服务业对城市高质量发展的有力推动作用。

## 三 经验启示

"十四五"时期是我国全面建成小康社会、实现第一个百年奋斗目标之后，乘势而上开启全面建设社会主义现代化国家新征程、向第二个百年奋斗目标进军的第一个五年，也是北京落实首都城市战略定位、建设国际一流的和谐宜居之都的关键时期。《北京市国民经济和社会发展第十四个五年规划和二〇三五年远景目标纲要》要求，北京要在坚持新发展理念、引领发展全局的同时，更加突出减量发展的转型升级新要求。高端服务业具有高收益性、高产业带动性、绿色环保性的产出特性，其产业引领、融合、集聚、辐射的基本作用完全契合北京面临的新形势和新任务。上海高端服务业发展呈现增长快、规模大、比重高的总体趋势，其高效、集聚、开放、创新的发展特点，为北京推进高端服务业发展提供了宝贵经验。为将高端服务业打造成为北京主导产业和高精尖产业体系的核心，进一步带动其他产业优质高效智能化发展，需要从上海高端服务业发展路径中借鉴经验，以他山之石推动北京高端服务业提质增效。

### （一）上海发展高端服务业的经验

一是突出融合发展，促进产业链延伸。一方面，推动高端服务业与先进制造业协同发展，重点发展现代高端生产性服务业等高融合性产业，利用先进制造业的规模化和专业化优势，围绕研发、设计、管理、融资、销售等生产性服务环节，促进现代高端服务业态加速向现代制造业生产前期的全过程渗透，促进制造业企业在技术创新的基础上不断延伸产业链，形

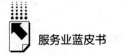
成了振华重工、上海电气、宝钢工程等一批服务型制造供应主体。另一方面，推动高端服务业与先进信息技术融合发展，持续促进互联网、大数据、物联网、人工智能等新技术与服务经济深度融合，积极引导服务内容、业态、模式创新，全面推进智能化、数字化转型，在抢占高端服务价值链制高点上持续发力。

二是强化集聚发展，采取差异化策略。上海始终把强化重点服务业集聚区的示范引领作用作为高端服务业发展路径中极为重要的方面，其集聚发展的过程体现出各具特色的差异化策略。例如，上海自贸区临港新片区重点发展新型国际贸易、跨境金融、高能级航运服务、信息服务等，统筹发展在岸业务和离岸业务；长三角生态绿色一体化发展示范区重点发展科技服务、生态文化旅游、智慧健康养老、高端会展等；张江科学城聚焦科技研发，重点发展信息技术、生物医药、文化创意、人工智能、低碳环保、航天航空配套等。上海采取因地制宜、分类发展的策略，结合各区域独特的资源禀赋优化产业布局，突出各集聚区的产业特色，同时推动现代服务业集聚区、文化创意产业园区、生产性服务业功能区联动发展，使高端服务业发展能级和集聚效应得到显著提升。

三是深化改革开放，发挥国际化优势。作为长江三角洲世界级城市群的核心城市，开放是上海的最大优势。多年来，上海努力推进国际经济、金融、贸易、航运的发展和科技创新中心的建设，努力当好新时代改革开放排头兵、创新发展先行者，主动服务"一带一路"建设和长江经济带发展，使高端服务业在改革开放中加速成长。《上海市服务业发展"十四五"规划》再次明确要扩大重点领域开放，聚焦互联网、金融、教育、医疗等服务业，分类放宽准入限制，促进消除行政壁垒；有序放开增值电信等领域业务，探索建立适应海外客户需求的网站备案制度；依托临港新片区等区域，在文化、旅游等服务业领域争取更多的政策突破和先行先试，探索放宽现代服务业外籍人才从业限制等多项举措，进一步深化高端服务业开放发展。

### （二）对北京高端服务业发展的启示

一是促进融合发展，突出北京特色。一方面，推进高端服务业和先进制造业融合。按照《关于推动先进制造业和现代服务业深度融合发展的实施意见》要求，推动北京工业转型升级，以科技服务业和信息服务业为支撑，增加研发投入，在利用制造业基础优势实现高端生产性服务业发展的同时，充分释放高端服务业的强辐射效应，全面推进传统制造业转型升级。充分运用"互联网+"，重点支持人工智能、现代金融、智慧物流等现代服务业与装备制造、新能源汽车等先进制造业的深度融合，进一步促进制造企业由产品设备生产商向智能化产品与服务提供商转型，推动生产性服务业向专业化和价值链高端延伸。另一方面，推进高端服务业与科技创新、数字技术融合。聚焦构建高精尖产业体系，加强产业基础再造，发展"北京智造""北京服务"。加大科研人员职务科技成果市场化赋权、技术转移税收优惠等方面的改革力度，鼓励支持众创空间、创业基地发展，营造良好创新生态。以高端服务业智能化、数字化为目标，促进物联网、大数据、云计算、人工智能等新一代信息技术的融合应用，抢占数字经济发展制高点，加快培育在线教育、远程办公、科技金融、数字贸易等新业态、新模式，嵌入碳中和理念，推动数字化、智能化、绿色化转型升级。

二是发挥集聚效应，推进差异化发展。北京要结合"三城一区"和国家服务业扩大开放综合示范区建设，继续坚持差异化发展的高端服务业集聚特色，进一步明晰各集聚区的功能定位，巩固资源比较优势。经济开发区要实施"白菜心"工程，聚焦关键核心技术，加强产业链、创新链、资金链和政策链统筹，打造具有全球影响力的技术创新和成果转化示范区。中关村科学城要加强基础前沿创新和科技成果转化，升级完善高精尖产业体系，积极培育优质创新生态。怀柔科学城要加快形成具有全球影响力的科学设施平台集群，建设成为国际一流综合国家科学中心。未来科学城以打造全球领先的技术创新高地为目标，全力推进能源、医药健康领域关键共性技术和"卡脖子"关键技术的协同攻关。此外，还要体现各示范片区的建设特点，科技创新片区结合"三城一区"建设，大力发展新一代信息技术、生物与健康、科技服务等产业；国际商务服务片区各显特色，CBD 和金盏国际合作区在跨境金融、专业服务、数字经济国际合作等方面加大创新力度；天竺综保区和新国展空港聚焦临空经济、商务会展、数字贸易领域，推动港产城融合发展；运河商务区和张家湾设计小镇打造京津冀金融创新、高端商务和城市设计发展高地；高端产业片区打造具有国际竞争力的创新产业集群；金融街继续深化金融管理机构和金融企业总部机构集聚发展。差异化集聚发展格局，既有利于提升北京高端服务业的规模效应和国际竞争力，也有利于京津冀城市群发挥高端要素集聚和综合服务优势，成为引领经济高质量发展的新高地。

三是扩大开放，发挥引领性作用。北京要在中国服务业开放中发挥引领作用。要实现这个目标，必须深刻认识"两区"建设对推动开放型经济发展的重要作用。北京自贸区具备科技创新带动能力强、数字经济优势显著、服务业发展优势独特的特点，要突出抓好项目落地和体制机制创新，扩大先行先试政策范围，提升含金量和竞争力，集聚更多优质资源，促进开放合作。国家服务业扩大开放综合示范区建设需聚焦"三片区七组团"等重点功能区，重点引进外资项目、大项目、民间投资项目，加快体制机制创新，推进大兴国际机场临空经济区建设。必须树立全球视野，探索具有较强国际市场竞争力的开放政策和制度，增强国际高端要素资源集聚能力；加强与国际规则的对接，提升我国服务业的国际话语权；持续优化营商环境，在法律规范、政府服务、知识产权保护等领域探路先行，提升市场化、法治化、国际化水平。要擦亮中国国际服务贸易交易会、中关村论坛、金融街论坛的金字招牌，集聚更多优质资源，提升配置全球资源的能力。必须推动全产业链开放，围绕科技创新、数字经济、生物医药等重点产业，聚焦人才、知识产权等关键要素，谋划全环节改革。要完善外商投资促进、项目跟踪服务和投诉工作机制，进一步提高外商投资便利度，并持续拓展国际贸易"单一窗口"服务功能和应用领域，试行跨境服务贸易负面清单管理模式，全面深化服务贸易创新发展试点。只有充分发挥高端服务业的开放引领作用，才能更好地助力北京打造更高层次的改革开放新格局。

## 参考文献

［1］ 洪群联：《推动服务业创新发展的政策建议》，《开放导报》2021 年第 3 期。

［2］ 李博英：《自贸试验区新片区新型国际贸易发展与上海国际贸易中心建设》，《科学发展》2021 年第 2 期。

［3］ 苗峻玮、冯华：《集聚效应是否推动了区域高质量发展——以长三角城市群为例》，《经济问题探索》2021 年第 2 期。

［4］ 杨上广、倪泽睿、张全：《上海开发开放与高质量发展研究》，《中国名城》2021 年第 1 期。

［5］ 郭凯明、黄静萍：《劳动生产率提高、产业融合深化与生产性服务业发展》，《财贸经济》2020 年第 11 期。

［6］ 胡艳君、张歆悦、杨艳芳：《我国 31 省区市现代服务业发展质量评价》，《经济界》2020 年第 6 期。

［7］ 刘宇：《我国现代服务业高质量发展之上海思路》，《质量与认证》2020 年第 7 期。

［8］ 邵将、伍婵提：《我国高端服务业发展的影响因素及其能力提升——基于省域面板数据》，《商业经济研究》2020 年第 10 期。

［9］ 孟来果：《加快推进现代服务业创新发展》，《陕西日报》，2020 年 1 月 11 日，第 6 版。

［10］ 王冠凤、曹键：《中国高端服务业发展水平的国际比较——基于 24 国的实证研究》，《中国流通经济》2019 年第 9 期。

［11］ 陆雨卉、杨晓甜：《江苏省第三产业劳动力吸纳能力研究》，《对外经贸》2019 年第 3 期。

［12］ 李锋、陆丽萍：《上海自贸试验区五年来突出进展与新一轮改革开放思路及突破口》，《科学发展》2019 年第 1 期。

［13］ 王冠凤：《中国高端服务业发展的国际比较研究》，《湖北社会科学》2018 年第 4 期。

［14］ 姜长云：《应该重视提高我国服务业劳动生产率》，《中国发展观察》2018 年第 11 期。

［15］ 张斌涛、肖辉、陈寰琦：《基于中国省级面板数据的服务业开放"经济增长效应"的经验研究》，《国际商务（对外经济贸易大学学报）》2017 年第 3 期。

［16］ 王冠凤：《创新驱动上海高端服务业结构优化》，《中国流通经济》2016 年第 10 期。

［17］ 贺水金：《开放：上海实现跨越式发展的原动力》，《上海经济研究》2015 年第 2 期。

# B.13
# 深圳高端服务业发展的
# 基本经验及启示

高辰颖*

**摘　要：** 深圳作为全国性经济中心城市和国际化城市，长期以来坚持市场化、产业化、社会化方向，推进服务业供给侧结构性改革，培育适应创新发展要求的高端服务业体系，形成了典型的经验模式，可供北京借鉴。本报告阐述了深圳市服务业的发展概况，研究发现深圳服务业发展质效持续提升，格局不断优化，环境不断改善。同时，深圳市高端服务业发展具有快速高效、集聚度高、创新开放的特点。深圳市高端服务业发展对北京有以下经验启示：以创新发展为基点，构筑产业融合发展新动能；优化资源要素配置，为培育竞争优势提供保障；开展示范工程建设，带动优势产业高效发展。

**关键词：** 深圳　高端服务业　创新发展

　　深圳市政府于 2007 年第一次明确提出高端服务业的概念，阐明高端服务业具有高科技含量、高人力资本投入、高附加值、高产业带动力、高开放度、低资源消耗、低环境污染等特征。近年来，在全球服务业日益呈现高专业性、高技术性及高融合化特征的趋势和背景下，我国加大了对高端服务业发展的重视，提出了加快培育发展高端服务业的目标，并面向全国展开了服

---

* 高辰颖，经济学博士，北京市高端服务业研究基地研究员，主要研究方向为区域经济增长。

务业综合改革试点工作，旨在探索高端服务业发展的有效模式。深圳作为全国的改革先锋，积极参与了高端服务业的试点工作，并创建了具有深圳特色的发展模式，对北京市具有较强的借鉴意义。

## 一 深圳市服务业的发展概况

习近平在深圳经济特区建立 40 周年庆祝大会上的讲话中提到要对标国际一流水平，大力发展金融、研发、设计、会计、法律、会展等现代服务业，提升服务业发展能级和竞争力，为深圳市服务业发展指明了方向，深圳正在走出一条行之有效的发展路径，服务业总体呈现蓬勃发展的良好态势。

一是服务业发展质效持续提升。2020 年，深圳全市服务业增加值为17190.44 亿元，占 GDP 的比重达 62.13%；服务业从业人数为 791.7 万人，占全市从业人数的 61.3%。从内部结构来看，现代服务业加速发展，2020 年现代服务业增加值占服务业增加值的 76.1%，特别是以金融业、信息服务业、科技服务业、商务服务业和文体娱乐业为主的高端服务业的年均增速高于服务业平均增长水平，"十三五"期间，信息传输、软件和信息技术服务业的年均增速更是高达 17.9%，居服务业首位。[①] 由此可见，深圳市服务业的发展势头良好，发展质量持续提升，在未来一段时间内仍具有较大的发展潜力。

二是服务业发展格局不断优化。福田中心区、罗海中心区服务经济的集聚效应持续提升，深圳市服务业集聚发展的格局逐渐形成。前海深港现代服务业合作区、河套深港科技创新合作区等呈现"金融+科技"的突破性发展态势，以科技产业为保障，积极建设全球金融科技中心，全球资源配置功能不断增强，率先培育出了一批国内外领先的金融科技企业。在 2022 年 3 月"全球金融中心指数"（GFCI）排名中，深圳金融中心排名大幅提升，跻身全球第 10 位，其中在"金融科技中心"专项排名中跻身第 6 位。目前深圳

---

① 吴定海主编《深圳经济发展报告（2021）》，社会科学文献出版社，2021。

金融科技应用场景已分布于多个领域，为区域内其他企业的发展提供了保障，产业的辐射性也进一步显现。

三是服务业的发展环境不断改善。随着服务业综合改革试点的深入推进，在新型基础设施建设方面，在全国率先实现5G独立组网全覆盖；在融资服务方面，构建多层级、多主体的融资服务体系，包括全市银行、证券公司、保险公司等分行级以上持牌金融机构，小额贷款公司、融资担保公司、创业投资公司、股权投资公司等新型融资机构；在政策环境方面，出台《深圳市公共信用信息管理办法》，信用体系建设稳步推进。环境优化带动服务业市场主体数量不断增加，2020年，新登记的内资企业、外资企业和个体户中从事第三产业的占比均超过90%。

## 二 深圳市高端服务业的发展现状及特点

### （一）快速高效

深圳在"十三五"时期"五个中心"建设目标的推动下，高端服务业得到了快速的发展，商务服务业、科技服务业和信息服务业作为新经济、新业态的重要载体实现了大幅增长，助推深圳高端服务业实现整体提升。根据表1和表2可以得知，深圳近几年的高端服务业一直处于高速增长阶段。2020年，金融业增加值占GDP的15.14%，是深圳基本建成新型区域金融中心的有力体现。

深圳高端服务业的劳动生产率也处于较高水平，根据表3和表4可以得知，金融业、信息服务业、科技服务业的劳动生产率均远高于全社会劳动生产率，其中金融业劳动生产率一直处于领先水平。金融业的蓬勃发展离不开政策的一贯支持，2022年4月7日，深圳发布了《深圳市支持金融企业发展的若干措施》《深圳市扶持金融科技发展若干措施》《关于促进深圳风投创投持续高质量发展的若干措施》等"一揽子"金融支持政策，进一步推动深圳金融业高质量发展。近年来深圳市高端服务业劳动生产率与全社

表1 2014~2020年深圳高端服务业增加值

单位：亿元

| 项目 | | 2014年 | 2015年 | 2016年 | 2017年 | 2018年 | 2019年 | 2020年 |
|---|---|---|---|---|---|---|---|---|
| 高端服务业 | 金融业 | 2315.01 | 2661.92 | 3017.55 | 3160.24 | 3351.89 | 3609.74 | 4189.63 |
| | 信息服务业 | 971.40 | 1165.29 | 1506.87 | 1940.55 | 2247.80 | 2650.49 | 2883.49 |
| | 科技服务业 | 416.22 | 495.37 | 532.70 | 699.00 | 749.93 | 819.10 | 825.29 |
| | 商务服务业 | 577.36 | 623.08 | 680.99 | 931.21 | 1100.11 | 1202.37 | 1195.95 |
| | 文体娱乐业 | 72.51 | 79.85 | 100.29 | 103.62 | 119.01 | 111.62 | 94.54 |
| | 合计 | 4352.50 | 5025.51 | 5838.40 | 6834.62 | 7568.74 | 8393.32 | 9188.90 |
| 服务业 | | 9557.43 | 10742.22 | 12353.36 | 13923.18 | 15247.60 | 16564.75 | 17190.44 |
| 工业 | | 6754.04 | 7189.79 | 7770.10 | 8701.24 | 9209.35 | 9532.74 | 9528.12 |
| GDP | | 16795.35 | 18436.84 | 20685.74 | 23280.27 | 25266.08 | 26992.33 | 27670.24 |

资料来源：《深圳统计年鉴（2021）》。

表2 2015~2020年深圳高端服务业增加值增长情况

单位：%

| 项目 | | 2015年增速 | 2016年增速 | 2017年增速 | 2018年增速 | 2019年 | | 2020年 | |
|---|---|---|---|---|---|---|---|---|---|
| | | | | | | 增速 | 占GDP比例 | 增速 | 占GDP比例 |
| 高端服务业 | 金融业 | 14.99 | 13.36 | 4.73 | 6.06 | 7.69 | 13.37 | 16.06 | 15.14 |
| | 信息服务业 | 19.96 | 29.31 | 28.78 | 15.83 | 17.91 | 9.82 | 8.79 | 10.42 |
| | 科技服务业 | 19.02 | 7.54 | 31.22 | 7.29 | 9.22 | 3.03 | 0.76 | 2.98 |
| | 商务服务业 | 7.92 | 9.29 | 36.74 | 18.14 | 9.30 | 4.45 | -0.53 | 4.32 |
| | 文体娱乐业 | 10.12 | 25.60 | 3.32 | 14.85 | -6.21 | 0.41 | -15.30 | 0.34 |
| | 合计 | 15.46 | 16.18 | 17.06 | 10.74 | 10.89 | 31.10 | 9.48 | 33.21 |
| 服务业 | | 12.4 | 15.00 | 12.71 | 9.51 | 8.64 | 61.37 | 3.78 | 62.13 |
| 工业 | | 6.45 | 8.07 | 11.98 | 5.84 | 3.51 | 35.32 | -0.05 | 34.43 |
| GDP | | 9.77 | 12.20 | 12.54 | 8.53 | 6.83 | 100.00 | 2.51 | 100.00 |

资料来源：《深圳统计年鉴（2021）》。

会劳动生产率的比值也呈现较高水平，进一步体现了深圳市产业结构转型的成果。

表3  2015～2020年深圳高端服务业劳动生产率情况

单位：万元/人

| 项目 | | 2015年 | 2016年 | 2017年 | 2018年 | 2019年 | 2020年 |
|---|---|---|---|---|---|---|---|
| 高端服务业 | 金融业 | 277.57 | 306.97 | 331.96 | 206.40 | 200.21 | 203.08 |
| | 信息服务业 | 89.85 | 84.04 | 104.72 | 87.02 | 89.45 | 82.13 |
| | 科技服务业 | 57.94 | 57.65 | 69.28 | 58.54 | 58.59 | 59.93 |
| | 商务服务业 | 22.00 | 23.89 | 30.69 | 40.24 | 39.38 | 36.16 |
| | 文体娱乐业 | 33.00 | 41.27 | 42.47 | 52.66 | 42.77 | 36.36 |
| | 合计 | 81.25 | 85.93 | 96.37 | 89.59 | 88.56 | 87.36 |
| 服务业 | | 62.06 | 68.05 | 73.62 | 71.32 | 69.76 | 67.62 |
| 工业 | | 19.80 | 22.90 | 25.27 | 26.75 | 29.31 | 28.75 |
| 全社会 | | 41.21 | 46.74 | 52.04 | 54.11 | 56.82 | 56.62 |

资料来源：根据《深圳统计年鉴（2021）》提供的数据整理计算。

表4  2015～2020年深圳高端服务业劳动生产率与服务业、全社会劳动生产率的比值

| 项目 | 2015年 | 2016年 | 2017年 | 2018年 | 2019年 | 2020年 |
|---|---|---|---|---|---|---|
| 高端服务业比全社会 | 1.97 | 1.84 | 1.85 | 1.66 | 1.56 | 1.54 |
| 高端服务业比服务业 | 1.31 | 1.26 | 1.31 | 1.26 | 1.27 | 1.29 |

资料来源：根据《深圳统计年鉴（2021）》提供的数据整理计算。

## （二）集聚度高

高端服务业的集聚发展能够吸引大量从业人员和规模以上企业，进一步增强地区发展的吸引力和辐射力。从从业人数来看，近年来深圳市服务业从业人员数占全社会从业人员总数的比例实现较大幅度提高，服务业成为吸纳社会就业的主渠道。2015～2020年高端服务业从业人员数增加了70%，2020年高端服务业从业人员数达到105.18万人，占全社会从业人员总数的21.52%，在就业结构中占据重要地位（见表5）。其中，金融业从业人员数为20.63万人，占全社会从业人员总数的4.22%；信息服务业从业人员数为35.11万人，占全社会从业人员总数的7.18%；科技服务业从业人员数为13.77万人，占全社会从业人员总数的2.82%；商务服务业从业人员数为33.07万人，占全社会从业人员总数的6.77%；文体娱乐业从业人员数为

2.60万人，占全社会从业人员总数的0.53%。从规模以上高端服务业企业的营收规模来看，2015~2020年，其营业收入始终维持在较高水平（见表6）。2020年，高端服务业（除金融业）的营业总收入为10617亿元，同比增长11.59%，占服务业的比重为67.44%。其中，信息服务业的营业收入为6742亿元，科技服务业的营业收入为1359亿元，商务服务业的营业收入为2387亿元，文体娱乐业的营业收入为129亿元。

表5 2015~2020年深圳高端服务业从业人员情况

单位：万人，%

| 项目 | | 2015年 | 2016年 | 2017年 | 2018年 | 2019年 | | 2020年 | |
|---|---|---|---|---|---|---|---|---|---|
| | | | | | | 总数 | 占全社会从业人员的比例 | 总数 | 占全社会从业人员的比例 |
| 高端服务业 | 金融业 | 9.59 | 9.83 | 9.52 | 16.24 | 18.03 | 3.80 | 20.63 | 4.22 |
| | 信息服务业 | 12.97 | 17.93 | 18.53 | 25.83 | 29.63 | 6.24 | 35.11 | 7.18 |
| | 科技服务业 | 8.55 | 9.24 | 10.09 | 12.81 | 13.98 | 2.94 | 13.77 | 2.82 |
| | 商务服务业 | 28.32 | 28.51 | 30.34 | 27.34 | 30.53 | 6.43 | 33.07 | 6.77 |
| | 文体娱乐业 | 2.42 | 2.43 | 2.44 | 2.26 | 2.61 | 0.55 | 2.60 | 0.53 |
| | 合计 | 61.85 | 67.94 | 70.92 | 84.48 | 94.78 | 19.95 | 105.18 | 21.52 |
| 服务业 | | 173.09 | 181.54 | 189.11 | 213.78 | 237.45 | 49.99 | 254.23 | 52.03 |
| 全社会 | | 447.41 | 442.55 | 447.32 | 466.91 | 475.04 | 100.00 | 488.66 | 100.00 |

资料来源：《深圳统计年鉴（2021）》。

表6 2015~2020年深圳规模以上高端服务业企业营业收入

单位：亿元，%

| 项目 | | 2015年 | 2016年 | | 2017年 | | 2018年 | | 2019年 | | 2020年 | |
|---|---|---|---|---|---|---|---|---|---|---|---|---|
| | | 营业收入 | 营业收入 | 同比增速 | 营业收入 | 同比增速 | 营业收入 | 同比增速 | 营业收入 | 同比增速 | 营业收入 | 同比增速 |
| 高端服务业（除金融业） | 信息服务业 | 1918 | 2676 | 39.52 | 3927 | 46.75 | 4511 | 14.87 | 5651 | 25.27 | 6742 | 19.31 |
| | 科技服务业 | 719 | 820 | 14.05 | 1076 | 31.22 | 1105 | 2.70 | 1311 | 18.64 | 1359 | 3.66 |
| | 商务服务业 | 1363 | 1475 | 8.22 | 1413 | -4.20 | 1603 | 13.45 | 2374 | 48.10 | 2387 | 0.55 |
| | 文体娱乐业 | 120 | 124 | 3.33 | 173 | 39.52 | 164 | -5.20 | 178 | 8.54 | 129 | -27.53 |
| | 合计 | 4120 | 5095 | 23.67 | 6589 | 29.32 | 7383 | 12.05 | 9514 | 28.86 | 10617 | 11.59 |
| 服务业 | | 6584 | 7951 | 20.76 | 10107 | 27.12 | 11177 | 10.59 | 14142 | 26.53 | 15743 | 11.32 |

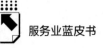
续表

| 项目 | 2015年 | 2016年 | | 2017年 | | 2018年 | | 2019年 | | 2020年 | |
|---|---|---|---|---|---|---|---|---|---|---|---|
| | 营业收入 | 营业收入 | 同比增速 | 营业收入 | 同比增速 | 营业收入 | 同比增速 | 营业收入 | 同比增速 | 营业收入 | 同比增速 |
| 高端服务业（除金融业）占服务业比例 | 62.58 | 64.08 | 2.40 | 65.19 | 1.73 | 66.06 | 1.33 | 67.27 | 1.83 | 67.44 | 0.25 |

资料来源：《深圳统计年鉴（2021）》。

深圳高端服务业的集聚水平还可以通过哈盖特提出的区位熵进行评价。2015~2020年深圳市高端服务业区位熵分别为1.25、1.32、1.28、1.41、1.35和1.43，总体处于较高水平，并呈上升趋势，说明深圳高端服务业的专业化水平相对较高，区位优势明显，对周边区域的辐射带动作用较为明显。高端服务业集聚发展成为深圳优化产业布局的重要方向，空间集中、产业集聚、资源集合、功能集成的产业集群使深圳高端服务业活力迸发。

### （三）创新开放

高端服务业是深圳持续推进改革创新和开放发展的重点领域，随着国家服务业综合改革试点深入推进，市场准入门槛和制度交易成本大幅下降，服务业市场主体数量大幅提升，服务业已成为全市新增企业和吸引外商投资的主要领域。前海深港在金融、贸易、航运、法治、人才等领域的合作不断深入，"十三五"期间，前海蛇口自贸片区累计注册港企1万家，累计推出制度创新成果610项，在全国复制推广58项。[①]

深圳前海深港现代服务业合作区作为深圳市高端服务业开放创新发展的示范区，近年来实现了跨越式发展。前海的成功主要归于以下几点：以深港合作为重点，打造粤港澳合作新模式；以制度创新为核心，打造自贸区改革新标杆；把握高质量发展要求，加快构建现代产业体系；积极推进"一带

---

① 《深圳市服务业发展"十四五"规划》。

一路"建设，打造高水平对外开放门户枢纽；坚持"精耕细作、精雕细琢"，打造大湾区国际化城市新中心；探索构建基层党建新模式，全面加强党的领导和党的建设。

## 三 深圳市高端服务业发展对北京的经验启示

### （一）以创新发展为基点，构筑产业融合发展新动能

按照全球科技创新中心城市建设的战略要求，以高端服务业集聚为核心，以新产业、新业态为导向，顺应数字经济发展趋势，重点推动新一代科技金融业、信息服务业、研发服务业、现代物流业等战略性新兴产业的发展，促进高端服务业与制造业以及内部各行业间的有机融合、协同发展，以产业创新融合赋予高端服务业新的内涵和活力。借鉴深圳经验，主要可以从以下几个方面着手。一是推动高端服务向制造业渗透。积极发展金融服务业、科技服务业、现代物流业等高端生产性服务业，支持优势领域服务业企业发挥作用，介入制造业产业链各环节，延长制造业的价值链。支持融资租赁公司、金融机构结合先进制造业集群建设，为生产制造提供融资租赁、卖（买）方信贷、保险保障等生产性金融服务。推动工业设计服务与制造业深度融合，加快培育若干重点领域的国家级工业设计中心。二是深化高端服务业的内部融合。支持金融业创新发展智慧供应链金融、文化金融，支持物流业强化资源整合，打造一站式供应链管理服务平台，支持文体娱乐业加强旅游、体育、商业、科技、影视等各细分行业的跨领域合作，不断探索发展新型服务业态。三是加快制造业服务化发展。鼓励制造业企业发展专业服务优势，由传统的产品制造商向"产品+服务"综合服务商转型。

### （二）优化资源要素配置，为培育竞争优势提供保障

营造有利于高端服务业创新发展的良好环境，合理配置技术、人才、

项目、空间等资源要素，培育形成高端服务业的产业竞争新优势。借鉴深圳经验，主要可从以下几个方面着手。一是增强创新技术研发能力。推进创新资源向高端服务业集聚，支持信息服务、金融服务、绿色环保等重点领域的企业加大研发投入，提升服务业企业的原始创新能力，推动人工智能、物联网、区块链等新技术在高端服务业领域的转化应用，提高高端服务业的技术含量和服务效率。建设一批高端服务业共性知识平台，鼓励组建服务业创新联盟，以项目化带动的方式支持创新，加快打造一批隐形冠军。推行产学研用协同创新机制，支持服务业企业与科研机构、高校等建立科研共同体，共同开展研究开发、成果转化、标准制定等活动。二是强化高端服务业专业人才引育。充分利用高校、科研机构的资源优势，构建专业人才培养和培训机制，强化高校、科研机构与企业的合作，培养一批符合产业发展需求且具备创新能力的高端服务业人才；完善人才引进政策，加强对高端服务业人才的引进力度，建立京津冀高端服务业人才流动机制。三是持续拓展新业态、新模式的应用场景。促进高端服务业领域的服务模式、商业模式创新，培育壮大新冠疫情防控中催生出的服务业新业态、新模式，积极拓展"互联网+高端服务业"，支持共享医疗、共享教育等共享型服务业发展。四是优化产业功能的空间布局。从深圳的经验来看，高端服务业集聚发展能够促进资源与基础设施共享、知识与技术外溢，北京市发展高端服务业应采取产业集聚区的有效模式，重点完善高端服务业的空间布局与要素布局。首先，以建设高端服务业创新引领区为目标，在产业功能的空间布局上强调错位化、差异化发展。其次，加大对高端服务业集聚区的招商引资力度，提升集聚区的综合服务和创新引领功能。最后，引导聚集区构建产业发展生态，支持具有行业影响力的龙头企业带动产业链协作，通过生态圈模式实现以点带面的联动发展。

### （三）开展示范工程建设，带动优势产业高效发展

开展信息服务业、科技服务业、文体娱乐业等高端服务业示范工程建设，积极鼓励相关优秀企业上市。一是在金融业领域，培育集聚一批金融科

技创新项目、人才和优质企业，开展数字货币与移动支付创新应用，加强可持续金融发展的国际合作，建设全球可持续金融中心。二是在信息服务业领域，前瞻性地布局智能基础设施，大力发展人工智能、大数据、区块链、云计算等新一代信息技术服务，加快建设全球数字经济标杆城市。大力发展高端软件和信息安全产业，建设信创产业基地。扩大基础公共信息数据安全有序开放，鼓励平台型企业开放数据，大力发展大数据服务产业。三是在科技服务业领域，围绕科技创新链拓展科技服务链，重点在研发设计、成果孵化、技术转移等方面提升服务能力，加快形成覆盖科技创新全过程的科技服务体系。积极培育研发外包服务，支持各类新型研发机构和研发型企业发展。推动知识产权服务机构加强资源整合，建立专利运营与产业化服务平台，着力打造一批具有品牌影响力和国际竞争力的知识产权服务机构。四是在商务服务业领域，鼓励运用现代信息技术，促进商、旅、文、体等跨界融合，形成更多商贸新平台、新业态、新模式。引导电商平台以数据赋能生产企业，培育商业新模式，支持电商与生产、流通、消费环节加速融合。推动传统商贸企业转型升级，支持线下经营实体向场景化、体验式、互动性、综合型消费场所转型。着力打造一批国际一流的智慧商圈（商场），将智能化、品牌化连锁便利店纳入城市公共服务基础设施体系建设。五是在文体娱乐业领域，强化科技创新支撑和创意设计引领，大力发展数字文化产业和创意文化产业等"文化+""互联网+"新型业态，加快构建以质量型、内涵式发展为特征的高水平现代文化产业体系，培育发展一批产业带动力强的领军企业和具有国际竞争力的文化品牌。加快国家文化和科技融合示范基地建设，推进文化原创研发和文化科技系统集成。

**参考文献**

［1］王冠凤：《"双循环"新发展格局下长江经济带高端服务业高质量发展研究》，《湖北社会科学》2021 年第 7 期。

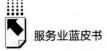
［2］ 楠玉、袁富华：《服务业高端化与增长效率模式重塑——兼论人力资本梯度升级与知识生产消费一体化过程》，《北京工业大学学报》（社会科学版）2021 年第 4 期。

［3］ 李朝辉：《我国高端服务业扩容提质的金融支持效应——基于省域层面面板数据的实证分析》，《商业经济研究》2021 年第 1 期。

［4］ 孙畅、吴芬：《中国高端服务业与先进制造业匹配发展的空间分异及收敛性》，《数量经济技术经济研究》2020 年第 12 期。

［5］ 杨帆、杜云晗：《创新与高端服务业人才集聚对经济增长影响的共轭效应研究——基于西部地区城市面板数据的分析》，《中国软科学》2021 年第 10 期。

［6］ 宋晓莹、罗淳、赵春燕：《人口老龄化对服务业优化升级的影响——基于结构与效率的双重视角》，《中国人口科学》2021 年第 4 期。

［7］ 孙畅：《中国高端服务业与先进制造业互动效应的非平衡性——基于要素分解视角的实证研究》，《山西财经大学学报》2020 年第 4 期。

［8］ 王冠凤、曹键：《中国高端服务业发展水平的国际比较——基于 24 国的实证研究》，《中国流通经济》2019 年第 9 期。

［9］ 王文、牛泽东、孙早：《工业机器人冲击下的服务业：结构升级还是低端锁定》，《统计研究》2020 年第 7 期。

［10］ 李岚睿、朱振东：《粤港澳大湾区背景下澳门高端服务业升级研究》，《亚太经济》2020 年第 5 期。

［11］ 曾艳、刘娟：《基于产业视角下科技服务业 FDI 对先进制造业效应研究》，《科技管理研究》2021 年第 3 期。

［12］ 胡林瑶、俞立平、段云龙：《交通便利度、信息化对高端服务业集聚的影响研究》，《科研管理》2020 年第 3 期。

［13］ 张建华、郑冯忆：《服务业结构升级能够推动产业发展吗？——基于有效结构变化指数（ESC）的实证分析》，《改革》2020 年第 1 期。

［14］ 孙畅、郭元晞：《我国高端服务业与先进制造业的动态匹配发展：空间分异及动力机制》，《经济问题探索》2020 年第 1 期。

# 后　记

　　《北京高端服务业发展报告（2022~2023）》是"服务业蓝皮书"系列中第一部关于高端服务业发展的报告，意在展现创新驱动下服务业高端化的北京样板。本书由北京市高端服务业发展研究基地（以下简称研究基地）组织研究基地专家和外聘学者共同完成，是北京市社会科学基金研究基地重点项目"北京高端服务业发展研究报告（2020）"（项目编号：19JDYJA014）的研究成果。

　　受新冠疫情影响，实际调研难度很大。为保障本书质量，写作组延迟了完稿时间。同时，考虑到所收集的2022年数据具有特殊性，不能反映正常发展状态和趋势，写作组最终决定主要选用2021年的权威统计数据。

　　本书由朱晓青主编，钟勇为副主编，负责全书统稿。除已标注的作者外，张世贤、孙久文、孙宝文、陈进为本书写作提供了学术指导，鄂振辉、周永亮为本书写作提供了科研指导，赵莉、李中为本书修改做了行政协调工作，李梓萌为本书的资料收集整理做了大量工作，在此表示诚挚谢意！

　　非常感谢北京市社会科学界联合会、北京市哲学社会科学规划办公室对研究基地的长期支持和指导！

　　非常感谢社会科学文献出版社的恽薇、颜林柯为本书的编辑、出版尽心尽力！

　　本书是研究基地发挥集体智慧、辛勤耕耘的结晶，意在"登高望远"，指明方向，"抛砖引玉"，引起各方面对北京高端服务业发展的高度关注。书中难免存在偏颇和不足，敬请专家和读者斧正。

朱晓青

2023 年 7 月 24 日

# Abstract

The service industry in Beijing holds the top position in terms of its contribution to the GDP among all provincial-level regions in China. It stands as the country's pioneering comprehensive pilot for opening up the service sector and the sole national demonstration area in this regard. Currently, Beijing's service industry is making strides towards high-end development, with high-end services emerging as the dominant sector, playing a pivotal and exemplary role in driving the high-quality development of the national service industry. This book closely aligns with the realities of Beijing, offering analyses of the current status, challenges, comparisons, experiences, cases, and trends. It places particular emphasis on exploring novel objectives, innovative approaches, strategic initiatives, policy reforms, and best practices. Structured into five main sections- the General Report, Sub—reports, Special Topics Section, Case Study Section, and Lessons & Reference Section – the book effectively showcases relevant developments and research outcomes.

The General Report highlights that the development of Beijing's high-end service industry aligns with the strategic deployment of national self-reliance on science and technology, the establishment of a new development pattern, and the construction of a modern industrial system in the new era. It also meets the demands of Beijing's development as a capital city and its new policy regulations, conducive to managing the relationship between "capital" and "city" while fully leveraging the resources and competitive advantages of the capital. The report provides empirical and comparative analyses, elucidating the overall development status of Beijing's high-end service industry, such as rapid growth, high efficiency, strong integration capabilities, significant foreign investment utilization, and its position as a leading industry. It also uncovers issues like the relatively small scale of the cultural and entertainment industry, the slowdown in the growth of business services, and excessive concentration in the central urban area. Compared with Shanghai, Beijing lags in terms of financial industry value-added, business services value-added, labor productivity in high-end services, and the utilization of foreign investment in high-end services. Compared with Shenzhen, Beijing falls behind in the number of full-time R&D personnel, enterprise R&D expenditure, patent authorizations, sales revenue from new products, and labor productivity in high-end services. Beijing's high-end service industry shows two major development trends: high growth and high efficiency. The report integrates an analysis of the future development goals for Beijing's high-end service industry over the next 5-10 years, including overall objectives and innovation target indicators, and proposes five fundamental development strategies-innovation, integration, aggregation, collaboration, and openness-to ensure the high-quality and efficient development of Beijing's high-end service industry.

The Sub-reports follow the paradigm of "analyzing the current status, revealing issues, and proposing solutions." They analyze and demonstrate the development of five major industries in Beijing's high-end service sector, resulting in five sub-reports. The development of the information services industry is characterized by a consolidated pivotal position and breakthroughs in technology-driven and new software domains. Measures to be taken include strengthening the layout of underlying technology innovation, bolstering patient and professional capital, and enhancing the supply capacity of application scenarios. The financial industry's development features steady and rapid growth, and continuous efforts in inclusive finance. To address issues like the impact of financial technology and financial vulnerabilities, leveraging the advantage of capital resources in the capital city, promoting the deep integration of science and technology with finance, and improving the coordination mechanism for local financial risk disposal are crucial. The rapid growth and fruitful scientific output define the development of the technology services industry, which requires adhering closely to the theme of constructing an international innovation center, building independent technological innovation brands, and promoting transformation and upgrading. The business

services industry has been affected by the COVID‒19 pandemic, with negative growth in value-added and total profits in aggregation areas, indicating the urgent need to enhance risk resistance. To achieve this, strengthening policy support, optimizing the internal structure of the industry, and accelerating enterprise transformation are essential. The development of the cultural and creative industry displays continuous optimization of structure and sustained improvement in quality, requiring a focus on overall protection and revitalization of the old city and strengthening the construction of a modern public cultural service system to continuously flourish the capital's art and cultural stage.

The Special Topics Section possesses an academic perspective and a broader research vision. Beijing's high-end service industry contributes to the "Belt and Road" initiative, expanding the scale of service trade. To address issues like low participation, lessons from developed countries should be taken into account to improve foreign-related legal services and financial cooperation mechanisms, accelerating the integration of the service industry into the global industrial and supply chains. The energy-saving and environmental protection services industry in Beijing emphasizes the enhancement of comprehensive service functions but faces issues such as difficult project financing and a monotonous service content. Innovation in investment and financing methods, improving industrial standards, and cultivating public service platforms are essential.

The Case Study Section presents successful examples and practices in Beijing. The establishment of the National Intellectual Property Protection Center in Beijing has effectively resolved issues such as difficulties in rights protection, lengthy periods, and high costs by providing "one-stop" comprehensive services. The establishment of the Beijing Stock Exchange fills the gap in the capital's financial element market, requiring deepening reforms in the New OTC Market, accelerating the development of the Beijing Stock Exchange, and enhancing Beijing's financial core competitiveness. Toutiao's exemplary practices in data mining are optimized through improving algorithm technology, strengthening user thinking, and diversifying profit channels.

The Lessons & Reference Section follows the paradigm of "current status, experience and insights" and analyzes and demonstrates the experience and insights of Shanghai and Shenzhen in extending industrial chains, cultivating new advantages, and promoting differentiated and integrated development.

**Keywords**: High-end Service Industry; Innovation-driven; Policy Guidance; High Efficiency

# Contents

## I  General Report

**Abstract**: The high-end service industry in Beijing is a leading sector with resource and competitive advantages. It aligns with the strategic requirements of both the country and the city of Beijing, making it the primary focus of future industrial development. This report analyzes the overall development status of Beijing's high-end service industry and compares it with Shanghai and Shenzhen. It reveals that Beijing's high-end service industry has advantages such as rapid development, high efficiency, a significant share of GDP, substantial investment in basic research and development, and a large scale of technology transactions. However, it also points out shortcomings like relatively low labor productivity and excessive concentration in the central urban area. The report argues for two main development trends: high growth and high efficiency. It establishes the index system for the overall goals and innovation targets for the next 5 to 10 years, proposing five fundamental development strategies-innovation, integration, aggregation, collaboration, and openness-to accelerate the high-quality development of Beijing's high-end service industry.

**Keywords**: High-end Service Industry; Leading Industry; Innovation Driven; Rapid Development; High Efficiency

# II   Sub-repots

**Abstract**: Beijing is the city with the most active innovation and entrepreneurship as well as the most complete software information service technology and product system in the country. Since 2020, the city has seized the window period of " two zones " construction and digital economic development. Taking the transformation and upgrading of the software industry and the integration of " informatization and industrialization " as the main line, it has promoted the information service industry to enter the high-quality development stage of independent innovation, integrated application and collaborative breakthrough. The industrial ecosystem with international competitive advantage has accelerated its formation and has become the key engine for the " five key initiatives " to take the lead in integrating and serving the new development pattern. In general, the development of Beijing's information service industry presents new characteristics and new trends, such as prominent industry demonstration effect, obvious technology-driven characteristics, steady expansion of openness, breakthrough development in new areas of software, accelerated formation of Beijing-Tianjin-Hebei collaborative innovation pattern, continuous optimization of business environment, and remarkable achievements in the construction of digital government and smart city. However, it also faces problems such as insufficient supply of core technology, insufficient support for innovation capital, insufficient driving capacity of industrial chain, and insufficient policy empowerment of compound high-end talents. We should strengthen the layout of technological innovation at the bottom, expand patient capital and professional capital, improve the supply capacity of application scenarios and the level of industrial chain layout, and improve the policy-driven multi-level talent introduction and cultivation mechanism to make up for the shortcomings.

**Keywords**: Information Service Industry; High-end Technical; Digital Economy; Beijing

**B**.3 Report on the Development of Beijing's
Finance Industry (2022-2023)      *Li Shiyang*, *Yu Min* / 103

**Abstract**: In recent years, the finance, as a pillar industry supporting Beijing's economic growth, has maintained stable operation and rapid growth under the complicated domestic and international economic situation. The finance has provided a stable and suitable monetary and financial environment for the high-quality development of the capital's economy, and played a positive role in meeting corporate financing, promoting industrial transformation and upgrading, and restoring economic and social development. However, it still faces problems such as the impact of the new generation of financial technology, the poor local financial supervision mechanism, and the vulnerability of financial security. Thus, on the basis of grasping the principle of balanced development and security, Beijing should give full play to the technical advantages of financial technology, further deepen the reform of the financial system, expand the financial opening to the outside world, and maintain the vitality and motivation of financial innovation while preventing and resolving financial risks.

**Keywords**: Finance Industry; Financial Innovation; Financial Risk; Beijing

**B**.4 Report on the Development of Beijing's Science and
Technology Service Industry (2022-2023)      *He Yan* / 117

**Abstract**: As one of the top ten high-tech industries in Beijing, science and technology service industry has made great progress. The industrial policy system is gradually improved, the supply of scientific and technological resources is constantly increasing, the output of science and technology is fruitful, the number of scientific and technological service institutions is steadily increasing, the industry is increasingly rich, the technology market is active, and the scientific and technological service industry has become a pillar industry of the tertiary industry. However, problems such as the low level of specialization of science and technology service institutions, the marketization mechanism to be perfected, and the imbalance of regional development restrict the further development of science and technology service industry. Therefore, it is necessary to promote the transformation and upgrading of the science and technology service industry and structural optimization through a series of measures, drive Beijing to achieve high-quality economic development, and promote the construction of an international science and technology innovation center. Specifically, it includes: building independent scientific and technological innovation brands, cultivating internationally renowned enterprises; Strengthen top-level design and improve market-oriented operation and management mechanism; Give full play to the role of radiation and build the Beijing - Tianjin - Hebei collaborative innovation community; Take the construction of the "two zones" as an opportunity to expand the opening up.

**Keywords**: Science and Technology Service Industry; Science and Technology Service Organization; Scientific and Technological Innovation; Beijing

**B**. 5  Report on the Development of Beijing's

Business Service Industry (2022-2023)

*Zhang Xiao, Xie Tiancheng / 145*

**Abstract**: As an important part of modern service industry, business service industry plays an increasingly prominent role in driving the market economy. This report combs the relevant literature of the business service industry, and analyzes the current situation of the city's business service industry from five aspects: total

output value, scale, financial status, employees and characteristic industrial functional areas. The research shows that the international competitiveness of Beijing's business service industry needs to be further improved, the internal structure needs to be further adjusted, the ability to resist risks needs to be improved, the human cost is gradually rising, and the supply of professional talents is insufficient. We should accelerate the high-quality development of Beijing's business service industry from the following aspects: Accelerate the transformation of enterprises and enhance the awareness of innovation; Market-oriented, optimize the internal structure of the industry; Strengthen policy support to stabilize the market environment; Strengthen the cultivation of talents and improve the policy of introducing talents.

**Keywords**: Business Service Industry; High-quality Development; Beijing

**B**.6 Report on the Development of Beijing's Cultural and
Creative Industries (2022-2023)  *Lu Yuanyuan* / 162

**Abstract**: As an important pillar industry of Beijing's economy and a happiness industry that enhances people's sense of gain, the cultural and creative industry has become an important engine for promoting high-quality development in Beijing. It has played an important supporting role in building a "high-precision and cutting-edge" economic structure and promoting the construction of national cultural center. In 2021, the cultural and creative industry system in Beijing continues to improve, the quality of cultural product supply steadily improves, the overall trend of cultural consumer market is active, the development vitality of cultural market entities is further enhanced, and the scale of the cultural and creative industry continues to develop and grow. At present, the development of Beijing's cultural and creative industry has entered a new stage, with a higher quality of development; policy measures form a new system, and the strength of enterprises is stronger; cultural integration unleashes new vitality and provides more momentum for development; the cultural market has repeatedly seen new explosive points, resulting in a greater sense of cultural gain; old factory buildings construct new landmarks, enhancing spatial support. In the future, the development of Beijing's cultural and creative industry will continue to adhere to a global perspective, top quality standards, and the advantages of the capital, with innovation driving high-quality development as the main line, adhering to integrity and innovation, doing a good job in top-level design, strengthening integration and mutual promotion, cultivating emerging business formats, and accelerating the construction of a cultural industry development leading zone with strong market competitiveness, sufficient innovation driving force, and wide cultural radiation.

**Keywords**: Cultural and Creative Industries; Innovation Driven; High-quality Development; Beijing

# Ⅲ   Special Topics Section

**B**.7   Research on the Internationalization of Beijing's High-end Service Industry under the Background of the "Belt and Road" Initiative                    *Liu Lihong* / 174

**Abstract**: Under the background of the internationalization of the service industry, the huge demand for the service industry in countries along the "Belt and Road", and the bottlenecks in legal, financial and talent aspects of enterprises participating in the construction of the "Belt and Road" in China, Beijing's high-end service industry has very broad development prospects in countries along the "Belt and Road". At present, there are still problems such as low participation in the "Belt and Road" construction of Beijing's high-end service industry. Therefore, Beijing urgently needs to seize the development opportunities of the "Belt and Road", make full use of the development advantages of the high-end service industry, start from the three aspects of strengthening competitive advantages, integrating into the global chain, and breaking through the development bottleneck, expand the international market of Beijing's high-end

service industry, solve the difficulties of Chinese enterprises participating in the construction of the "Belt and Road", help the industrialization and informatization development of countries along the "Belt and Road", and improve the overall level of opening up of Beijing's service industry.

Keywords: High-end Service Industry; "Belt and Road"; Internationalization; Beijing

# B.8 Research on the Development of Energy Conservation and Environmental Protection Service Industry in Beijing

*Bo Fan* / 192

Abstract: Energy conservation and environmental protection service industry refers to the industry that provides corresponding services for the purpose of achieving high efficiency, energy conservation, advanced environmental protection and comprehensive utilization of resources. The characteristics of the industry include a wide range of coverage, socialization of operation services, reliance on digital technology, and diversified service content, etc. It has a broad space for development under the continuous promotion of China's ecological civilization construction and the action of "carbon peak and carbon neutrality". Since the "Eleventh Five-Year Plan" period, Beijing has vigorously promoted the energy conservation service industry represented by contract energy management, and gradually relied on third-party service agencies to promote the specialization and marketization of energy conservation and environmental protection services. At present, the energy conservation and environmental protection service industry in Beijing still has problems such as financing difficulties, weak enterprise competitiveness, inconsistent management standards, single service content, and imperfect market-oriented mechanism. During the "14th Five-Year Plan" period, the energy conservation and environmental protection service industry is still an important part of the layout of Beijing's high-end and sophisticated industrial system. It can be optimized and upgraded from the aspects of innovating investment and financing methods, improving the industrial standard system, creating a public service platform, cultivating comprehensive service providers, and expanding environmental service trade.

**Keywords**: Energy Conservation and Environmental Protection Service Industry; Energy Conservation and Emission Reduction; Environmental Protection; Beijing

# Ⅳ　Case Study Section

**B**.9　Report on the Development of Beijing National Intellectual

　　Property Protection Center Construction　　*Zhong Yong* / 207

**Abstract**: The National Intellectual Property Protection Center is a kind of national intellectual property protection institution built by the China National Intellectual Property Administration relying on local governments since 2016. As of the end of 2021, two National Intellectual Property Protection Center located in Beijing, including the China (Beijing) Intellectual Property Protection Center (CIPPC (BEIJING)) and the China (Zhongguancun) Intellectual Property Protection Centers (CIPPC (ZGC)). The CIPPC (BEIJING) serve enterprises and institutions in the new generation information technology and high-end equipment manufacturing industry in Beijing. The CIPPC (ZGC) serve enterprises and institutions in the new material industry and biopharmaceutical industry in Haidian District and Zhongguancun National Independent Innovation Demonstration Zone. They provide "one-stop" comprehensive services, carry out patent pre examination, rapid rights protection, collaboration on intellectual property protection and patent navigation. The two CIPPCs have been operating since 2018 and have done a lot of work to protect intellectual property rights. They have effectively solved a lot of serious problems in providing evidence, long cycles, and high costs in safeguarding rights. They have made important

服务业蓝皮书

contributions to improving the efficiency and level of intellectual property protection in Beijing and promoting the construction of an international science and technology innovation city in Beijing.

Keywords: Intellectual Property Protection Center; Beijing; Zhongguancun

**B**.10 From the New Third Board to Beijing Stock Exchange:
The Metamorphosis of Beijing Capital Market

*Li Shiyang* / 217

**Abstract**: China's capital market has developed vigorously after the reform and opening-up, but it has not been able to establish a national securities trading place in Beijing. The establishment of the Beijing Stock Exchange has made up for the factor market gap in the capital's financial system. As the core institution of the market, it has aggregation effect on capital flow, information flow, talent flow and institutional flow, so it has incomparable advantages over other financial institutions. The establishment of the Beijing Stock Exchange has promoted the upgrading of the industrial structure and economic development of Beijing, and improved the financing environment of small and medium-sized enterprises in Beijing. Beijing should strengthen the mobilization of specialized and sophisticated enterprises, encourage all sectors of society to increase investment in the National Equities Exchange and Quotations (known as the New Third Board), implement various subsidy policies for the Beijing Stock Exchange, open the "green channel" for government services, further deepen the reform of the New Third Board, and promote the construction and development of the Beijing Stock Exchange. It will build Beijing's multi-level capital market into the main front for serving innovative small- and medium-sized enterprises, and enhance Beijing's strategic positioning and core financial competitiveness in the national capital market.

Keywords: Beijing Stock Exchange; National Equities Exchange and Quotations Reform; Capital Market; Capital Finance

284

**B**.11 Data Mining Engine—The Development Experience and

Future Trends of Toutiao *He Yan* / 230

**Abstract**: As a recommendation engine product and general information platform, Toutiao is committed to connecting people and information, allowing high-quality and rich information to be distributed efficiently and accurately, and promoting information to create value. As a typical representative of aggregated news clients, Toutiao has accumulated a lot of successful experience, establishing an algorithm-based personalized recommendation system, creating a sound content ecology, and establishing a strong copyright protection and content supervision mechanism are worth learning. With the rapid development of the Internet, Toutiao's business field continues to expand, but also faces new challenges. Through the summary of the development experience of Toutiao, this report puts forward the optimization development path from the aspects of improving algorithm technology, strengthening user thinking and broadening profit channels.

**Keywords**: Toutiao; Data Engine; Algorithm; Beijing

# V Lessons & Reference Section

**B**.12 The Basic Experience and Enlightenment of the Development

of Shanghai's High-end Service Industry *Guo Hao* / 240

**Abstract**: In recent years, Shanghai has continuously advanced strategic adjustment of industrial structure, enlarged the scale of high-end service industry, and optimized the structure and layout space of the service industry, greatly improving the urban function level and core competitiveness. This report analyzed the development situation of Shanghai's high-end service industry from four aspects, efficiency, accumulation, openness, innovation, and summed up its useful approaches and important experience: integrated development and extended

industrial chain; accumulative development and differentiation strategy; deepening reform and openness and exerting international advantages. Considering Beijing is in the same post industrialization and advanced urbanization stage as Shanghai, countermeasures and suggestions can be put forward as the followings: integrated development and Beijing characteristics; accumulation effect and differentiated development; further openning up and playing a leading role.

**Keywords:** Shanghai; High-end Service Industry; Accumulation Effect; Further Open Up; Technological Innovation

## B . 13  The Basic Experience and Enlightenment of the
## Development of Shenzhen's Advanced Service Industry

*Gao Chenying / 260*

**Abstract:** As a national economic center and international city, Shenzhen has long adhered to the direction of marketization, industrialization, and socialization, promoted the supply side structural reform of the service industry, cultivated an advanced service industry system that meets the requirements of innovative development, and formed a typical experience model for Beijing to learn from. This article first elaborates on the development overview of Shenzhen's service industry, and finds that the quality and efficiency of Shenzhen's service industry development continue to improve, the pattern continues to optimize, and the environment continues to improve. At the same time, it was found that the development of Shenzhen's advanced service industry is characterized by fast and efficient development, high concentration, and innovation and openness. In addition, the development of Shenzhen's advanced service industry has the following lessons for Beijing: firstly, based on innovative development, building a new driving force for industrial integration and development; secondly, optimizing the allocation of resource elements to provide protection for cultivating competitive advantages; thirdly, carrying out demonstration project construction to promote the efficient development of advantageous industries. In summary, this article analyzes and extracts the current characteristics and main experiences of the development of Shenzhen's advanced service industry, and points out that Beijing should continue to promote the deepening of openness, technological innovation, and key breakthroughs in the advanced service industry, gather and cultivate a group of advanced enterprise entities with international competitiveness, and then cultivate a group of leading enterprises in the advanced service industry in key fields such as education, healthcare, and cultural innovation, in order to provide reference for the construction of Beijing's advanced service industry.

**Keywords**: Shenzhen; High-end Service Industry; Innovative Development

社会科学文献出版社

# 皮 书

## 智库成果出版与传播平台

### ❖ 皮书定义 ❖

皮书是对中国与世界发展状况和热点问题进行年度监测，以专业的角度、专家的视野和实证研究方法，针对某一领域或区域现状与发展态势展开分析和预测，具备前沿性、原创性、实证性、连续性、时效性等特点的公开出版物，由一系列权威研究报告组成。

### ❖ 皮书作者 ❖

皮书系列报告作者以国内外一流研究机构、知名高校等重点智库的研究人员为主，多为相关领域一流专家学者，他们的观点代表了当下学界对中国与世界的现实和未来最高水平的解读与分析。截至 2022 年底，皮书研创机构逾千家，报告作者累计超过 10 万人。

### ❖ 皮书荣誉 ❖

皮书作为中国社会科学院基础理论研究与应用对策研究融合发展的代表性成果，不仅是哲学社会科学工作者服务中国特色社会主义现代化建设的重要成果，更是助力中国特色新型智库建设、构建中国特色哲学社会科学"三大体系"的重要平台。皮书系列先后被列入"十二五""十三五""十四五"时期国家重点出版物出版专项规划项目；2013~2023 年，重点皮书列入中国社会科学院国家哲学社会科学创新工程项目。

# 皮书网

（网址：www.pishu.cn）

发布皮书研创资讯，传播皮书精彩内容
引领皮书出版潮流，打造皮书服务平台

## 栏目设置

◆**关于皮书**
何谓皮书、皮书分类、皮书大事记、
皮书荣誉、皮书出版第一人、皮书编辑部

◆**最新资讯**
通知公告、新闻动态、媒体聚焦、
网站专题、视频直播、下载专区

◆**皮书研创**
皮书规范、皮书选题、皮书出版、
皮书研究、研创团队

◆**皮书评奖评价**
指标体系、皮书评价、皮书评奖

◆**皮书研究院理事会**
理事会章程、理事单位、个人理事、高级
研究员、理事会秘书处、入会指南

## 所获荣誉

◆2008 年、2011 年、2014 年，皮书网均
在全国新闻出版业网站荣誉评选中获得
"最具商业价值网站"称号；
◆2012 年，获得"出版业网站百强"称号。

## 网库合一

2014年，皮书网与皮书数据库端口合
一，实现资源共享，搭建智库成果融合创
新平台。

皮书网

"皮书说"
微信公众号

皮书微博

**权威报告·连续出版·独家资源**

# 皮书数据库
## ANNUAL REPORT(YEARBOOK) DATABASE

## 分析解读当下中国发展变迁的高端智库平台

### 所获荣誉

● 2020年，入选全国新闻出版深度融合发展创新案例

● 2019年，入选国家新闻出版署数字出版精品遴选推荐计划

● 2016年，入选"十三五"国家重点电子出版物出版规划骨干工程

● 2013年，荣获"中国出版政府奖·网络出版物奖"提名奖

● 连续多年荣获中国数字出版博览会"数字出版·优秀品牌"奖

皮书数据库

"社科数托邦"
微信公众号

### 成为用户

　　登录网址www.pishu.com.cn访问皮书数据库网站或下载皮书数据库APP，通过手机号码验证或邮箱验证即可成为皮书数据库用户。

### 用户福利

● 已注册用户购书后可免费获赠100元皮书数据库充值卡。刮开充值卡涂层获取充值密码，登录并进入"会员中心"—"在线充值"—"充值卡充值"，充值成功即可购买和查看数据库内容。

● 用户福利最终解释权归社会科学文献出版社所有。

▲ 社会科学文献出版社 皮书系列
SOCIAL SCIENCES ACADEMIC PRESS (CHINA)

卡号：**919487129946**

密码：

数据库服务热线：400-008-6695

数据库服务QQ：2475522410

数据库服务邮箱：database@ssap.cn

图书销售热线：010-59367070/7028

图书服务QQ：1265056568

图书服务邮箱：duzhe@ssap.cn

## 中国社会发展数据库（下设 12 个专题子库）

紧扣人口、政治、外交、法律、教育、医疗卫生、资源环境等 12 个社会发展领域的前沿和热点，全面整合专业著作、智库报告、学术资讯、调研数据等类型资源，帮助用户追踪中国社会发展动态、研究社会发展战略与政策、了解社会热点问题、分析社会发展趋势。

## 中国经济发展数据库（下设 12 专题子库）

内容涵盖宏观经济、产业经济、工业经济、农业经济、财政金融、房地产经济、城市经济、商业贸易等 12 个重点经济领域，为把握经济运行态势、洞察经济发展规律、研判经济发展趋势、进行经济调控决策提供参考和依据。

## 中国行业发展数据库（下设 17 个专题子库）

以中国国民经济行业分类为依据，覆盖金融业、旅游业、交通运输业、能源矿产业、制造业等 100 多个行业，跟踪分析国民经济相关行业市场运行状况和政策导向，汇集行业发展前沿资讯，为投资、从业及各种经济决策提供理论支撑和实践指导。

## 中国区域发展数据库（下设 4 个专题子库）

对中国特定区域内的经济、社会、文化等领域现状与发展情况进行深度分析和预测，涉及省级行政区、城市群、城市、农村等不同维度，研究层级至县及县以下行政区，为学者研究地方经济社会宏观态势、经验模式、发展案例提供支撑，为地方政府决策提供参考。

## 中国文化传媒数据库（下设 18 个专题子库）

内容覆盖文化产业、新闻传播、电影娱乐、文学艺术、群众文化、图书情报等 18 个重点研究领域，聚焦文化传媒领域发展前沿、热点话题、行业实践，服务用户的教学科研、文化投资、企业规划等需要。

## 世界经济与国际关系数据库（下设 6 个专题子库）

整合世界经济、国际政治、世界文化与科技、全球性问题、国际组织与国际法、区域研究 6 大领域研究成果，对世界经济形势、国际形势进行连续性深度分析，对年度热点问题进行专题解读，为研判全球发展趋势提供事实和数据支持。

# 法律声明

"皮书系列"（含蓝皮书、绿皮书、黄皮书）之品牌由社会科学文献出版社最早使用并持续至今，现已被中国图书行业所熟知。"皮书系列"的相关商标已在国家商标管理部门商标局注册，包括但不限于LOGO（▧）、皮书、Pishu、经济蓝皮书、社会蓝皮书等。"皮书系列"图书的注册商标专用权及封面设计、版式设计的著作权均为社会科学文献出版社所有。未经社会科学文献出版社书面授权许可，任何使用与"皮书系列"图书注册商标、封面设计、版式设计相同或者近似的文字、图形或其组合的行为均系侵权行为。

经作者授权，本书的专有出版权及信息网络传播权等为社会科学文献出版社享有。未经社会科学文献出版社书面授权许可，任何就本书内容的复制、发行或以数字形式进行网络传播的行为均系侵权行为。

社会科学文献出版社将通过法律途径追究上述侵权行为的法律责任，维护自身合法权益。

欢迎社会各界人士对侵犯社会科学文献出版社上述权利的侵权行为进行举报。电话：010-59367121，电子邮箱：fawubu@ssap.cn。

社会科学文献出版社